Corporate Communication
アージェンティの
コーポレート・
コミュニケーション
経営戦略としての広報・PR

ポール・A・アージェンティ 著
駒橋恵子　国枝智樹 監訳

東急エージェンシー

第7版の序文

　本書は、「コーポレート・コミュニケーション」についての研究領域を発展させる取り組みを35年以上続けて、生み出されたものである。コーポレート・コミュニケーションという言葉自体は新しいものではないが、財務やマーケティング、人的資源管理、情報技術と同じように重要なマネジメント機能として理解されるようになったのは、つい最近のことである。この35年間で、企業の数は増加しており、その上級管理職たちはコミュニケーション機能を統合することの重要性に気づき始めた。

　この導入部では、私の専門分野と、この本がどういう内容か、そしてなぜ、今日の組織に関わる人は誰もがこの重要な分野について知る必要があるかについて述べたい。

著者の専門分野

　過去35年間、私はダートマス大学タック・スクールオブビジネス（以下ビジネススクール）でマネジメントとコーポレート・コミュニケーションの教授を務めており、それ以前はコロンビア大学とハーバード・ビジネススクールで教えていた。

　タックはコミュニケーション教育で長い伝統があるが、ほとんどのビジネススクールと同様に、スピーキングとライティングなどの技術向上に重点が置かれていた。この分野で最初に展開したのは、メディアにどう対応するかというビジネスピープルの関心であった。これは、口頭でのプレゼンテーション技術を応用できるものであり、コミュニケーションを教える教授陣がこの新しい課題を担うようになったのは当然のことだった。

　そのため、私は1981年にタックで最初のマネジメント・コミュニケーションのコースを教え始めたとき、メディアや危機対応も取り上げるように求められた。私はコロンビア大学でのマーケティング研究を通して、このテーマに興味を持つようになっており、本書の過去の版に収められているような主題でケースを既に書いていた。

年を重ねるにつれて、この主題についての私の興味は、企業がメディアにどう対応するかということを超えて、企業が全てのコミュニケーションの問題にどう対応するか、という方へ膨らんでいった。私はこの主題でより多くのケーススタディを書き、企業のマネジャーと共に仕事をし、もっと機能を統合する必要性があることに気づいた。なぜなら、ほとんどの企業はコミュニケーション活動を分散して行っていたからだ。

　例えば、1980年代半ばのヒューレット・パッカード（HP）における従業員のコミュニケーション機能は、人事部（HR）に置かれていた。HPがどうやって希望退職や早期退職のプログラムに対応したかについて私がケースを書いたときから、ずっとそうであった。他の企業でも、HPと同様のところがあった。そうしたさまざまな人事部にいる人たちが、広報部（PR）のコミュニケーションスペシャリストが外部の人たちに対して行っていることと、全く同じこと——特定の会社のメッセージを特定の読者に届けること——を社内で行っていたのである。

　インベスター・リレーションズ（IR）機能においても同様で、1990年代までほとんどの企業では、通常、IRは財務部門に属していた。それは、最高財務責任者（CFO）が企業の財務業績について最もよく知る人物で、歴史的にアニュアルレポート（年次財務報告書）を作成する責任者であったからだ。コミュニケーションは、本来の機能としてではなく、その情報を出すための手段のように見えた。

　さらに、私が企業の人たちと働いて、新しいアイデンティティやイメージを開発していたときには、マーケティング担当の人たちが関わっていることに気がついた。彼らは伝統的に、製品・サービスという観点からブランドやイメージを扱っているからだ。しかし、往々にしてマーケティングの専門家たちは、報道機関や証券会社へのコミュニケーションが他部門の同僚によってどのようになされているのかを知らなかった。

　こうした経験から、企業や他の組織（大学から教会や法律事務所に至るまで）は、もっと良いコミュニケーションの仕事をすべきだと考えるようになっ

た。全てのコミュニケーション活動を1つの傘の下に統合できたらと。しかし、これは理論にすぎず、実際のエビデンスはほとんどなかった。

　そして1990年、幸運にもコンサルティングの機会を与えられ、長年理論的に語ってきたことを実践に移すことができた。ある有名企業の会長兼CEOから電話を受けた。それは、『ニューヨーク・タイムズ』1面に私の写真が載り、大学で経営学専攻の学生にどうやってメディア対応を教えているのかについての記事が出た直後だった。

　会長の電話は、表向きは彼の会社が行っている偉業についてもっと信頼を得るにはどうすればよいかについてだった。具体的には、私が特効薬を持っているかどうかを知りたがっていた。私の特効薬とは、新しいコーポレート・コミュニケーション機能をその会社に導入することだった。

　この会社は多くの会社と同様に、長年にわたって、コミュニケーションをさまざまな機能領域に分散させていて、予想通り統合されていなかった。メディア・リレーションズ担当者が何かを言い、インベスター・リレーションズ部門は別のことを言い、マーケティングチームは外部に向かってのコミュニケーション戦略を考え、人事部は社内のことを考えていた。

　売上高300億ドルの組織であるのに、トップである会長以外は誰も全体像を見ることができず、さまざまな活動に熱心に関わっている誰もが、会社全体の戦略をよく理解する立場にいなかった。1年半後、会長と私は最初の統合型コミュニケーション部門を考えついた。それはさまざまな小集団で構成され、他社や私の大学が統合しようとして失敗したものだった。

　顧客の企業イメージからウォールストリートの証券アナリストとの関係づくりまで、我々は全てを変えた。現在、この会社は1つに統合されたコミュニケーション部門を持っている。本書ではそうした機能の各要素について説明する。

本書の紹介

　第1章では、本書の背景となる「ビジネス環境の変化」を紹介する。過去60年間に起きたビジネス環境の変化と、それがコーポレート・コミュニケー

ションにどう関わるかを述べる。ビジネスに対する考え方は決してポジティブなものではなかったが、近年は史上最低である。企業の存在についての不信感や懐疑心は高いが、企業がフィランソロピーや地域社会への貢献や環境保護活動を通じて、社会に「還元」するだろうという期待感も高い。

　第2章「コミュニケーション戦略」では、企業はコミュニケーションのために戦略的なアプローチを使うことがいかに必要かについて説明する。過去には、ほとんどのコミュニケーション活動において、組織は周辺の世界の出来事に受動的に対応していた。本章で提示された戦略的なコミュニケーションのフレームワークを用いれば、企業は積極的に自社のステークホルダーに合わせたコミュニケーションを創り上げることができるし、ステークホルダーの反応に基づいて成功を測定することができる。

　第3章「コーポレート・コミュニケーション機能の概要」では、コーポレート・コミュニケーション機能の進化と組織内に構築されたさまざまな方法を見る。本章では理想的なコーポレート・コミュニケーション部門に含まれるべき副次的な機能についても説明する。

　第4章「アイデンティティ、イメージ、レピュテーション、企業広告」では、コーポレート・コミュニケーション部門の最も基本的な機能——目に見えるイメージや正しい言葉の選択を通して企業本来の実体を反映すること——について説明する。アイデンティティやイメージの研究は近年花盛りで、市場に訴求するための外見を開発するために、グラフィックデザイナーが企業と共に働いている。さらにコーポレート・レピュテーションは、ますます注目を集めている。企業の社会的責任など、消費者と投資家が企業とその活動を全体的に見るようになったためだ。

　組織は広告を通しても、イメージやアイデンティティを反映させる。本章の最後には、会社が自社を売り込むために企業広告をどうやって活用するかを考察する。概して一般に販売する製品・サービス広告とは、対照的である。多くの理由で企業広告が使われる。企業ブランドを展開することでイメージを強化したり変化させたりしたいとか、あるいは自社にとって重要な話題について見

解を表明したい、投資を呼び込みたい、などの理由である。

第5章「企業責任」では、企業が善行によって利益を出しているかどうかという、いわゆるトリプルボトムライン（訳注：企業を、経済的側面に加えて、社会的側面、環境的側面を含む3つの側面から評価しようとする考え方）のマネジメントと、敵対者や圧力集団からの要求が増えていることへの対応を考察する。

第6章「メディア・リレーションズ」では、今日のコーポレート・コミュニケーション機能が、いわゆる「プレスリリース工場」のモデルから、新旧メディアとの関係を構築するための高度なアプローチにどう進化したかを見る。特定のストーリーを売り込んだり、ストーリーの種類に合わせた適切なチャネルにターゲットを絞るだけではない。

最も重要なコーポレート・コミュニケーションの機能は、外部のステークホルダーというよりむしろ社内に対応することである。第7章「インターナル・コミュニケーション」では、従業員とのコミュニケーションが人事の領域から、さらにシニアマネジメントの戦略全体とつながるような機能に移っていることを考察する。

第8章「インベスター・リレーションズ」では、企業がどうやってコミュニケーション戦略を使ってアナリストや株主、その他の重要なステークホルダーに対応しているかを考察する。過去にはこのコミュニケーションの副次的機能は、卓越した財務スキルとそこそこのコミュニケーションスキルを持ったマネジャーが行っていた。今日では、IRは日常的にメディアと交流し、非財務情報を投資家に説明する必要があるため、しっかりした財務経歴と同じくらい強力なコミュニケーションスキルが重要である。

第9章は「ガバメント・リレーションズ」である。ビジネス環境は歴史的に、規制が緩い時代と厳しい時代の間を変動してきたが、ガバメント・リレーションズに関して、ローカル（訳注：市町村郡など）、ステート（州）、フェデラル（連邦）のいずれについても、企業は常に考慮している。

組織は必ず何らかの危機に対応しなければならない。第10章「クライシス・

コミュニケーション」では、会社がいかにして予期しない事態に備えるかを考察してから、クライシス・コミュニケーションの良い例と悪い例と、クライシス・コミュニケーション計画を創り、実行するための実践的なステップを示す。

第7版の変更点

「コーポレート・コミュニケーション」第7版は、第6版の読者および評者からいただいた貴重な意見が反映されている。さらに、新しい研究結果や、最新の経済、社会、政治、企業動向や変化を説明する新しい事例など、以下のような内容をこの版では書き加えた。

- 新しい事例および事例に関する質問
- コミュニケーション理論の歴史に関する対象範囲の拡大
- ソーシャルメディアやデジタル・コミュニケーションの影響と役割に関する付加的な考察
- 本書の全般にわたり企業責任の課題をさらに強調
- クライシス・コミュニケーションに関するさらなる提言
- 消費者の信頼が低く、反企業感情があり、ソーシャルメディアによる監視の目が厳しいことなど、今日の会社が直面している問題のタイムリーな分析

なぜ今日、コーポレート・コミュニケーションが極めて重要なのか

どんな機能も、それらが最新かつ最も重要だった時期がある。しかし、21世紀には、コミュニケーションの重要性が、誰にとっても明らかである。なぜだろうか。

第一に、私たちはコミュニケーションの観点からみて、より一層複雑な時代に生きている。情報は、デジタル・コミュニケーションとソーシャルメディアのおかげで、世界の端から端まで超高速で伝わる。

第二に、昔よりも一般大衆の組織に対するアプローチ方法が複雑になっている。人々は、諸問題に対して一層の知識があり、企業の意図に懐疑的な傾向が

ある。だから、企業は「ゼネラルモーターズ（GM）にとって良いことは、全ての人にとって良いことだ」とか、「もし我々がより良いネズミ取り器を作れば、顧客が殺到するだろう」といった発言が通ることはない。

第三に、情報は昔よりも美しいパッケージに入って私たちに届けられる。私たちは今、光沢紙を使ったアニュアルレポートや、魅力的なWebサイトを見ることを期待している。たとえディスカウント・ショップであっても、薄汚れた店に足を踏み入れたくはない。ガソリンスタンドは現代風の外観で、注目を浴びているニューヨークのデザイン事務所によって、隅々までデザインされている。こうした環境の中で企業メッセージが目立つためのハードルは高い。

第四に、組織が本質的に一層複雑になった。かつて企業は、洗練されたコミュニケーション活動を行わなくてもいいくらい小規模だった（非常に小さな組織においては今も同じである）。しばしば、一人の人間が一度に多くの異なる業務を行うことができた。しかし、世界中の何千人もの従業員を抱える組織では、首尾一貫したコミュニケーション戦略となる全てのピースを把握するのは極めて難しい。

本書は、戦略的コミュニケーションの時代に何が起きているのかだけでなく、会社は競争相手に先んじるために何ができるのかについても説明する。統合されたコーポレート・コミュニケーション・システムを作ることによって、組織は次の数十年に立ち向かうことができる。それは世界のほとんどの企業が手にしていない戦略や方法である。

これから20年間で、マネジャーは統合された戦略的なコミュニケーション機能の重要性について理解するだろうと確信している。間違いなく、コーポレート・コミュニケーションの機能について多くの本が書かれるだろうし、大部分の複雑な組織は、コーポレート・コミュニケーション部門に、本書にあるような多くの小集団を持つようになるだろう。

そのときが来るまで、私がコーポレート・コミュニケーションの発展について記録することを楽しんだのと同じくらいに、皆さまがこのエキサイティングな分野について読むことを楽しんでくれることを願っている。

謝辞

　ダートマス大学タック・ビジネススクールのサポートがなければ、この本は完成できなかった。35年以上にわたり、ケースの執筆や研究活動を行うための資金をはじめ、この本の題材となる仕事をする時間を私に与えてくれた。特に、Dick Westには、最初にここタックでの私のキャリアを授けてくれて、新しい分野の研究を発展させるよう励ましてくれたことに感謝している。そしてPaul DanosとBob Hansenが、20年以上もずっと支えてくれたことと、Matt Slaughterの最近のサポートに感謝したい。

　また、タック・スクールの友人や同僚たちにも感謝したい。彼らのおかげで、私は腰を落ち着けて、何年もかけて題材や思考を集め、ついにテキストを作ることができた。特に故John Shankに感謝する。日本の国際大学（IUJ）は、私がこの本の初版を書く上で必要だった瞑想する環境を私に提供してくれた。

　多くのクライアントが、私が30年以上にわたって開発したアイデアを試すことに協力してくれたが、その中でもKマート社の前会長兼最高経営責任者（CEO）だったJoseph Antoniniは、私が統合型のコーポレート・コミュニケーション機能の可能性について、独創的に考えることを許してくれて感謝している。チャンピオンインターナショナル（訳注：アメリカ最大級の紙・パルプ木製品メーカー）の前研修センター長だった故Jim Donahueと元会長兼CEOのAndy Siglerは、私に彼らの会社でトップマネジャーたちに私の新しいアイデアを試すことを許可してくれた。スクリップス・カレッジの前学長Nancy Bekavacは私にスクリップス・アイデンティティ・プログラムへの参加を許可し、第4章に有益な意見をくれた。アライアンス・キャピタル・マネジメントのValerie HaertelとワークワイズコミュニケーションズのJack Macauleyは、第7章について意見をくれ、援助してくれた。RCN前会長兼CEOのDavid McCourtは、同社におけるコーポレート・コミュニケーションの機能を開発する仕事をさせてくれた。さらに、ゴールドマン・サックスの多くの同僚に感謝したい。そこで私は幸運にもコンサルタントとして8年以上働いた。そしてPeter Verrengiaや親友のSuzanne Klotzはじめ、フライシュマン・ヒラードの同僚た

ちには、8年以上にわたってサポートしてくれたことに感謝する。

　私が教えた学生たちにも恩義を感じている。特にタックだが、それだけでなく、エラスムス大学、シンガポール経営大学、ハノイ・スクールオブビジネス、日本の国際大学、ヘルシンキ経済大学、コロンビア・ビジネススクール、ハーバード・ビジネススクールの学生たちにも感謝している。彼らは、創造力に富んだ考え方を見せて私にインスピレーションを与えてくれたので、コミュニケーションについて新しい手法を思いつくことができた。

　多くの調査アシスタントがこのプロジェクトで長年にわたって私を助けてくれたが、特に感謝しているのは、Christine Keen、Patricia Gordon、Mary Tatman、Adi Herzberg、Thea Haley Socker、Kimberley Tait、Abbey Nova、Suzanne Klotz、Courtney Barnes、Alicia Korney、Alina Everett、Genoa Terheggen、Alexandra Angelo、Katie Rosenberg、Lenore Feder、Jordan Fleet、Kelly Sennatt、Cassandra Harringtonで、第6版で信じられないほどサポートしてくれたことに感謝している。また、長年にわたってタックの前アカデミック・アシスタントを務めてくれたAnnette Lymanの第5版における献身に感謝する。第7版は、Andrew Miller、Avanti Maluste、そして特に精力的なプロジェクトマネジャーのGeorge Aaronsの助力がなくては完成できなかった。最後に、タックの素晴らしいアカデミック・アシスタントJessica Osgoodに感謝を述べたい。このような出版プロジェクトを行う上で最高のチームだった。

　さらに、第7版を手伝ってくれた方々に、有益な意見や助言をいただいたことについて感謝している。

Bill McPherson
Indiana University of Pennsylvania

Cory Lynn Young
Ithaca College

Donna J. Kain
East Carolina University

Linda C. Lopez
Baruch College

　また、第6版以前にも以下の方々の率直な意見のおかげで本書がより良いものになったことにお礼を申し上げる。

Bill Margaritis
FedEx

Carter A. Daniel
Rutgers University

Cees van Riel
Erasmus University

Charlotte Rosen
Cornell University

Chris Kelly
New York University

Cynthia Buhay-Simon
Bloomsburg University

Don Bates
Columbia University

Don Wright
Boston University

Dr. Sherry Roberts
Middle Tennessee State University

Elizabeth Powell
University of Virginia

Frank Jaster
Tulane University

Gary Kohut
University of North Carolina-Charlotte

Irv Schenkler
Stern School of Business, New York University

James O'Rouke
University of Notre Dame

Jane Gilligan
Clark University

Jerry Dibble
George State University

Jon Iwata
IBM

JoAnne Yates
Massachusetts Institute of Technology

Joan M. Lally
University of Utah

Joel T. Champion
Colorado Christmas University

Jonathan Slater
State University of New York at Plattsburgh

Judith Sereno
Medaille College

J. S. O'Rouke
University of Notre Dame

Karen Gersten
Evelyn T. Stone University College

Linda Lopez
Baruch College

Lynn Russell
Columbia University

Margo Northey
University of Western Ontario

Mary E. Viehaber
Eastern Michigan University

Michele Marie Bresso
Bakersfield College

Otto Lerbinger
Boston University

Michael Putnam
University of Texas-Arlington

Paul Ziek
Pace University

Rick Calabrese
Dominican University

Robert Mead
Aetna

Robert Stowers
College of William & Mary

Sherron B. Kenton
Emory University

Sherry Southard
East Carolina University

Stephen Greyser
Harvard Business School

Suzette Heiman
University of Missouri

Valerie Haertel
Alliance Capital Management

Wayne Moore
Indiana University of Pennsylvania

Yunxia Zhu
UNITEC (New Zealand)

　マグロウヒル／アーウィン社のシニア・プロジェクト・マネジャーのMelissa Leick、編集長のLaura Spell、編集コーディネータのKatie Benson、この本の出版契約をしてくれた前エグゼクティブエディターのIrwin O'Callaghanにも感謝を申し上げたい。執筆に着手したときに想定していたより相当長い時間がかかったが、寛大にも私に自由に題材を展開させてくれた。

　最後になったが、私に資質と教育を与えてくれて、研究者の道に進むことを許してくれた両親に感謝したい。

ポール・A・アージェンティ
ニューハンプシャー州ハノーヴァー
2015年

目　次

序文　i
謝辞　viii

第1章　ビジネス環境の変化 …… 1
1. 米国でのビジネスに対する長年の考え方 …… 2
2. 映画業界：実体経済と金融業界の窓 …… 9
3. グローバル・ビレッジ …… 11
4. 環境変化の中でどう戦うか …… 15
   4-1. 環境変化を認識する …… 17
   4-2. 行動規範を妥協することなく環境に適応する …… 18
   4-3. 問題が魔法のように消えると思うな …… 19
   4-4. コーポレート・コミュニケーションを戦略につなげる …… 23
   まとめ …… 24

第2章　コミュニケーション戦略 …… 25
1. コミュニケーション理論 …… 26
2. コーポレート・コミュニケーション戦略の発展 …… 28
   2-1. 効果的な組織戦略を策定する …… 28
   2-2. ステークホルダーを分析する …… 35
   2-3. メッセージを効果的に届ける …… 42
   2-4. ステークホルダーの反応 …… 45
   まとめ：ビジョンにつながるコーポレート・コミュニケーション …… 47

第3章　コーポレート・コミュニケーション機能の概要 …… 49
1. PRからコーポレート・コミュニケーションへ …… 50

1-1. 最初のスピン・ドクター ………………………………………… 51
　　　1-2. 新しい機能の出現 ………………………………………………… 52
　　　1-3. 今日のコーポレート・コミュニケーション ………………… 53
　　　1-4. コーポレート・コミュニケーションの具体的な業務 ……… 54
　2．コミュニケーションを集中化するか分散化するか ………………… 55
　3．どこに業務を報告すべきか …………………………………………… 58
　　　3-1. 外部のPRエージェンシーとの戦略的な働き方 …………… 62
　4．PR業務に含まれる職務 ………………………………………………… 62
　　　4-1. アイデンティティ、イメージ、レピュテーション ………… 63
　　　4-2. 企業広告と政策提言（アドボカシー）……………………… 65
　　　4-3. 企業責任 ………………………………………………………… 67
　　　4-4. メディア・リレーションズ …………………………………… 69
　　　4-5. マーケティング・コミュニケーション ……………………… 70
　　　4-6. インターナル・コミュニケーション ………………………… 71
　　　4-7. インベスター・リレーションズ ……………………………… 72
　　　4-8. ガバメント・リレーションズ ………………………………… 73
　　　4-9. クライシス・マネジメント …………………………………… 73
　まとめ ………………………………………………………………………… 74

第4章　アイデンティティ、イメージ、レピュテーション、企業広告 …… 77

　1．アイデンティティやイメージとは何か ……………………………… 79
　2．アイデンティティやイメージを通して組織を差別化する ………… 81
　3．アイデンティティを形成する ………………………………………… 82
　　　3-1. ビジョンを吹き込む …………………………………………… 83
　　　3-2. コーポレート・ブランド ……………………………………… 83
　　　3-3. 全てを1つに：一貫性がカギ ………………………………… 89
　4．アイデンティティ・マネジメントの実行 …………………………… 91
　5．イメージ：見る人次第 ………………………………………………… 98
　6．確固たるレピュテーションを築く …………………………………… 101

6-1. なぜレピュテーションが重要なのか ……………………… 101
　　6-2. レピュテーションの測定と管理 ……………………… 104
　　6-3. コーポレート・フィランソロピー ……………………… 106
　7. 企業広告とは何か ……………………… 108
　　7-1. アイデンティティを補強してイメージを高める広告 ……… 109
　　7-2. 投資を惹きつける広告 ……………………… 111
　　7-3. 意見に影響を与える広告 ……………………… 113
　8. 誰が何のために企業広告をするか ……………………… 115
　　8-1. 売上を増やす ……………………… 116
　　8-2. より強固なレピュテーションを作る ……………………… 117
　　8-3. 従業員の採用や維持 ……………………… 120
　まとめ ……………………… 121

第5章　企業責任（コーポレート・レスポンシビリティ）
……………………… 123

　1. 企業責任とは何か ……………………… 125
　　1-1. 国連グローバル・コンパクト10原則 ……………………… 127
　　1-2. 21世紀におけるCSRの波 ……………………… 130
　　1-3. 企業責任とメディア ……………………… 133
　　1-4. CSRの利点 ……………………… 135
　2. CSRとコーポレート・レピュテーション ……………………… 139
　　2-1. 消費者の価値と期待：身近な問題と考える ……………… 140
　　2-2. 投資家の圧力：社会的責任投資の成長 ……………………… 143
　　2-3. 社内と社外への責任：CSRにおける従業員の関与 ……… 145
　　2-4. 戦略的関与：NGOの継続的な影響 ……………………… 149
　　2-5. 環境に優しいこと：企業の環境に対する責任 ……………… 152
　3. 企業責任に関するコミュニケーション ……………………… 156
　　3-1. 双方向：継続的な対話の創造 ……………………… 156
　　3-2. 自慢話の危険性 ……………………… 156
　　3-3. 透明性は必須事項 ……………………… 158

3-4．評価して実行：CSRの報告 …………………………………… 160
　まとめ ………………………………………………………………………… 161

第6章　メディア・リレーションズ …………………… 165
　1．ニュースメディアの進化 ……………………………………………… 166
　　1-1．メディアにおける企業報道の成長 ……………………………… 168
　2．メディアとの良好な関係の構築 ……………………………………… 170
　　2-1．伝統的メディアをターゲットとした調査の実施 ……………… 173
　　2-2．多様化するメディアのリサーチとエンゲージメント ………… 175
　　2-3．メディアからの問い合わせへの応対 …………………………… 178
　　2-4．メディア・インタビューの準備 ………………………………… 180
　　2-5．成果を測定する …………………………………………………… 182
　　2-6．現在の関係の維持 ………………………………………………… 184
　3．成功するメディア・リレーションズ・プログラムの構築 ………… 186
　　3-1．戦略にコミュニケーションのプロを巻き込む ………………… 187
　　3-2．社員の育成 ………………………………………………………… 187
　　3-3．戦略的な外部コンサルタントの採用 …………………………… 188
　4．オンライン・メディア戦略の策定 …………………………………… 189
　　4-1．企業のメディア・リレーションズ戦略をソーシャル化する … 193
　　4-2．否定的なニュースを効果的に扱う ……………………………… 194
　まとめ ………………………………………………………………………… 197

第7章　インターナル・コミュニケーション ………… 199
　1．インターナル・コミュニケーションと環境変化 …………………… 200
　2．インターナル・コミュニケーションを組織化する ………………… 202
　　2-1．インターナル・コミュニケーションはどこに報告すべきか … 204
　3．効果的なインターナル・コミュニケーション・プログラムの実施 … 207
　　3-1．トップダウンとボトムアップのコミュニケーション ………… 208
　　3-2．フェイス・トゥ・フェイス・ミーティングの時間を作る …… 210

  3-3.　オンラインでのコミュニケーションとモニタリング 211
  3-4.　従業員指向の社内報の制作 215
  3-5.　視覚的にコミュニケーションする 217
  3-6.　インターナル・ブランディングに焦点を当てる 219
 4．インターナル・コミュニケーションにおける経営陣の役割 220
まとめ 222

第8章　インベスター・リレーションズ　225

 1．インベスター・リレーションズの概要 226
  1-1.　インベスター・リレーションズの進化 227
 2．インベスター・リレーションズを管理するための枠組み 230
  2-1.　インベスター・リレーションズの目的 231
  2-2.　投資家の分類 233
  2-3.　仲介者 236
 3．インベスター・リレーションズ・プログラムの開発 244
  3-1.　IRは組織内にどのように、そしてどこに位置づけられるか 244
  3-2.　IR活用で価値を高める 245
 4．インベスター・リレーションズと環境の変化 248
まとめ 251

第9章　ガバメント・リレーションズ　253

 1．政府が企業を管理し始める：規制の台頭 254
  1-1.　規制当局の影響の範囲 256
 2．ガバメント・リレーションズの台頭 258
  2-1.　ガバメント・リレーションズ機能が具体化する 259
 3．ワシントンのマネジメント 263
  3-1.　連携を築く 263
  3-2.　ガバメント・リレーションズにおけるCEOの関与 264
  3-3.　個人ベースのロビー活動 265

3-4. 政治行動委員会 267
まとめ 269

第10章　クライシス・コミュニケーション 271

1. 危機とは何か 272
    1-1. クライシスの特徴 274
2. 過去25年間のクライシス 276
    2-1. 1982年：J&Jの「タイレノール」リコール 277
    2-2. 1990年：ペリエ「ベンゼン」パニック 279
    2-3. 1993年：ペプシコーラの注射針事件 281
    2-4. 新しい世紀：ネットのクライシス、データ漏洩など 283
3. クライシスにどう備えるか 295
    3-1. あなたの組織のリスクを算定する 296
    3-2. 潜在的クライシスに対するコミュニケーション目標の設定 299
    3-3. チャネル選択の分析 299
    3-4. クライシスごとに異なるチームを割り当てる 300
    3-5. 集中化の計画 302
    3-6. フォーマルな計画に何を加えるか 303
4. クライシス時のコミュニケーション 306
まとめ 312

脚注 313

監訳者あとがき 327

第1章
ビジネス環境の変化

　今日のビジネスリーダーのほとんどは、現在とは違う時代に育った。典型的な役員（シニアエグゼクティブ）は、アメリカの歴史において最も繁栄した楽観的な時代に育った人々だ。これらの人々が子どもの頃に知っていた世界と、21世紀に彼らの孫たちが直面している世界は、かなり違ったものになっている。

　現在、人々が抱いている企業への期待もまた、50年前とは異なっている。顧客や従業員や投資家を惹きつけるために、企業は、多数の世界的な課題についての革新的リーダーとならなければならないし、広い社会環境の中でビジョンを示さなければならない。大衆の企業監視は常に厳しく、この10年間で、役員報酬の過払い、会計慣行の問題、薬品のリコール、企業側の倫理観の緩みに関して、幻滅が広がっている。

　本章では、ビジネスを行う環境に影響を与えたいくつかの出来事を見ながら、その事例の中でコーポレート・コミュニケーションについて議論していく。まず、アメリカの企業に対する一般市民の態度と大衆文化への反映の変遷をたどることから始める。次に、ビジネスにおけるグローバリゼーション（そしてアンチグローバリゼーションの反動）の影響について考える。最後に、コーポレート・コミュニケーションを改善することが、この常に変化している環境において企業が競争するのに役立つかについて検討する。

1. 米国でのビジネスに対する長年の考え方

　アメリカでは、ビジネスが完全にポジティブなイメージを持たれることはなかった。1860年代、国内の大陸横断鉄道が建設され、それに伴い鋼鉄が必要となり、危険な労働条件が鉄鋼労働者や鉄道建設者にもたらされた。その後まもなく、産業革命により、アメリカの産業界は、小規模工房や手仕事のモデルから、工場の機械化された大量生産へと移行した。この変化は最終製品の価格を下げる効果があったが、労働者にとっては厳しく危険な労働条件の原因となった、とアプトン・シンクレアの著書『ジャングル』（訳注：1906年に出版された、アメリカの精肉業界の実態を告発した小説）に記録されている。工場での若い女性や子どもの労働力搾取は、1911年にトライアングル・シャツウェスト工場火災で死者が出たことで強調され、ビジネスに対するネガティブな認識をもたらした。

　ビッグビジネスの創始者である、カーネギー、メロン、そしてロックフェラーは、悪徳資本家、つまり市民の幸福よりも自身の利益を求める邪悪なビジネスマンとして知られるようになった。そして最初の近代的企業のビジネスマンに対するネガティブな態度は、物質的豊かさへの羨望につながった。ほとんどのアメリカ人は、こうした有力者のライフスタイルを望み、「アメリカンドリーム」の一部として供される富と安全を追い求めるようになった。小説家のホレイショ・アルジャーの『ぼろ着のディック』（訳注：19世紀末の大衆小説。14歳の少年が逆境の中でスリリングな体験をしながら努力を重ねて成功する物語でベストセラーになった）に描かれた社会的流動性というコンセプトは、アメリカという都市のわかりやすい現実のように受け止められ、多くの移民が大量に合衆国へやってきた。

　1920年代は、第一次世界大戦の終結に続いて株式市場が急速に立ち上がり、富の分配の格差が拡大した時代である。富裕層と中流層、農業と製造業の間の格差は、不安定な経済条件をつくり出し、一方で株式市場への投機が未曾有のレベルで成長をあおった。株式市場のバブルはついに1929年に弾け、世界大

恐慌へとつながり、10年間続いて工業化社会に影響を与えた。それは産業界にとっても、個人にとっても暗黒の時代だった。

　しかし、1940年代の半ばまでに、第二次世界大戦のおかげで、産業界は恐慌から回復を始めた。鉄鋼産業、自動車産業、軍産複合体（訳注：軍需産業を中心とした私企業、軍隊、政府機関の連合体）は、全て1950年代や1960年代の繁栄をもたらしたが、それは第二次世界大戦中に始まっているのである。

　おそらく、多くの人がこの時代を黄金期と考えており、ケネディ政権時代の「キャメロット（訳注：アーサー王伝説に出てくる希望に満ち溢れた都市）」と呼ばれる。経済は急成長し、またキューバ危機（訳注：キューバにおける旧ソ連のミサイル基地について米ソが対立。アメリカが海上封鎖をしてソ連が譲歩した）の後で、アメリカは冷戦の緊張を鎮めたと感じていた。ケネディの死後でさえ、繁栄は続き、産業界への国民の支持は高まった。

　30年以上にわたって、マーケティング・コンサルティング会社のヤンケロビッチは、アメリカ市民に「企業は利益と公益を両立させていますか？」という質問をしてきた。1968年には70％がその質問にイエスと答えた。しかしながら、リチャード・ニクソンが大統領に就任する頃までには、公民権闘争の継続やベトナム戦争への米国の関与に対するデモによって暴動が起き、非常に苦しい時代となった。ベトナムにおけるアメリカの役割に関する論争は、企業を含む全ての機関に対する大衆の態度を深刻に悪化させた。戦争に反対する人々にとって、行政府はアメリカを悪くする象徴になった。

　戦争を可能にし、戦争で儲けたという理由で、アメリカの多くの産業は、大衆の敵意のターゲットであった。ダウ・ケミカルは、ナパーム弾と枯葉剤（エージェントオレンジ）の製造企業で、それらがベトナムのジャングルの木々を枯れさせるために使用されたことで、学生たちはアメリカの大学のキャンパスで抗議運動をするようになった。アメリカの若者は、戦争に関与した機関に対して、政府系機関か企業かにかかわらず不信感を抱くようになった。この考えは、第二次世界大戦の頃に比べてアメリカ人の態度が劇的に変化したことを意味していた。権力者たちは、ベトナム戦争がどれほど異質なものかを見誤った。

国が何のために戦っているのかについて、アメリカ人が相反する感情を持っていたからだ。

　1960年代の終わりに近づき、ベトナム戦争が終結すると同時に、アメリカではラディカリズム（急進主義）が勃興し、組織体の信頼の崩壊が長く続くことになる。1970年代初頭の出来事も、この変化の一因となった。例えば、ウォーターゲート事件は、ほとんどの若いアメリカ人がニクソン政権について最初から抱いていた疑いを確信に変えた。1973年の中東戦争の後、アラブ諸国が石油禁輸措置をとったことは、アメリカの企業に対する態度にさらに影響を与えた。安くて豊富な石油、「アメリカンウェイ・オブ・ライフ」の原動力は、サウジアラビアや他のアラブ産油国が戦争でイスラエルを支援したアメリカを罰したため、突然、稀少で高価なものになったのである。3ヵ月以内に解禁されたが、消費者の態度への影響は、今日も私たちの中に残っている。

　ウォーターゲート事件、ベトナム戦争、石油禁輸の結果として、1970年代半ばまでに、アメリカ人の企業に対する態度はかつてないほど低下した。ヤンケロビッチによる調査の同じ質問「企業は利益と公益を両立していますか？」に対して、イエスと答えた人が、15％に下がったのは、ジミー・カーターが政権を握った1976年である。わずか8年間で55ポイントも低下したことは、企業に対する態度の変化について、1000の逸話より雄弁に語っている。

　ギャラップ社による意識調査で、一般市民に複数の機関に対する信頼度を聞いたところ、軍隊以外の全ての組織で低下を示した（**図表1-1**）。

　これを見て、1980年代と1990年代はどうなのかと疑問を持つかもしれない。どちらも20世紀の最後の好景気で、アメリカの企業への信頼は1960年代のレ

図表1-1　機関への信頼度（「かなり信頼する」「まあ信頼する」の合計）

	1975	1985	1995	2005	2014
大企業	34%	32%	21%	22%	21%
米連邦議会	40%	39%	21%	22%	7%
米最高裁判所	49%	56%	44%	41%	30%
軍	58%	61%	64%	74%	74%

出典：Gallup Poll, http://www.gallup.com/poll/1597/Confidence-Institutions.aspx#3.

ベルまで回復したのではないかと。しかしそうではなかった。そして2011年に、ハリス世論調査で同じ質問をしたところ、主要企業への信頼は13％、米連邦議会は6％、大統領官邸は19％、米最高裁判所は24％という回答だった[1]。これらのパーセンテージは全て、2010年より下がっており（2010年の前述の機関に対する回答はそれぞれ、15％、8％、27％、31％だった[2]）、信用危機という限界点に達していることを示している。

　企業は利益と公益を両立しているか、という質問に対する回答において、1984年にイエスの回答は30％の高さを取り戻した。そして1999年（ヤンケロビッチがこの質問を尋ねた最後の年）には、28％に微減した（**図表1-2参照**）。

　アメリカ人の企業不信についてのニュアンスは、ヤンケロビッチ・パートナーズによれば、次のようなものである[3]。

・調査回答者の80％は、アメリカの産業界はあまりにも利益に関心を持っているので、労働者や消費者や環境に対する責任について関心がないと考えている。
・70％は、もし機会があれば、そしてそれが簡単に発覚しないと思えば、ほとんどの企業は一般人を利用するだろうと考えている。
・61％は、老舗企業であっても、政府が定めた業界標準がなければ、安全で丈夫な耐久財を作るとは信用できないと考えている。

図表1-2　企業は利益と公益のバランスをとっているか（「はい」と答えた企業の割合）

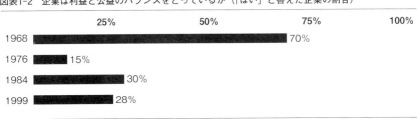

出典：Yankelovich Monitor.

パブリック・アフェアーズ・カウンシル（訳注：企業などに社会参加を促す無党派組織）による最も新しい調査では、今もなおアメリカ国民は、企業がステークホルダーを正しく優先できていない、と考えている。回答者の83％は、企業は顧客や従業員やコミュニティを第一に置くべきだと考えており、回答者の81％は、それなのに企業は、経営トップや株主に第一の価値を置いていると感じている[4]。このような正直な商慣行と現在のビジネスの実情に乖離があることの原因はいくつかある。まず経済的な要因を考えなければならない。
　1990年代、NASDAQ指数が10年間で4000ポイントも上がるという現象が見られた。個人投資家は積極的に株式市場に参入し、莫大な儲けを得た。株価はずっと上昇気流に乗っているように見えたからだ。そして2000年の春、市場は崩壊した。12月までにNASDAQは年始のピーク時の5000の半分以下のレベルまで沈んだ。1990年代のインターネットブームの間、市場に資金を注いでいた１億人の個人投資家にとって不幸なことに、下方スパイラルはそこで止まらなかった。2002年の初めまでに、こうした個人投資家たちは５兆ドルを失った。インターネットバブルが弾けたからで、これは株式価値の30％にもあたる[5]。
　ドットコム・バブル（訳注：IT企業の株価の急騰）の崩壊とともに、ワールドコム、アデルフィア、タイコなどの大企業による不正が暴露され、エンロンと、その監査法人のアーサー・アンダーソンが不正経理で破綻し、アメリカ人は、企業が積極的に自分たちをだまそうとしていると感じた。この認識はメディアにも同様に反映され、『NBCナイトリーニュース』は、「アメリカの不正（Fleecing of America）」という番組コーナーを作った。
　市場が混乱している最中に、不謹慎な財務アナリスト（アナリストについては第８章参照）やエンロンのような会社の行動が、アメリカの国民をさらに怒らせた。2002年２月までに、投資家の81％はビッグビジネスを運営する会社に信頼を置けない、と回答した[6]。企業トップが失敗した事業の株式を数百万ドルで売却して、さらに自分の富を増やしているニュースが多いことを考えれば、この回答は驚くことではない。一般社員が退職後の備えの大半を失ってい

るのにである。

　大衆はまた、上級管理職と一般労働者の間の給与格差が拡大し、この数十年でものすごい比率に達していることにも苦々しい思いを抱いている。

　AFL-CIO（アメリカ労働総同盟・産業別組合会議）の調査によれば、CEOの給与は、1980年の平均的なアメリカ人労働者の約40倍だったが、2013年には中間層の労働者の平均年収の約331倍にあたる、年1170万ドルである[7]。2011年10月、連邦議会予算事務局（CBO）の報告によれば、アメリカの人口の中間にいる60％が、1979年から2007年の間に世帯収入の40％の増加を経験しているが（税引後、インフレ調整後）、上位1％の稼ぎ手は世帯収入が275％も増加している。この調査は、上位20％の稼ぎ手の税引後の世帯収入が、残りの80％の労働者の税引後世帯収入の合計より多いことを裏付けた。トップの稼ぎ手が魅力的な待遇を享受している一方で、2010年の国勢調査によれば、アメリカ人の15％がフードスタンプ（訳注：低所得者に支給される食料品の購入券）もらっており、48.6％が何らかの公的扶助を受けている[8]。

　ノーベル賞を受賞した経済学者で、『ニューヨーク・タイムズ』の寄稿者でもあるポール・クルーグマンは、所得の不平等が増加している時代であり、それは1970年代後半に始まった、と『大いなる分岐』（訳注：日本語訳未刊行）で言及している。彼の著作によれば、グローバル化や技術革新よりも、保守的な政策や、富裕者に有利な税制や、役員報酬の跳ね上がりの結果である[9][10]。

　一般的に役員報酬は物議をかもす話題だが、2008年にサブプライム信用危機が起きたときは、ウォールストリート（訳注：ニューヨークの金融街）で毎年支給される桁外れのボーナスに国民の監視の目が注がれた。アメリカ人が特に激怒したのは、金融機関が公的な不良資産救済プログラム（TARP）の救済資金を受け取りながら、経営陣のボーナス支払いにその資金を使ったことである。2009年3月、保険会社大手のAIGは、ネガティブな記事を書かれた。経営陣に数百万ドルのボーナスを与えることを決めたときである。同社は1000億ドルの政府の緊急支援を受け取ったばかりだったのだ。2009年の夏、当時ニューヨーク州司法長官だったアンドリュー・クオモは、公的な緊急支援金を受

け取った、ニューヨークを本拠とする銀行の報酬を詳細に書いた報告書を発表した。その報告書で明らかになったのは、メリルリンチが300万ドル以上のボーナスを149件、100万ドル以上のボーナスを696件も支払っていたことだった。ひどい財政苦難に陥り、2009年夏にバンク・オブ・アメリカと合併せざるを得なかったにもかかわらず[11]、である。2010年7月、ケネス・R・ファインバークは、オバマ大統領から、緊急支援の間の役員報酬を監視するよう任命され、銀行が2008年に払ったボーナス20億ドルの約80％は不相応なものである、と主張した報告書を発表した[12]。

　所得格差の拡大についての緊張感の高まりは、米国の相対的に高い失業率と結びつき、「ウォール街を占拠せよ（Occupy Wall Street）」運動に火が付いた。企業の拝金主義や汚職に対する抗議運動である。大規模で平和的な「ウォール街を占拠せよ」運動は、2011年9月にマンハッタンのズコッティ公園で始まり、すぐにほかの全米都市へ、そして世界中の都市に広がった。パリ、ロンドン、ベルリン、香港、ローマなどである[13]。「ウォール街を占拠せよ」の主催者は、参加者にニュースを伝え、行進の指令をするために、ソーシャルメディアを大量活用し、新聞を毎日発行した。主催者はブランディングキャンペーンを行い、基本スローガンを「我々は99％だ（We are the 99％）」とした。所得格差の拡大を強調したもので、上位1％の稼ぎ手と、残りの99％の差である。「ウォール街を占拠せよ」運動を批判する人たちは、運動にはっきりした焦点や実施可能な目標がないと嘲笑した。しかしながら、「ウォール街を占拠せよ」運動は、伝統的な大企業に対する不満が高まっていることを力強く強調した。

　抗議運動が始まったとき、「ウォール街を占拠せよ」運動は、テレビや新聞のほんのわずかな記事にしかならず、Twitterのようなソーシャルメディアを通して報道されていた。実際、年間を通して、伝統的なニュースメディアは企業や政府やアクティビスト集団からのメッセージを運び、フィルターにかけ、そして遮る上で重要な役割を担ってきた（企業へのメディアの影響については第6章を参照）。1990年代の後半までには、インターネットが企業に対する態度を形成し始めた。アクティビスト集団が企業に反対する主張をするためにア

クセスするようになったからである。今日では、環境アクティビストや動物保護団体や株主権利の擁護者が、全米の、そして世界中の同じ考えを持った同志たちに瞬時にメッセージを送ることができる。「ウォール街を占拠せよ」運動のケースでは、抗議者の映像がYouTubeに投稿され、ズコッティ公園から出たツイートの洪水はあまりにも多く読まれたので、伝統的メディアは無視できなくなった。メディアやインターネットはビジネスに対して意見を表明し議論する上で有効なチャネルだが、テレビや映画の中でこそ世の中の態度は明確に示されてきた。

2. 映画業界：実体経済と金融業界の窓

　文学や芸術は、人類の歴史が始まって以来ずっと、組織体についての認識に影響を与え、そして反映してきた。古代ギリシア人の政府や宗教についての態度は劇場で表現されたし、シェイクスピアは英国の歴史についての概念を何代にもわたって方向付けた。そしてアメリカでは、過去数十年間にわたり、映画とテレビが企業についてのネガティブな国民の態度を反映している。

　今日の多くのアメリカ人にとって、映画やテレビで見る虚構の（fictional）または政党色のある話（factional）の説明は、教育機関よりも国民の態度形成につながっている。実際、アメリカ人は、教室に座っているより長い時間を、テレビやネットメディアのコンテンツを見ながら過ごしているのだ。さまざまな機関が調査した結果によると、平均的なアメリカ人家庭は、1週間に約40〜50時間もテレビ番組を見ているという。この習慣がアメリカ社会に何をもたらしたのかについては、過去30年以上にわたって多くの人が書いてきたが、本書では、ポピュラー文化とビジネスの間の関係に焦点を当てよう。

　メディア・インスティテュートは、企業の出資を受けている調査機関であり、20年以上、企業のメディア報道を調査してきた。毎回、報告書を発行するのだが、結果は同じである。ビジネスパーソンは、全てのテレビ番組の3分の2でネガティブに描かれている。調査者は、テレビで描かれるビジネスパーソン

は、ほとんどいつも、犯罪行為に関与している、と結論づけている。

　さらに、ほとんどのアメリカ人は、テレビからニュースを得ている。その結果、視聴者がフィクションの番組で見るネガティブな人物像が、夜のニュースで見たネガティブなニュースと交じり合うのである。例えば、ある人が『ロー&オーダー』（訳者注：1990年から2010年まで放映された刑事・法廷ドラマ）の放送を見たとしよう。ある夜、そこで女性は殺人容疑をかけられる。自社のストック・オプション報酬の価格後日付操作（訳注：backdating＝ストック・オプションの付与日を事後的に選ぶことで行使価格を人為的に引き下げる手法で、会計的に問題がある行為）についての問題点を指摘した後にである。その後、『NBCデイトライン』（訳注：全米ネットワークのニュース番組）で、同じことをしているユナイテッドヘルス社についての詳細な報道を見るのである。これらの情報は全てテレビから来ており、全てが悪い話である。そして最終的にビジネスに対するネガティブな認識を補強するのである。

　映画もネガティブなビジネスイメージの原因の１つである。1970年代の後半に最も人気だった映画の１つは『チャイナ・シンドローム』であり、原子炉がメルトダウンするのを間一髪で回避するという映画である。映画が公開された１週間ほど後に本当の原子力事故がスリーマイル島で起きた。メトロポリタン・エジソン社は、この事故でお粗末なコミュニケーション活動を行ったと誰もが同意するわけだが、同社が映画で描かれていた会社と同じくらい悪いと言う人はほとんどいなかった。しかしながら多くのアメリカ人にとって、２つの出来事はつながっており、スリーマイル島の事故に対する反応を強烈なものにした（訳注：当時、映画を見た者が事故を起こしたのではないかという噂が広がった）。

　アメリカ映画は実業界の出来事を正確に映し出していて、不気味なほどである。映画『ウォール・ストリート』はもう１つの例である。オリバー・ストーンの映画は、1980年代後半、実際にウォール・ストリートで株価を釣り上げた大スキャンダルの少し前に封切られた。映画の中においてさえ、現実と創作が絡み合っていた。ゴードン・ゲッコーは天才的な悪の財界人で、悪名高いサ

ヤ取引を行うアイヴァン・ボウスキーのような人物を表しており、映画の中で強欲であることについてのスピーチをする。「貪欲は善であり、貪欲は浄化する。貪欲は道を開き、進化する精神の神髄をつかまえる」。ゲッコーは、年次総会での情熱的なスピーチの中でこう言うのだが、数ヵ月前、本物のアイヴァン・ボウスキーはカリフォルニア大学バークレー校のキャンパスで大学院生たちに同じようなスピーチをしていたのだ。

これらは、「人生が芸術を模倣した」実例なのだろうか。それどころか真逆である。ビジネスがネガティブなイメージを持つ限り、映画やテレビは企業の悪事という実在の出来事をドラマ化し続けるだろう。ハリウッドは大量のアメリカ映画を全世界の国々に輸出するため、こうしたイメージはグローバルな情報の背景画となる。これについて次の節で詳しく述べよう。

3. グローバル・ビレッジ

テクノロジーは、地球全体のコミュニケーション・チャネルを強くし、国境はなくなり、カナダの哲学者のマーシャル・マクルーハンが数十年前に予言したように、共有された知識によって織りなされた世界の構造「グローバル・ビレッジ」を生み出した[14]。特に過去20年余りはこの傾向が強く、ビジネスに重要なインパクトを与えている。

2002年に国連貿易開発会議（UNCTAD）は、世界の経済体トップ100のうちの29は、国家ではなく多国籍企業であるという論文を発表した[15]。だから、個人が大企業の方向性に向くようになったのは驚くことではない。特徴のある国民文化や地域社会、そして印象的な物語が、過去にはそれをもっと熱心に提供していたのだ。こうした変化は、組織の役割における社会的責任についての関心の高まりと一緒に語られる。本書の後半で、企業の社会的責任の重要性が高まっていることや、それが企業レピュテーションにどんな意味を持つのかについて論じるが、一般的に国民は、地域社会に対して、環境と人間的観点の両面から配慮していることを明示するような会社を求めている。

『世界企業のカリスマたち－CEOの未来戦略』の中で、ジェフリー・ガーテンは述べている[16]。「世界が小さくなるにつれて、CEOは、その時代の最も難しい政治的、経済的、社会的な問題との関わりから逃れることはできなくなるだろう。経済が脆弱で、民主的構造が貧弱で、そしてインフラに深刻な問題を抱えた大都市があるような国で業務を行うことを避ける道はない」。

今日のグローバル・ビレッジでは、国境がなくなり、貿易と金融の自由化が結びつくことで、国境の壁を越えた企業合併や多国籍企業数の増加も促進している。今日では、会社はコアコンピタンス（訳注：競合他社より圧倒的に強い能力）に特化して残りは外注するか、そうでなければサプライヤー（訳注：仕入先、部品提供会社）を統合するために合併し、組織に取り込む傾向がある。

2011年のプライス・ウォーターハウス・クーパーのグローバルCEO調査では、CEOの59％がより多くのスタッフを海外に配属することを計画しており、34％が国を越えたM&A（合併・買収）を計画し、31％がビジネスのプロセスや機能の外注を計画していたことが明らかになった[17]。

国際的なM&Aによって、かつては決定的だった国境が希薄化され、ビッグビジネスがさらに力を持つようになるにつれて、多くの個人や地域社会は、大企業が巨大な政治的影響力を及ぼすことについて抵抗を示している。この感情は「アンチブランド」「アンチグローバリゼーション」の運動で、1990年代半ばに盛んだった。各国の数多くのアクティビストの主なターゲットは政府機関だったが、グローバル企業がそれに取って代わった年代である。この運動は今日も続いており、ヤンケロビッチのパートナーであるピーター・ローズがインランド・エンパイア・ユナイテッド・ウェイでの2007年1月のスピーチでコメントをしている。「10年前、アメリカ人の52％は、あなたが買うブランドはあなたという人物について多くを語ると言った。2005年には、それに同意するのは41％だった」。彼はさらに続けてこのように認識が急激に変化したことについて、クルートレインのWebサイトから次のような引用（1999年投稿）をしている。

強力でグローバルな会話が始まった。インターネットを通じて、人々は目もくらむようなスピードで関連知識を共有する新しい方法を発見・発明している。その直接的な結果として、市場はスマートになり、ほとんどの会社よりも早くスマートになった。会話という市場である。

ローズはそれから、ブランドの概念をこの「会話」に組み込み、次のように言った[18]。「インターネットが会話にブランドを持ち込んだわけではない。インターネットは単に人々がお互いに集まっていた技法を変えただけである。そのプロセスで、インターネットはソーシャルエンゲージメントの新しいメディアとして現れた。将来的に見れば、ブランドの成功とは、人々がお互いにつながり合うことによる成功と同じであり、ブランドと人々がつながることではないのだ」。

この分析は、大衆のビジネスへの圧倒的な不信に戻り、グローバルなコンテキストや、企業が自社のブランドを消費者に受け入れられるように届けるという挑戦にはずみをつける。2015年のエデルマン・トラストバロメーターでは、アメリカ人の51％が正しいことをする企業を信頼する、と答えていることが明らかになった[19]。

こうした「グローバルな会話」によって、ネガティブな感情が聞こえる音量も大きくなる。そのため、アンチグローバリゼーションの運動は従来の連合体を超え、若者や年配の消費者、関心のある親や権利を主張する学生、アクティビストに拡大した。アンチ企業の感情は1997年10月にアース・ファースト（訳注：ラディカルな環境団体）が正式な文書を出し、アンチ企業家の反対運動の日程をリスト化したカレンダーを作成し、最初の「企業支配が終わる月」[20]を告知したのだ。それ以来、バンクーバーに本拠を置き、1989年に設立された、アドバスターメディア基金のような団体は、公式に「カルチャージャミング」といわれる、大企業をあざ笑う非営利組織として、支配的なポジションを占めるようになった[21]。

チャールズ・マンソン（訳注：カルト指導者で1960〜1970年代にアメリカ

で疑似生活共同体を率いて信者に連続殺人を強要した）の顔の画像をリーバイスジーンズの広告用看板にはめ込むことや、ビル・ゲイツにパイを投げつけることや、パキスタンの工場で子どもたちがナイキのサッカーボールを時給6セントで製造していることに反対して、ナイキタウン（訳注：ナイキの世界最大級の大型店）の外に靴でいっぱいのゴミ袋をぶちまけることは、アンチ企業の感情を人々に伝えるためにカルチャージャミング（アクティビストの1つ）が日常的に用いる戦法である[22]。

『オーセンティック・エンタープライズ（訳注：「真の企業」の意）』2007年秋号でアーサー・W・ペイジ協会（訳注：米国の企業広報幹部の団体）はレポートを発表し、グローバルエコノミーの現実が、ビジネス環境を変える主要要因であるとした[23]。

　自由貿易協定（FTA）、インターネット、そして途上国の高度な技術を持った人々の出現が、世界をフラットにし、企業の概念さえも変えた。階級的で、一枚岩で、多国籍なモデルから、水平で、ネットワークでつながった、グローバルに統合されたモデルへ変化しているのである。組織の運営や責任は今や、ビジネスの関係性というエコシステム（生態系）の上に、部品化され、バーチャル化し、分散されているので、仕事はどこにいてもできるし、経済的要請や専門知識やオープンなビジネス条件が原動力となる。

インターネットの絶え間ない技術進歩、つまりブログやソーシャル・ネットワークにより、自社についてのポジティブなニュースもネガティブなニュースも、世界中の個人に届くのを企業が止めることは困難になった。報道機関はより広い範囲に情報を届けるようになり、出来事はローカルコミュニティに留まらず、むしろ世界的な反響を呼ぶことができる。2014年、国連の国際電気通信局は、世界に70億台の携帯電話契約があり、グローバルな携帯電話普及率は96％であると推定した[24]。さらに、世界人口の約40％がネットでつながっており、約半分は25歳以下である、とも推定した[25]。これらの数字は増え続ける

だろう。そして消費者はますます企業レピュテーションをより強くコントロールするようになる。毎日24時間、誰かとリアルタイムでコミュニケーションするのである。

さらに、1980年から2005年の間に生まれた「ミレニアル世代」は、それ以前の世代よりもテクノロジーやソーシャルメディアを通して世界と関わりを持っている。例えば、ニールセンの調査では、ミレニアル世代の74％がテクノロジーは生活を便利にしたと感じ、83％がスマートフォンと一緒に眠ると答えた。この機器と離れられない性質があるので、この世代はリアルとバーチャルの間の線引きがはっきりしないが、アメリカの人口の24％を占めている。このミレニアル世代は、ショッピングから投資やネットワーク作りまでバーチャルで行う傾向があるので、会社は引き続き、顧客とつながるために、伝統的なメディアを超えて、さまざまなプラットフォームを使って、アウトリーチやコミュニケーションの方法を採用する必要がある[26]。

そのため、今日のビジネスリーダーは、国際的なメディアの注目に対応するだけでなく、人権団体が今日のメディア環境を使って企業レピュテーションや業績をグローバルな規模で傷つけようとするのに対して、積極的に反論しなければならない。

4. 環境変化の中でどう戦うか

高く評価されている企業であっても、このアンチビジネスの環境においては、攻撃に直面している。例えば、ジレット社（今はP&Gの一部となった）は、動物愛護団体のターゲットだった。教師や子どもたちを使って同社の研究方法について騒ぎを起こしたのである。ジレットの前会長アルフレッド・ザイエンに届いたある手紙にはこう書かれていた。「これはあなたへの警告である。もしあなたがさらに動物を傷つけ、それを私が見つけたら、この手紙があなたに届いた日の1ヵ月後、あなたの会社を爆破する。追伸：背後に注意せよ」。手紙は、フィラデルフィアの学校の6年生から来たものだった。教師が動物実験

についての会社宛の手紙を宿題として課したのだった[27]。子どもたちのキャンペーンはマーケットシェアには全く影響しなかったが、同社は潜在的な長期的影響について憂慮した。「長期的には、このことで、ビジネスの流れがとても悪い方向に進む可能性がある」とCEOのザイエンは言った[28]。

　ウォルマートは、従業員の不公平な待遇という申し立てに直面した。時間給労働者に時間外の仕事を強要したり、昇給昇格において女性より男性を優遇したり、閉店後にマネジャーが全ての部門を見て回るまで従業員を店から帰らせなかったりしたというのである。メディアは巨大企業を叩く機会に飛びついた。2000年に、ベティ・デュークスという名のウォルマートの女性従業員が性差別を訴えて同社を告訴し、結局は160万人の女性を代表する集団訴訟になった。裁判は最終的に、2011年に最上位の法廷である最高裁まで進み、裁判所が「原告の申し立てがあまりにもバラバラなので集団訴訟に値しない」という判決を下したが、ウォルマートは裁判が進行していた11年間、ネガティブな報道にさらされることになった。

　記事を書いたジャーナリストは取材した内容を本にした。『女性を安く使うこと：ウォルマートの労働者の権利についての画期的な闘争』で、ベティ・デュークスを公民権運動活動家のローザ・パークスになぞらえた。

　伝統的なメディアの徹底的な取材だけでなく、ウォルマートは辛らつなソーシャルメディアの書き込みのターゲットにもなり、ウォルマートを批判するブログやソーシャルグループは増え続け、物議をかもすような事業慣行について集団で酷評するようになった。このことでコミュニケーションに新たな局面が加わった。レピュテーションリスクの要素が助長されることと相まって、重要な問題が出てきた。つまり、常に流動的で、より厳しい監視の方向へ動いているように見え、企業に好意的な印象を持っていないようなビジネス環境の変化に、マネジャーはどうやって適応するかである。次の節では、会社が荒波の中を進行しながらコースを逸れない方法について見ていく。

4-1. 環境変化を認識する

　第一に、ビジネス環境は常に進化していることをマネジャーは認識する必要がある。今日のマネジャーの短期志向では、この変化している環境が、さまざまなステークホルダーの持っている会社のイメージにどのように影響するかについて、全体像を描く機会がめったにない。長期的には、この視点は被害をもたらすかもしれない。

　コカ・コーラは、2006年1月にミシガン大学がキャンパスでの製品購入を中断したときに気づいた[29]。これは今や古典的なビジネスケースであり、価格や製品とは関係がなく、むしろ、インドでの環境問題やコロンビアでの労働問題の懸念に基づくものだった。申し立ての中でも、製品に許容範囲を超えるレベルの殺虫剤が含まれているというのが問題だった。ペプシコーラにも許し難いレベルの農薬が含まれていたことが見つかった（訳注：インド南部のケララ州政府がコカ・コーラに殺虫剤が含まれていると指摘した。全6州で両社のコーラの製造・販売が禁止された。同年、最高裁でケララ州の科学的検証の欠如を理由として企業側が勝訴した）。

　このケース（発覚）から得られるビジネスやコミュニケーション上の示唆と、大学の反応はさまざまであった。第一にミシガン大学の決定は一人の男によって駆り立てられた。アミット・スリバスターヴァはカリフォルニアの自宅で小さな非営利組織を運営していた。彼はキャンパスの学生を動員して、禁止の申し立てをさせた。組織的な妙技で、2、3年前には想像もできないことだった。第二には、学生の一部に起きたこのような感情的反応が、独立した透明性の高い第三者機関による環境や労働監査に対して、同社の海外工場を開示することに同意するよう、多大なプレッシャーを与えたことだ[30]。第三に、ビジネスにおける重要な進化を暗示しており、持続可能な事業慣行は、変化を引き起こすようなコアブランド価値になることである。コカ・コーラの1年以上にわたる持続可能な取り組みは、劇的に変化した。そして同社は2007年に世界で最も持続可能な企業100社に選ばれたのである。今日では持続可能性におけるリーダーと考えられている。詳しくは第5章で論じる。

上級管理職が直面している最も重要な課題の１つは、技術革新による変化が非常に不安定なことである。アンドリュー・グローブは、インテルの共同創立者で役員のシニアアドバイザーであるが、次のように説明している。「我々は、技術変化の速度が非常に速いことがいかに素晴らしいかと崇拝している。しかし、変化の速度があまりにも速く、ある技術革新が展開する前に、または展開している道半ばのときに、別のイノベーションが襲ってきて、最初のものに破壊的な支障が生まれたらどうなるのだろうか」[31]。技術がビジネスに役立つことは多くの人が認めているが、それはまたビジネスリーダーや消費者をより大きな不確実性に導くものでもある。

　消費者の好みのように、企業が現状を把握することで予測できるような市場の多くの変化と違って、技術革新の変化は速く、重大な影響がある。いずれにしても会社は、そうした変化にどんな対応をする必要があるのかを迅速に決定しなくてはならない。

4-2. 行動規範を妥協することなく環境に適応する

　第二に、企業は環境変化に適応しなければならない。自分たちのあり方や行動規範を妥協することなく、である。大手化学メーカーのモンサントは、遺伝子組み換え作物に進出したとき、この困難に直面した。抗議集団が製品に「フランケン（怪物）フード」というラベルを貼って抵抗したのである。抵抗運動はセントルイスにある本社に留まらず、モンサントの有名な大手顧客にまで拡大した。その１つがマクドナルドで、同社に遺伝子組み換え（GM）ポテトをこれ以上使わないと公表するように迫ったのである[32]。

　この問題は、最終的に1990年代後半にはモンサントの株価に大損害をもたらした。同社はウォール・ストリートの期待に応えていたにもかかわらずである。そこでモンサントは遺伝子組み換えへの抵抗運動に対応するために、教育や支援活動を通した新しいアプローチをとった。歴史的に同社は、一般人が理解できないし信頼できないような製品を積極的に市場に送り出していると認識されていた。今では「新しいモンサントの誓約」を伝えている。それは５つの

基本要素で、対話、透明性、尊重、共有、利益の供与で説明される[33]（訳注：現在は7つの誓約に改変）。同社は遺伝子組み換え食品の生産を続けたが、消費者グループや農家と一緒に、食物生産におけるバイオテクノロジーの役割に対する理解を深めるために、消費者グループや農家とコラボレーションしながら努力するというアプローチをとったため、以前はモンサントに反対していた多くの人々がポジティブな見方をするようになった。

　MITスローン・スクール・オブ・マネジメント（訳注：世界一の理系大学にある有名ビジネススクール）のアリー・デ・グースは、30社を「リビングカンパニー（訳注：生命力のある会社）」と定義して、その強さを分析した。会社は100歳から700歳まで分布しており、北アメリカ、ヨーロッパ、日本に分散している[34]。デュポンやWRグレース(訳注：両社はアメリカの化学工業メーカー)、住友、シーメンスなどの会社が持ちこたえてきた主な理由の1つは、急速に進化する環境に適応する能力だった。デ・グースは次のように説明する[35]。「戦争、不況、テクノロジー、そして政治の波が押し寄せ引いていく中で、彼らは常に触角を立てることに優れており、何が起ころうとそれに順応してきたように見える。情報を求めて、彼らは陸路や水路ではるか遠くから運ばれてきた小包（パケット）に頼ったこともある。しかし彼らは受け取ったニュースが何であっても、タイムリーに反応するようにした。学ぶことや適応することに長けていたのである」。

4-3. 問題が魔法のように消えると思うな

　第三に、今日のように複雑な環境、特に消費者発信型のメディアやオンライン・コミュニケーション・プラットフォームが急速に普及している環境においては、憶測は事態を悪くする一方だと想定すべきだ。例えば、ソニーの役員は2度も、悪い事態をさらに悪化させた。2005年10月、あるブロガーがニュースを書いた。それは、「ソニーBMGミュージックエンタテインメントが、コピー防止を企図したCDを発売した。それはrootkitというソフトウェアが組み込まれており、コンピューターに自動的にインストールされ、システムにハッ

カーがアクセスするのを許し、セキュリティ上の脅威をもたらす」というものだった。数時間でニュースはブログサイトを通じて拡散していったが、ソニーの役員は知ろうとせず、ソニーBMG社長でグローバル・デジタル事業を担当するトーマス・ヘッセが、11月4日にNPR（訳注：アメリカの公共ラジオ局）で、「ほとんどの人はrootkitが何かを知らない。それなのになぜそれについて心配するのだろうか」という公式発言をして、事態をさらに悪化させた。

　言うまでもなく、この問題は時間がたっても収まらなかった。ブロガー、伝統的なメディア、そして消費者は同社の態度に怒りを募らせるようになり、まもなく集団訴訟となった。9年後の2014年11月、ソニーは再び深刻なハッキング事件に直面した。今回は従業員と機密情報がターゲットとなり、FBIの調査によれば、北朝鮮が同社にサイバー攻撃を仕掛け、数千という内部の資料やメールをハッキングし、ウィキリークスという組織がオンラインの検索可能なアーカイブに放出した。機密情報には、映画スターのメールアドレスや電話番号から、従業員の預金口座、社会保険番号、病歴なども入っていた。

　どちらのケースでも、もし同社の経営陣が記事の影響の範囲を予測したなら、またブログサイトで話題になり始めた段階で問題に取り組んでいたなら、コミュニケーション戦略を変えたことは間違いない。多くのマネジャーは、会社が直面するような問題について、アメリカ国民はすぐに忘れてしまうと考えている。実際は、クアーズやウォルマートやナイキやシェルのような会社に対するボイコットが証明するように、消費者はあなたが考えているより長い期間、記憶しているものだ。

　そのことを理解しているように見える会社もあるが、ほとんどはまだ誤解している。しかも、従業員から投資家や消費者までの全てのステークホルダーは、個人的利益を増やすことになるので、ビジネス環境の変化を利用している。例えば、2007年秋、アメリカの両端にあるニューヨークとロサンゼルスで起きたことは、業界特有のコミュニケーション戦略が必要なことを示している。

　2007年11月5日、脚本家たちがハリウッドをデモ行進した。19年ぶりに業界全体のストライキを始めたのだ[36]。全米脚本家組合に所属する、約1万2000

人の映画・テレビの脚本家たちが、ピケラインを引いた（訳注：ストライキを実効的に行うために人員を配置する戦術のこと）。ハリウッドのプロデューサーとの交渉に失敗したため、映画のダウンロードや映画・テレビ番組の二次使用に伴う収益配分を要求した。

　ストライキで業界は活動不能になり、CBSやABCのようなネットワークは主要なプライムタイムの番組の制作を停止しなければならなかった。プロデューサーたちは、問題が消えてなくなると期待していたわけではないが、彼らのコミュニケーションと交渉の戦略には興味深いニュアンスがあった。例えば、『ビジネス・ウィーク』の以下の記事は、「ハリウッドのストライキ交渉の裏側」というタイトルがつけられ、根本的な要因が強調されている[37]。

　　困難な交渉が今回特に興味深いのは、両者が直面している根本的なビジネスモデルに問題がある。ビジネスモデルは企業、そして12万人の会員がいる全米脚本家協会（WGA）や全米映画・テレビプロデューサー協会（AMPTP）のような組織が価値を生み出し、獲得することを可能にする。一握りの映画製作会社と3つの主要テレビネットワークしかなかった時代には、両者の伝統的なビジネスモデルは上手く機能してきた。しかし今や誰もが脚本家やプロデューサーになれるし、全てのコンピューターが製作会社になる可能性を持っており、コンテンツを創って公表することができる。地球上の10億人以上がインターネットでつながり、そのうちのかなりの割合が高速ブロードバンドを使っている。

　この記事の筆者のヘンリー・チェスブロウは、カリフォルニア大学バークレー校のビジネススクールのオープン・イノベーション・センターでエグゼクティブ・ディレクターを務めており、マネジメントやコミュニケーションにおいてもっと一般的な役割を果たし続けるであろう、別の側面にも注目している。

　映画の製作会社と脚本家の間で意見が一致することが、必ずしも両者の直面する最大の難題というわけではない。新しいネット上のエンターテインメントコン

テンツのほとんどは、プロの脚本家やプロデューサーが手掛けたものではない。むしろ他の人が言及していたように、お互いにコンテンツを創作するように刺激し合うユーザーコミュニティから始まっている。映画脚本家やAMPTPの間の交渉にどう作用するかを言うのは難しい。両者は新しい機会をつかむために、強固に続いてきたビジネスモデルを変える必要がある。それは多大なリスクを伴うが、利益をもたらす可能性があるプロセスだ。しかしながら、もしハリウッドが挑戦しなければ、独立したオンラインのクリエイティブコミュニティが飛びつく用意をしているのだ。ただ1つ確かなことは、どちらにも選択肢はなさそうなことだ。

ハリウッドでこの論争がヒートアップしていたとき、同時に同じ状況がニューヨークでも広がっていた。

2007年11月10日、劇場の舞台係がストライキを宣言し、ブロードウェイが真っ暗になったのだ[38]。舞台係の組合ができて121年の歴史の中で初めてのことで、31の劇場が暗くなった。脚本家のストライキは、新しいメディアの急増と収益を生み出すその役割についての条件闘争だったが、舞台係を巡る論争は、費用がかかって非効率的であるとプロデューサー同盟が主張する契約の就業規則に焦点を絞って展開された。同盟はこうした規則を変更したかったのだが、検討事項は舞台係には受け入れられなかった。

ストライキは19日間続き、ニューヨーク市長のマイケル・ブルームバーグが仲裁しようとしたが、拒絶された。『ニューヨーク・タイムズ』が名付けた「同盟関係者と組合代表の極秘会談」がようやく最終的な解決に至る折衝を促したのである。

この場合もやはり、ブロードウェイを真っ暗にしたような問題が魔法のように消え去ったとは考えにくい。しかし、コミュニケーション戦略はかなり昔ながらのものであることが判明し、ストライキそのものは脚本家のストライキに比べれば比較的短かった。交渉は就業規則に絞られていたし、サイバースペースを支配している不透明な法令によって曖昧になることもなかった。とはいえ、デジタル・コミュニケーション・プラットフォームは、マネジメントやコミュ

ニケーションの全てにおいて不可欠な役割を強めており、ビジネス環境の変化における競争は進化し続けている。

4-4. コーポレート・コミュニケーションを戦略につなげる

　第四に、コーポレート・コミュニケーションは企業のビジョンや戦略全体と、密接に結びついていなければならない。コミュニケーション機能の重要性を認識している経営者はほとんどいないので、今日の環境において成功するために必要な、優秀なスタッフをなかなか雇おうとしない。その結果、コミュニケーション担当者はしばしば中枢から外れている。

　成功している会社は、コミュニケーションと戦略が構造的につながっており、例えばコーポレート・コミュニケーションの責任者がCEOに直接報告している。こうした報告の関係があると有利な点は、コミュニケーションのプロが、会社の戦略についての情報を、組織のトップから直接得られることだ。その結果、会社のコミュニケーション全体がより戦略的で焦点を絞ったものになる（詳しくは第3章を参照）。

　前述したように、アーサー・W・ペイジ協会の『オーセンティック・エンタープライズ』の報告書では、新しい方法でコアバリューを定義して活性化している会社は、一貫したブランド力、顧客との関係性、パブリック・レピュテーション、日々の業務を維持しながら、権限移譲と能力開発を進めるべきだと主張している。バリューは、行動を形成し、燃料をつなぐ「接着剤」なのである。しかしながら、バリューに基づいたマネジメントシステムを構築することは極めて難しい課題である。会社や人々が本当に価値を置いているものは何かを理解し、それを一般的な行動にしていくには、新しい種類のリーダーシップや手段やスキルが求められる[39]。

　第10章では、ジョンソン＆ジョンソン（J＆J）が1980年代初めにタイレノールのシアン化合物の危機にどう取り組んだかを見る。この切迫した状況で同社が上手く処理できたのは、「J＆Jクレド（信条）」の存在があったからであり、これは全社的な倫理綱領で、多くのステークホルダーへのJ＆Jの約束を詳しく

説明したものである。このクレドが会社の行動指針となったために、タイレノールブランドは、そしておそらくJ&J自体も、取り返しがつかないほどのダメージを受けずにすんだ。30年後、同社は再び欠陥商品に対する攻撃を受けたが、この状況に対処したことによるハロー効果（訳注：特徴的な印象に影響を受けてほかの評価が歪められること）が残っていた。

　会社のコーポレート・コミュニケーション・チームは、企業理念（コーポレート・ミッション）——会社の全体的な戦略の基軸となるもの——を定義したり、その理念を社内外のステークホルダーに伝えたりする上で極めて重要な役割を果たす。今日の急速に変化する環境下では、明確な企業理念は、従業員に自社があるべき姿に合わせるようにするだけでなく、自分の周囲の絶え間ない変化にうんざりしている消費者に対する安定性の源泉としての役割を果たすこともできる。

まとめ

　ビジネス環境は常に変化している。今日、ビジネスに携わる人は誰でも、労働組合があるような大企業であろうと、国際的な領域で成功しようとする小さな事業者であろうと、戦略的にコミュニケーションする必要がある。組織が適応し、自社の行動を修正する方法は、コミュニケーションを通して明らかになり、21世紀のアメリカ企業の成功を決めるだろう。

＃第2章

コミュニケーション戦略

　第1章では、過去半世紀のビジネス環境の変化を考察した。本章では、このような変化がコーポレート・コミュニケーションにどのような影響をもたらしたか、なぜ現代企業にとって戦略的なコミュニケーションが不可欠になったのかを検証する。

　戦略的コミュニケーションの定義は、「企業全体の戦略と一体化したコミュニケーションであり、戦略的なポジションの強化を意図したもの」[1]である。効果的な戦略とは、明瞭で理解しやすい真実で、情熱的かつ戦略的に繰り返し、首尾一貫してステークホルダーに送ることによって、会社に希望を与えるべきものである。

　本章は、個人か組織かを問わず、全てのコミュニケーションの背後にある基本理論の要約から始める。現代コミュニケーション理論における、効果モデルについても少し論じる。多くのコミュニケーションの専門家が、リーダーの文章やスピーチをサポートするためにこうした理論を採用しているが、同じ基本理論をコーポレート・コミュニケーションの文脈——つまり企業がさまざまな人々とコミュニケーションする方法——に採用している人は少ない。

　コミュニケーションは、ビジネスにおける他のどのような課題より、組織にいる新入社員からCEOに至るまでの全員と関係がある。マイケル・ポーター、ゲイリー・ハメル、C・K・プラハラードなどの学者による重要な戦略研究のおかげで、非常に多くのマネジャーがビジネス全体について戦略的に考えることを学んだが、コミュニケーションすることについては、自分の時間の大半を

費やしているにもかかわらず、戦略的に考える人はほとんどいない。

本章では、組織における首尾一貫したコミュニケーション計画を開発することが何を意味するかについて、コーポレート・コミュニケーションと企業全体の戦略との重要な関連性を強調しながら論じる。

1. コミュニケーション理論

コミュニケーションに関する最も現代的な理論のほとんどは、数千年前のギリシャの哲学者アリストテレスに遡ることができる。アリストテレスはプラトンの下で学び、紀元前367年から347年にかけてアテネで教え、現代の説得コミュニケーションの先駆となる修辞学を発展させることに取り組んだ。

アリストテレスは著書『弁論術（The Art of Rhetoric）』で、全てのスピーチにおける3つの基本要素を定義した。それは、現代企業のニーズに合わせると、以下のようになる。

この戦略とは、アリストテレスがスピーチの構成要素を描写した以下の3つのパートについて、注意深く考えるかどうかにかかっている。

話し手：本書では何かを言おうとする企業のこと
テーマ：伝える必要があるメッセージ
人：メッセージを届けられる集団

アリストテレスのメッセージコミュニケーションに関する見解は、第二次世界大戦後に他の社会科学とともにアメリカで発展した現代コミュニケーション理論の基盤となった。1948年、イェール大学法学部教授で政治学者のハロルド・ラスウェルは、特にマス・コミュニケーションに適用すると考えたコミュニケーション・モデルを提起した[2]。このモデルを要約すると、誰が（アリストテレスのいう話し手）、何を言うか（アリストテレスのいうテーマやメッセージ）、どんなチャネル（メディア）を用いるか、誰に伝えるか（アリストテレスのいう受け手）、どんな効果か（効果）となる。数年後、コミュニケーションスキルの教授であるリチャード・ブラドックはラッセルのモデルを拡張し、

メッセージの意図の反映や、メッセージが伝達された環境の分析を含むモデルを提起した[3]。

さらに1948年には、数学者でエンジニアのクロード・シャノンが、ベル研究所の所内科学ジャーナルに「コミュニケーションの数学的理論」を発表した。その翌年、ウォーレン・ウィーバーがシャノンに協力し、論文を書籍として出版したので、このコミュニケーション・モデルは「シャノン－ウィーバー・モデル」または「シャノン・モデル」と呼ばれている。社会科学や数学、工学で今日用いられているモデルは、情報の物理的伝達に注目している。情報源（訳注：送り手）のシグナルが送信機を用いて発信され、受け手がシグナルを受信するまでをたどる。このモデルはノイズ（雑音）も含んでおり、それはシグナルの完全性を妨げるものである[4]。

1956年には、コミュニケーション学の教授であるジョージ・ガーブナーが、ラッセルおよびシャノン・ウィーバーのモデルに基づいたコミュニケーション・モデルを提起し、コミュニケーションにおける認知の重要な役割と、コミュニケーションの性質について強調した[5]。

コーポレート・コミュニケーション戦略のフレームワーク（**図表2-1**）は、コーポレート・コミュニケーションを効果的に分析するための有用性の高いフレームワークを提供するために、これらの理論を組み合わせたものである。フレームワークを見ると、各構成要素の関係が容易に見て取れる。コミュニケー

図表2-1　統合的なコーポレート・コミュニケーション戦略のフレームワーク

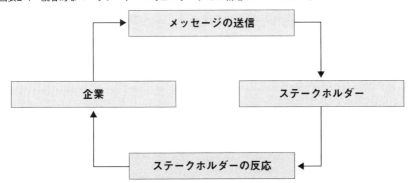

ションの理論家であるアネット・シェルビー[6] は、これらの変数の独特の相互作用によってメッセージが効果的になるかどうかが決まる、と述べている。この相互関係によって、メッセージを伝えるための最も効果的なツールも決まる。さらにこのフレームワークは、全てのコミュニケーションは進行中のプロセスであり、直線でなく円弧であり、始めと終わりがあるものではない、ということを反映している。

　企業がソーシャルメディアによってレピュテーションを高めようとするときも、従業員にヘルスケアプランを伝えるときも、企業がまだ投資価値があると投資家に確信させるときも、首尾一貫したコミュニケーション戦略を用いることが重要である。効果的な戦略は、メッセージが聞き手にもたらすインパクトを考慮すべきなのである。

2. コーポレート・コミュニケーション戦略の発展

　これらの変数を発展させて現実の状況に当てはめ、実際にどのように行われているかを見てみよう。

2-1. 効果的な組織戦略を策定する

　効果的なコーポレート・コミュニケーション戦略の最初の役割は、組織自体に関係する。組織戦略の3要素は、①特定のコミュニケーションの目的を決定する、②その目的を達成するためにどのような経営資源が活用できるかを決める、③組織のレピュテーションを診断する、である。

（1）目的を決定する

　組織というものは、個人と同じように、コミュニケーションすることを決めるための多くの理由がある。例えば、ある会社が翌年に福利厚生を変更することを従業員にアナウンスしたいとする。医療費増加の結果として、退職者向けの医療給付の廃止を決定したとしよう。このケースでは変更を知らせるだけで

はなく、従業員から何かを取り上げる適切な理由があることを納得させなければならない。つまり目的は、従業員の抵抗を最小限にして変更を受け入れてもらうことである。

　反対に、日本の和菓子メーカーがアメリカ市場への進出を決定したと考えてみよう。和菓子への関心を高めるためにはパンフレットの作成を決定し、どんな商品であり、それがどのように日本文化と関係があるかを説明することだろう。会社の目的は、アメリカの消費者の間に、彼らが知ることもなく欲しいとも思わなかったものについての需要を創り出すことである。

　どちらのケースにおいても、メッセージの受け手の反応が最も重要である。目的を定義する基本は、コミュニケーションの結果、各メッセージが受け手にどう伝わってほしいと会社は望んでいるのか、である。コミュニケーションマネジメントの専門家メアリー・ムンターは、著書『マネジリアル・コミュニケーションのための手引き』の中で、もし受け手に反応してほしいなら、経営的にコミュニケーションすることが唯一の成功方法である、と書いている[7]。望ましい反応を得るためには、コミュニケーションについて、測定できる目標を持つなど、戦略的に考えなければならない。一般的に、効果的なコミュニケーションは、ビジネスに差別化要因をもたらすものであり、戦略的に運営できるものだ。経営陣は、ステークホルダーと接触することだけではなく、ステークホルダーからの意見を求め、それに従うこともできる。

（２）どんな経営資源が利用できるかを決める

　どうやってコミュニケーションするかを決定することは、従業員向けの福利厚生にせよ、新製品の導入にせよ、自社内のどんな経営資源を活用できるかにかかっている。カネ、ヒト、技術、そして時間である。

①予算

　前述のような従業員の医療給付を削減する場合は、従業員にできるだけ明瞭に計画をアナウンスするだけにした方がいいのかどうか、を決めなければなら

ない。例えば、社内報やメール、イントラネットを通して伝えるか、それとも他社で従業員に手当削減の経験をしたことがあるコンサルタントを雇うかである。最初の選択肢の方が短期的には費用がかからないように見えるが、もし従業員が、これといった理由もなく何かを失うのだと感じて反抗したら、企業は最初から高額のコンサルタントを雇ったときよりも、結局は高い出費になるかもしれない。

　残念なことに多くの会社は、コミュニケーション問題を短期的で安い方法でこっそり解決しようとして失敗する。なぜなら当のステークホルダーの視点で問題を見ていないからである。この問題は個人のコミュニケーションにおいてしばしば起きる課題と同様である。つまり、受け手のニーズよりも自分たちのニーズを見ているので、最後にコミュニケーションの目標を達成することが困難になるのである。

②**人的資源**

　人的資源もまた、企業が目標を達成することができるか否かを決定する重要な要素である。一般的にコミュニケーションを扱う業務を担当している人はあまりにも少なく、そうした関係者はしばしば未経験で不適格である。

　会社が上場して、株主との関係や財務アナリストとのコミュニケーションを行うために、インベスターリレーションズ（IR）担当の新設を決めたとしよう。1人を配属して全てを任せることもできるが、本当に必要なのは3人なのかもしれない。ベストな方法は、企業規模や株主構成によって違う。

　有名な大手企業のケースを見てみよう。さまざまなステークホルダーに対応するために2、3人の専門家を専任で置くのではなく、コミュニケーションスキルが苦手な1人にこの役割を任せた。この会社の場合、業務を正確に行うためにより多くの人を雇う余裕があったかどうかが問題ではなかった。コーポレート・コミュニケーションがいかに重要か、そして特別な業務を成し遂げるために必要な人的資源が少ないことを理解していなかったことが問題なのである。

　このフォーチュン500企業は、将来の業績見通しが健全であるにもかかわら

ず、アナリストがその銘柄を格下げし始めたため、この方法を変更した。このIR担当者は企業の株式を評価するために十分な情報を与えることに興味を持っていない、とアナリストたちが感じていることに、CEOが気づいたからである。アナリストたちはこうした認識を持つと、会社に何か悪いことがある、と思ってしまう。一方、このIR担当者は、実際には同時に2つ、3つの業務をこなさなければならず、単純に仕事に必要なことをさばききれていなかったのである。この出来事の後、当然のことながら、会社は仕事を処理するために、もう2人のプロを雇い、一層効果的で十分なIR機能をつくったので、株価は本来あるべき水準に戻った。

③技術

　第5章で見るように、今日ネットでつながっている25億人の人々は、企業のステークホルダーとのつながり方を根本から変えてしまった。現在の企業には、従業員や顧客、投資家だけでなく、FacebookやTwitter、その他のソーシャルメディアユーザーという数百万人の聴衆がいて、会社のレピュテーションを形成する力を持っている。ネットでつながる世界は拡大しており、会社はコミュニケーションにおいてちょっとした間違いをすることも許されない。

　例えば2012年、カーニバルクルーズ社が所有するクルーズ船がトスカーナ湾で座礁・転覆した。死者31名、負傷者64名である。そのときカーニバルクルーズ社のCEOは、Twitterのニュースフィードを通じて事故の情報を得ている。イタリアのスタッフからの電話ではなく、メールですらない。本社からのクライシス対応も、地上での対応とソーシャルメディア上があり、歩調が揃っていなかったために同社についての認識と株価の下落を招いた。カーニバルクルーズ社のケースは、継続的で整合性のあるメッセージを、利害関係を超えた聴衆に届けるために、ソーシャルメディアを活用することの重要性を強調している。

④時間

　人材や予算のように、時間は企業のコーポレート・コミュニケーション戦略を決定する上での重要な要素である。時間配分についての同じ問題に対応する２つのアプローチを見てみよう。

　前述した日本の和菓子メーカーのケースでは、同社はコミュニケーション・コンサルタント会社の協力で、実際に必要となる２年以上前から商品の説明をするパンフレットを制作することを決めた。しかしながら、同社の全員が文章やデザインに同意することに多大な時間が使われ、８ページのパンフレットを制作するために、ほとんど丸２年もかかった。日本とアメリカのビジネススタイルにおける文化の違いが、パンフレットを制作するために膨大な時間を必要としたのである。

　アメリカの会社にとって、パンフレットの制作のようなシンプルなプロジェクトにそれほど多くの時間を費やすことは考えられない。アメリカの会社なら、このようなパンフレットの制作は数週間で終わらせる。しかしこれが本当に良いアプローチなのだろうか。

　時間配分についても、全ての資源配分と同様に、期間を短縮しようとするのではなく、会社の目標を達成するために何をするかによって決定されるべきだ。組織が望ましい結果を得るためには、配分したい量より多くの資源が必要になることもあるが、ほとんどの場合、組織は前もって資源を配分しておいた方が良い。コーポレート・コミュニケーションにおいて、事後にミスを訂正することはコストがかかるものである。しばしば資格を持ったコミュニケーションの専門家が、危機が勃発した後、コミュニケーションの隙間を埋めるようにして出てきた噂と戦うために招かれる。よくありがちなのが、会社がＭ＆Ａの渦中にあり、従業員は自社の合併計画について自社から聞く前に外部メディアを通して詳細を聞く、というシナリオだ。勝手な噂が捏造され、第三者の情報が従業員の間に恐怖や不安をかきたて、生産性や顧客サービスは悪化し、株主価値を減じることもある[8]。そのとき会社は突然、はるかに大きくてコストのかかる問題を抱えることになる。

(3) 組織のレピュテーションを診断する

　組織は、コミュニケーションの目標を設定し、その目標を達成するために何の経営資源が使えるかを決定することに加え、どんな信頼性のあるイメージをステークホルダーと共有するかを決定しなければならない。ステークホルダーによる組織の全体的なレピュテーションは、いくつかの要素に基づいている。第4章で、イメージ、アイデンティティ、レピュテーションについて論じる際に、このことについて考えるが、特にイメージと関係するかどうかはともかく全てのコミュニケーション戦略を策定する上での重要な要素である。

　信頼性のあるイメージとは、組織それ自体の実態というよりも、ステークホルダーの組織についての認識によるものである。例えば、ある大学が全国紙でポジティブなパブリシティを仕掛けようとしていると考えてほしい。もしその大学が地元以外であまり知られていないとしたら、その取り組みはとても難しいことがわかるだろう。この状況で信頼性のあるイメージは低いままだろう。なぜなら全国紙の記者は、既に全国的なレピュテーションがある大学と比べて、その大学と関わったことがほとんどないからだ。したがって、どんなにこの大学が経営資源を投下したとしても、厳しい闘いになるだろう。

　信頼性のあるイメージが限定的であることより、信頼性が欠けていたり、傷ついたりしている場合の方がさらに悪い。2010年の秋、玩具メーカーのマテルは、700万台のフィッシャー・プライスブランドの三輪車をリコールしなければならなかった。報道によると、10人の幼児が鋭く突き出ているイグニッションキーで怪我をしたからである。同じ時期に、300万個のフィッシャー・プライスの玩具がリコールされた。小さな部品が窒息を引き起こすかもしれないという懸念からである。2010年のリコールは、不幸なことに、マテル社のレピュテーションを損なうような一連の出来事に続くものだった。2006年11月には磁石の玩具でのデザインの欠点が、2007年8月には高レベルの鉛系塗料を使ったフィッシャー・プライスブランドの玩具のリコールが、そして2007年9月には鉛系塗料まみれのバービー人形のアクセサリーのリコールが、行われていたのである。

かつて、最も信頼性のある玩具メーカーだったマテルは、投資家や顧客からの信頼を損なってしまった。最も多くリコールが寄せられたとき、株価は約25％も下落した。しかしながら、マテルの経営陣は信頼性の危機をひっくり返すためにアグレッシブな行動に出た。全てを包み隠さず伝えることを選び、デジタル・コミュニケーションのチャネルを用いてステークホルダーにメッセージを届けたのである。マテルのコミュニケーション部門も広告キャンペーンを開始し、見出しには「あなたのお子さまは私たちの子どもでもあります」とした。広報担当は同社の安全性の調査を繰り返して言い、メディアとオープンなコミュニケーションを続けた。マテルの2006年、2007年のリコールに対する対応は、2010年のリコールの間も投資家を安心させ、同社の株価は実際のところ、2010年9月30日の三輪車リコール発表の後、ただちに多少ではあるが上昇したのである。

　信頼性のあるイメージは、組織のコントロールを超えており、会社の特定の行動や失策というより、周囲の状況によって損なわれることもある。マテルの事例がそうで、このリコールは海外の製造パートナーの問題によって引き起こされたのである。マテルの経営陣は、より厳格に安全基準と監視基準を確保すべきであるが、これを実行するには信頼性に関して2つの課題がある。マテルによる製品リコールの作業とフィッシャー・プライスのレピュテーションの危機であり、同社は玩具の海外生産の調整に責任を負っていった。

　また、エンロン破綻の後には、グローバルなエネルギー会社は自社のコントロールがきかない状況の犠牲となり、業界全体が信頼性のあるイメージの低下に直面した。多くの会社がこの不祥事の後、債券保有者や行政機関や投資家の問題を抱えた。エンロンと同じようなことをしているのではないか、と疑われたからだ。この疑惑に打ち勝つことのできる戦略は、コミュニケーションプログラムを策定し、非常に目立つ方法でエンロンとは異なることを示そうとすることだった[9]。

　一貫したコミュニケーション戦略を行う上で、組織のレピュテーションは重要な要素であることがわかる。単純な業務なら問題にはならないが、そうでな

ければ、組織が特定のステークホルダーと信頼できるイメージを築くことは、組織が目標を達成しようとする上での成功か失敗かを決める大きな分かれ目になるかもしれない。企業は次第にこの事実に気づいてきており、それに応じて、コーポレート・レピュテーションを評価するために経営資源を投入しつつある。そのような会社の１つがフェデックスである。年に一度、同社の重役たちはメンフィスの本社に集まり、会社が直面しているさまざまなリスクを評価する。各シナリオによって財務への影響などについて検討するだけでなく、コーポレート・レピュテーションに何が起きるかについても吟味する。「強いレピュテーションは、クライシスにおいて救命具のような役割を果たすことができるし、会社が攻勢のときには追い風となる」とフェデックスの前副社長でグローバル・コミュニケーション兼IR担当だったビル・マルガリティスは説明する。この仮説によるシナリオ分析に加えて、フェデックスは、外部の利害関係者からどのように受け止められるかを明らかにするための調査を行っており、従業員に対しても同様の調査を毎年行っている[10]。

　目標を明確にすること、経営資源の適正配分を決めること、組織のレピュテーションを診断すること、という効果的な組織戦略を策定のための３つの考慮すべき事項は、全てのコミュニケーション戦略における他のステップでも基盤である。次に組織が取り組む課題は、ステークホルダーの関与の判断である。

2-2. ステークホルダーを分析する

　ステークホルダーを分析することは、あなたがスピーチの計画を立てたりメモを書いたりするとき、聞き手の分析をすることと同じである。この分析によって、①誰があなたの組織のステークホルダーか、②各自は組織について何を考えているか、③各自はコミュニケーションについて何を知っているかがわかる。ではそれぞれについて見ていこう。

（１）あなたの組織のステークホルダーは誰か

　この質問に対する答えは明快なときもあるかもしれないが、多くの場合、特

図表2-2　組織のステークホルダー

第1群	第2群	第3群
従業員 顧客 株主 地域社会	伝統的なメディア サプライヤー 債権者 行政機関　市町村・州・連邦 個人ブロガーやアクティビスト	第1群と第2群のステークホルダーのソーシャルメディアでのつながり

定のコーポレート・メッセージに関連するステークホルダーは誰かを分析するには熟考を要する。誰がメインのステークホルダーかは常に明快だ、と考えるような愚かしいことをしてはならない。通常、ステークホルダーは組織にとって主要なグループであるが、そうでもないグループもまた特定のコミュニケーションの対象となる（**図表2-2参照**）。

　企業にはさまざまなステークホルダーがいて、それは事業規模の特質、規模、範囲（例えばグローバルか国内か、地方か全国か）によって異なる。企業はステークホルダーをリストに並べることができるが、あまり固定的に考えたり別々に考えたりすることはやめた方がいい。企業のステークホルダーたちは常に変化する可能性がある。例えばクライシスの際には、メディアとの関係にもっと真剣にフォーカスする方が賢明であり、──平時はそれほど重要なステークホルダーではないかもしれないが──レピュテーションを維持し、ネガティブな報道を最小限にできるかもしれない。さらに、ステークホルダーは並んだ別々に仕切られているわけではなく、境界線が曖昧である。例えば、従業員が株主であるとき、彼らは同時に2つのステークホルダーグループに所属している。また、スターバックスは公式に従業員と投資家をブレンドし、労働時間に基づくビーン・ストック（訳注：自社株購入権）を全従業員に与えている。スターバックスが1991年から始めている習慣であり、ミッションの中核だと考えられている[11]。

　また、ステークホルダーは相互に影響し合っており、あるステークホルダーに伝えるために別のステークホルダーに働きかけなければならないときもある、と組織が認識することは重要である。例えば、デパートが顧客の信頼（そして

売上高)を引き上げるために顧客サービスを活性化しようとするなら、顧客が結果を知る前に従業員がこのミッションを理解しなければならない[12]。

　会社は従業員の役割を、多数の外部ステークホルダーと影響し合う「ブランド大使」であると認識すべきである。企業が顧客やステークホルダーの心の中でどうありたいと目指しているのかを、従業員が十分に理解しているとき、口コミで伝わる好意やイメージの潜在的な力は大きい。ソフトウェア企業大手のSASは、この領域で抜きんでており、『フォーチュン・マガジン』誌の2014年版によれば「働きがいのある会社ベスト100」で2位に選ばれた。同社の経営陣は従業員に、ブランドを称賛せずにはいられないような(珍しい)理由を提供する。洗車サービス、敷地内の医療施設のほか、子どものサマーキャンプ、保育園、美容院、そして約6100平方メートルのジムは、SASの従業員であることのちょっとした特典にすぎない。ザッポスは売上高12億ドルの靴専門のオンライン小売業であるが、従業員は重要なコーポレート・コミュニケーションの資産として尊重されている。ザッポスのCEOであるトニー・シェイは著書『ザッポス伝説』(ダイヤモンド社)で、「一人ひとりのお客さまに対応するとき、我が社の従業員は最善の判断をしていると信じています。電話の間も、お客さまと個人的で感情的なつながりが持てるよう、販売員には本当の個性を発揮してほしい」と書いている[13]。

　しかし、ステークホルダーは会社に対して、相反する利害やさまざまな認識を持っている可能性がある。例えば、従業員手当の削減は、株主には歓迎されるかもしれないが、従業員にはかなり不人気となるだろう。さらに、あるステークホルダーに対してのコミュニケーションのつもりが、別の人に届くことも多い。

　例えば、マーケティング担当バイスプレジデントの個人的なコミュニケーションの経験は、この最後のポイントを実体験したものである。彼の上司は管理サポートスタッフ集団の削減を決めた。専門家が社外にいる(外出している)ときコミュニケーションするための技術が高まったため、である。このバイスプレジデントは、およそ3分の2のサポートスタッフの削減案を人事担当のバ

イスプレジデントへの文書に詳しく書いた。この計画には、その部署の5人のアシスタントを6ヵ月以上レイオフ（訳注：一時解雇）することが含まれていた。彼らの多くは、その会社で数年間働いていた。

　通常、マーケティング担当バイスプレジデントは、自身の考えを下書きのようにタイプしてアシスタントにメールで送り、書式をフォーマットして彼のレターヘッドに最終原稿をプリントするように頼む。彼のアシスタントはレイオフの対象となっていなかったが、長年の同僚に感情移入するのを止められなかった。一時間もしないうちに、彼は反乱を抱え込むことになった。現在は、インターネット上のコミュニケーションによってニュースが絶え間なく助長され扇動されるので、例えばブロガーが情報を手に入れると、このようなシナリオが大ごとになってしまう可能性がある。詳しくは後の章で述べる。

　このバイスプレジデントは、アシスタントが自分のステークホルダーの一部だと考えていなかったし、彼女に人事担当バイスプレジデントへの手紙をプリントするよう頼んだとき、変化に対する彼女の反応について考えようともしなかった。それにもかかわらず彼女は、この計画によって実際に影響を被る従業員という、重要なステークホルダーへの導管となったのである。

　このシンプルな事例は、もっと高い水準でコミュニケーションを考えている組織にとっても啓発的だろう。個人レベルでステークホルダーへの情報の流れを常にコントロールすることができないように、企業レベルでも同じ問題が起きているのである。

（2）組織に対するステークホルダーの気持ち

　特定のコミュニケーションに対して誰が実際のステークホルダーなのかを分析するだけでなく、組織は各ステークホルダーが組織そのものについて何を考えているかを評価する必要がある。

　我々は、知っている人あるいは自分のような人とコミュニケーションする方が、知らない人とするより容易であることを個人的な経験から知っている。組織も同じである。もし企業に対するそのステークホルダーからの好意度が高け

れば、目標は達成しやすい。

　良いコーポレート・コミュニケーションの古典的事例は、ジョンソン＆ジョンソンのタイレノール・ブランドのリコールで、1982年にシカゴで毒入りカプセルで7人が死亡したときだ（タイレノール事件については第10章参照）。当時、広告担当役員のジェリー・デラ・フェミーナやコミュニケーションの数人の専門家が、タイレノールを救うことはできないと言明したが、困難にもかかわらず同社が成功することができたのは、悲劇が実際に起こる前に同社が行った信頼できる仕事のおかげだった。同社は業界や医者、そして消費者やマスメディアから、たとえコストを度外視しても、製品に拠って立ち、正しいことをする強い意志がある企業として知られていた。このケースでは、タイレノールの錠剤瓶3100万個以上のリコールに、数億ドルのコストがかかった。

　シアン化合物が混入したことのある製品を買うことを人々に納得させるのは容易ではなかったが、同社はさまざまなステークホルダーの信頼を得ていたので、その目標を達成することができ、ブランドを回復した。もし人々が同社を信頼していなかったら、またもし彼らが同社の行動に疑問を持ったら、いずれにしてもこの復活劇は可能にならなかっただろう。

　信用や信頼が欠けているとき、コミュニケーションは上手くいかない。企業は、ステークホルダーに配慮や関心や理解を示すような行動を通して、自分たちが信頼に値することを証明するまで、自分たちが信頼されると期待することはできない。第1章で『オーセンティック・エンタープライズ』について述べたが、アーサー・W・ペイジ協会の文書には、以下のようにある。

　　企業には過去に関わった有力な仲介者やステークホルダーに加えて、コミュニティや同業者、非政府組織、そして個人などさまざまな関係者がいる。これらの新しいプレイヤーたちは重要な利害関係を持っているが、法的なステークホルダーでない者もいるし、むしろ敵対しているとか悪意がある者もいる。動機はともかく、彼らは利害を共にする自分たちの間で協力し、広い聴衆にリーチすることが容易にできる。同時に、企業や組織体は、複雑なステークホルダーとのつなが

りを持とうと同じような方法を模索している。ステークホルダーとの関係は、ビジネスや組織にとって常に重要であるが、新しい種類のステークホルダーが急増して力を増していることは、大いに環境を変えた。まず徹底的に透明性の高い世界において、組織はもはやさまざまなステークホルダーと別物でいることはできない。企業体は生態系全体の中の1つでなければならない。（出典：アーサー・W・ペイジ協会の許可により転載）

信頼を構築するには、従業員とコミュニケーションし、関心のある話題について聞いたりして建設的な変化を起こすことから始めなければならない。従業員から厚い信頼を得ている企業は、会社の事業目標を従業員に明瞭に伝え、その目標に到達するために従業員に何ができるかを理解させることに時間を割いている[14]。

（3）ステークホルダーは何を知っているのか

　ステークホルダーの会社への態度に加えて、我々は彼らのコミュニケーションそのものについての態度も考えなければならない。もし組織が望むように彼らを行動させられるなら、組織が目標を達成するのを助ける可能性が高い。しかしながら、もしそうでなければ、組織はゴールに到達するのがとても困難になるだろう。

　消費者はしばしば、新しい未知の商品について用心深いものである。前述の日本の和菓子メーカーは、日本ではとても有名で好まれているが、アメリカでは全く外国産である商品をアメリカ人に買おうと思わせようとして、この偏見の犠牲となった。日本では、このメーカーは和菓子（つまり砂糖菓子）の高級なメーカーとして知られている。その会社は「虎屋」といい、最も老舗の1つである。創業は9世紀に遡ることができ、同じ家族が17代も会社を経営しており、初期から皇室御用達である。

　長い歴史と貴族的な起源を持っているのだから、商品はアメリカで売れるだろう、と同社の社長は当然のように考えた。競合他社がいないのだから、和菓

子を紹介したら大成功するだろう、とアメリカでの責任者のミドルマネジャーは思い込んだ。

　不幸なことに、アメリカ人の味覚が赤い豆（小豆）や海藻（寒天）でできた砂糖菓子の味にどう反応するかについて、彼らは全く考えなかった。その商品のことを聞いたほとんどの人は、商品名を発音することすらできなかったし、ゼリー状の形の商品（羊羹）を味見したとき、好きになれなかった。

　アメリカで商品に興味を持ってくれる消費者を得るため、虎屋は、日本の歴史における和菓子の役割と貴族的な起源による独自性について、人々を教育しなければならなかった。アメリカへの導入過程の初期にフォーカス・グループに商品を味見してもらったところ、キャビアやエスプレッソを初めて味見したときのようだと言われた（訳注：虎屋ニューヨーク店は2003年に閉店した）。

　消費者の感情を読み誤った事例は日本の和菓子だけではない。ウォルマートを例に挙げよう。この巨大な小売業者は2006年、ドイツ市場に殴り込みをかけようとした。ウォルマートは同国で85店舗を持ったが、結局、アルディやリドルのような地元のライバル会社との戦いに負けた。ドイツの消費者や商習慣に適応できなかったからである。多くのミスが重なった。ドイツのウォルマートは、レジカウンターで顧客のために食品を袋詰めするアメリカの習慣を持ち込み、全ての顧客を笑顔で歓迎することを従業員に求めた。笑顔でサービスすることは、店員たちにとって不愉快で不必要なものに思えた。また経営陣は、従業員間の恋愛を禁じるという同社のアメリカの方針も伝えた。この制約はドイツの基準からすれば、不適当な干渉だと思われた。顧客ターゲットの判断ミスや、それに続くドイツ事業の撤退によって、ウォルマートは10億ドルを失った。

　大衆にアイデアを売り込もうとする会社は、情報が不足していたり、消費者が同社についてネガティブな感情を持っていたりすることにより、常に失敗の危険にさらされる。アメリカの自動車メーカーのGM（ゼネラルモーターズ）は、キャデラックを英国市場に売り込む試みを何度か失敗した後、英国では広告キャンペーンに資金を使うことより、自動車分野の広報専門家を雇って、キ

ャデラックについて、右ハンドルモデルの増加も含め、新しい市場へのアプローチで人々に慣れてもらうのを手伝ってもらった方が良いことに気づいた[15]。

　会社が従業員に、例えば年金制度をキャッシュバランス型（訳注：確定給付型と確定拠出型の両方の特徴を併せ持つ年金制度）に移行するなど、何かの変化を伝えるとき、従業員がその話題について何を知っているか、そしてどのように感じているかを知ることは重要である。この洞察なしでは、貴重な時間と経営資源をコミュニケーション・キャンペーンに費やしても、完全に失敗する結果に終わるだろう。例えば、従業員の最大の関心事は、他社と比較して新しい年金制度が競争的か、ということだと会社は考えたかもしれない。しかし、実際に彼らは新しい年金制度が現在のものとどう違うのかを理解することに最も関心を持っているのである。この認識がなければ、同社のコミュニケーション戦略は、基本的な事項に重きを置きすぎて、このステークホルダーの最大の関心事に言及することに失敗するかもしれない[16]。

　そして明らかに、会社がコーポレート・コミュニケーションの目的を設定した後は、全てのステークホルダーを徹底的に分析しなければならない。これは、各ステークホルダーは誰かを理解することを意味しており、同社について何を考えているかを知り、既にコミュニケーションについて何を知っていてどう感じているか、を測定することでもある。会社はこの種の調査にマーケティング費用の一部を配分することを考えるべきである。こうした知識で武装することにより、組織はコミュニケーション戦略の最終段階、つまりどうやってメッセージを届けるか、を決定する準備ができるのである。

2-3. メッセージを効果的に届ける

　メッセージを効果的に届けるためには、2段階の分析が必要である。会社が決めなければならないことは、どうやってメッセージを届けたいか（コミュニケーション・チャネルを選びたいか）と、メッセージそのものを構築するためにどんな方法をとるか、である。

（1）適切なコミュニケーション・チャネルの選択

　組織が適切なコミュニケーション・チャネルまたは媒体を決定することは、個人が行うよりも難しい。個人のチャネルの選択は、通常は書くことか話すことに限られていて、グループや個人の相互作用の観点からのバリエーションがあるだけである。しかしながら組織には、メッセージを届けるのに役立つチャネルがいくつかある。

　組織の内外へのコミュニケーションについて、現在では以前より多くのコミュニケーション・チャネルがある。例えば、トップ交代を予定している会社は、ステークホルダーに広くメッセージを伝えるためにプレスリリースを通じて、変更をアナウンスすることを決めるかもしれない。さらに、変更をメモやメールで従業員に知らせたり、会社のイントラネットに載せたりもできる。

　このシンプルな事例でさえ、複数のチャネルが可能なのである。プレスリリースの送り先は地元紙にすべきか全国紙にすべきか。もしグローバル企業だったら、メッセージはロイターやPRニュースワイヤーのようなインターナショナルなニュース配信に載せるべきだろうか。メッセージはWebサイトにも掲載すべきだろうか。メッセージは従業員のテレビ会議の映像の一部やイントラネットに載せるべきだろうか。公式Twitterに載せるべきだろうか。そして全てにタイミングの問題がある。従業員が最初にそれについて聞くべきだろうか。特ダネとして一人の記者に話を伝えるべきだろうか。

　2010年12月に、ヤフーは全従業員の約4％にあたる約650人をレイオフすると発表した。ヤフーは12月14日に影響を受ける従業員に知らせた。同日にCEOのキャロル・バーツは説明的なメモを発行した。「ヤフーの皆さま、私はあなた方とつらいニュースを共有したいと思います」と始まるもので、レイオフを文意に込めた[17]。しかしながら、従業員に悪いニュースを届けたのは、彼女が最初ではなかった。差し迫ったレイオフの噂が、公式発表に先立つ数日前から一流メディアのこぼれ話やブログで徐々に広がっていた。24時間のニュースサイクルにおいて、ソーシャルメディアのプラットフォームがますます優位になってきているのに、同社はネットで広がっている噂に対応せず、1週間

以上たってやっと本当にレイオフであることを発表した。そのため、バーツの語りかけるような従業員へのアピール文にもかかわらず、英『ガーディアン』紙や米『ニューヨーク・タイムズ』紙を情報源としたネットの論評は、「ヤフーの従業員は公式発表の前に差し迫ったレイオフの噂でもちきりだった」というものだった。これは、会社はニュースがサイバースペースでリークされる前に、センシティブな情報を守り、予定された聴衆に届けなければならない、という一例にすぎない。

　GMは、メッセージ拡散の一例を提供してくれる。GMは2005年の年次総会で、3年間で2万5000人を削減する計画を発表した後、この先どうなるかという労働者たちの不安を迅速に鎮めなければならなかった。グローバル・インターナル・コミュニケーション部の部長であるスー・メリーノは、レイオフについて公表してすぐに従業員が知ることが同社の目標だと説明した。同社は多数のチャネルで従業員にニュースを伝えた。CEOのリック・ワーグナーの定例会でのスピーチの動画配信、工場での社報、GMの従業員向けのテレビニュースなどだ。「我々がやろうとしたことは、できるだけたくさんのコンテキスト（文意）を社内に提供することだ」とメリーノは説明した[18]。

　コーポレート・コミュニケーション戦略は逐次発展しており、どのチャネルを使うか、いつ使うか、という問題は、注意して探すべきである。この段階の間に企業は、メッセージを組み立てる最善の方法とメッセージに何を含ませるかについて、考える必要がある。

（2）メッセージを注意深く組み立てる

　ほとんどのコミュニケーションの専門家によれば、最も効果的な2つのメッセージ構造は、一般に直接的なものと間接的なものがある。直接的な構造とは、あなたの主要なポイントを先に明らかにして、それから詳細を説明することで、間接的な構造とは、コンテキスト（文意）を先に述べ、それから主要ポイントを明らかにすることである。

　会社はどんなときに直接的な構造を選び、どんなときに間接的な構造を選ぶ

べきなのだろうか。一般的には、できるだけ多くのステークホルダーに対してはできるだけ直接的な構造を選ぶべきである。なぜなら間接的なコミュニケーションは混乱させるし、理解しにくいからだ。

　日産自動車の例をみよう。この自動車メーカーがアメリカに最初にインフィニティのシリーズを紹介したとき、同社は間接的な（そして典型的な日本の）アプローチをとった。新型車の（現在販売されている）写真を出す代わりに、実際の車を見せず、風景の印象を見せて雰囲気を創った。この努力は、直接的なライバル会社であるトヨタが、同格のレクサスモデルの伝統的な写真を見せることによるアプローチをしたのと比較して、クリエイティブな成功だった。しかし、不幸なことに、日産のキャンペーンで多くの車は売れなかった。同社はこの種の広告を通してアメリカ市場に強いアイデンティティをつくりたかったが、製品とイメージ広告の混合は、アメリカの消費者には伝わらなかったのである。

　メッセージ構造に関する第三の選択肢は、単にメッセージを入れないことである。今日ではこのアプローチは、サウンドバイト（訳注：ニュースなどで引用される短い言葉）に飢えている人々や、ストーリー性のある見地を探しているメディアには機能しない。通常は、「全ての事実が明らかになるまで自社は状況について何も語れない」と言うことは、ノーコメントや何も言わないよりはましである。

　しかし、マネジャーたちは（特にアメリカにおいては）弁護士の意見に左右されており、彼らは、何か言うことについての法的な結果について考えている。直接的な方法に決めることは、会社にとって法廷よりも重要な、世論という法廷を考慮に入れることである。

2-4. ステークホルダーの反応

　ステークホルダーとのコミュニケーションの後、あなたは自分のコミュニケーションの結果を評価し、そのコミュニケーションが望ましい結果になったかどうかを測定しなければならない。重要なメッセージや一連のメッセージが届

けられた後、ただちにこの反応を集めることもできる。

　例えば、従業員がコミュニケーションの主要なポイントを理解しているかどうかを確認し、彼らがもっと多くの情報や説明を求めているのはどの分野なのかを明らかにするために、短い質問項目を用意することができる。別のケースでは、広告キャンペーンによって売上高が上がったかどうかを測定するなど、コミュニケーションの成功を測るためには少し時間がかかるかもしれない。結果が出た後、あなたは自分がどう反応するか、決める必要がある。レピュテーションは変わったのか。コミュニケーション・チャネルを変える必要があるのか。だからこそコーポレート・コミュニケーションのフレームワークは円弧なのである。

　つまり、首尾一貫したコーポレート・コミュニケーション戦略を立てることは、我々が詳細に議論した3つの変数を必要とする。コミュニケーションのための組織全体の戦略を明確にすること、関係するステークホルダーを見極めて分析すること、そしてメッセージを効果的に届けること、である。さらに、企業はコミュニケーションが成功したかどうかを測定するために、ステークホル

図表2-3　啓発的なコーポレート・コミュニケーション戦略のフレームワーク

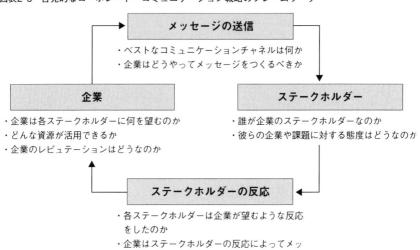

ダーの反応を分析する必要がある。**図表2-3**は、先に紹介したコーポレート・コミュニケーション戦略モデルの完全版を要約したものである。

まとめ：ビジョンにつながるコーポレート・コミュニケーション

　首尾一貫したコミュニケーション戦略は、本章で紹介されたように長い時間をかけて証明された理論に基づくものであり、それによって組織はコミュニケーションの扱い方を見出すことができる。しかしながら企業にとって重要なことは、戦略全体とコミュニケーションの取り組みを結びつける力である。

　第1章で議論したように、企業は外部グループの視線にさらされている。同時に主要なステークホルダーは、アクティビストの株主が役員報酬の増加に反対したり、2010年にドット＝フランク・ウォール街改革・消費者保護法が成立したりで、近年は一層力を持っている[19]。コーポレート戦略をコーポレート・コミュニケーションとつなげることでマネジャーは、レピュテーション損失の可能性を軽減することができる（第4章参照）。それは、企業が外部のグループやステークホルダーからの要求に上手く対応しなかった結果として生じるかもしれないものだ。

　組織が外部から影響を受ける程度は、会社が何の業界にいて、どこで事業を行い、どの程度公共性があるかにより決定される。競争力を保つだけでなく、会社が外部からどう認識されているかという問題も考慮されなければならない。競争力について会社が気づくことで競合他社から自社を守るように、外部の力に気づくことで攻撃から自社を守るのである。

　最近の極めて大規模なリコールにもかかわらず、消費財企業のジョンソン＆ジョンソンは概ねレピュテーションへのダメージを受けなかった。単純に、同社がクライシスの渦中も主要な利害関係者とのコミュニケーションにおいて、「我が信条（J&J Credo）」という同社の明文化された価値体系への献身を強固にしたからだ（第10章を参照）。

　戦略全体を構築するとき、会社はコーポレート・コミュニケーション活動を、

企業のビジョンや企業理念を明らかにするものだと考える必要がある。戦略全体を最初からそのようにすることで、会社は後々の悪影響を避けられる。全ての組織は大衆の意思によって動かされているので、このコミュニケーションに対する平等主義のアプローチは社会から評価され、社会は、かつてないほど組織を信頼するようになる。

第3章

コーポレート・コミュニケーション機能の概要

　第1、2章ではビジネス環境の概要を示し、コミュニケーションの枠組みを戦略的に示した。次に本章では、コーポレート・コミュニケーションの機能そのものについて論じる。コーポレート・コミュニケーションの価値を認識し、予算を確保して社内体制を対応させている会社は一層増えている。南カリフォルニア大学の戦略コミュニケーション＆PRセンターが発表した、「第8回コミュニケーションとPRの実態報告」によれば、景気後退期の広報予算は前年と同じか削減されるのが普通だったが、2014年には調査に回答した企業の約半数が、前年比でPR・コミュニケーション予算は増えると回答していた[1]。実際、世界のコミュニケーション業界全体は、2013年に13％伸びている（2011年と2012年は8％増だった）[2]。ICCO（インターナル・コミュニケーション・コンサルタンシー・オーガニゼーション）のチーフ・エグゼクティブのフランシス・イングハムは、「経営状況は変化した。我々にとって実に有利な方向に変化した。デジタル技術やソーシャルメディアの新技術や新分野は我々のサービスをかつてないほど必要としている」と見ている[3]。

　本章では、近年のコーポレート・コミュニケーションの進化と、この分野の認識を高めることになった事情をたどる。まず、コーポレート・コミュニケーションの起源を考察し、関連の報告をしながら、組織内で機能するための最適な構造について論じる。また、コーポレート・コミュニケーションのサブ機能についての事例を示す。

1. PRからコーポレート・コミュニケーションへ

　パブリックリレーションズ（PR）は、コーポレート・コミュニケーションの前にあったもので、必要性から生じた。企業は、コミュニケーションに対する特別な戦略を持っていなかったが、望むと望まないとにかかわらず、しばしば社外のステークホルダーに対応しなければならなかった。新しい法律によって会社が今までになかった状況に直面し、常に対応しなければならず、コミュニケーションの洪水を何とかしなければという要求が生まれた。

　この機能は、ほとんどの企業において戦術的なものであり、「パブリック・リレーションズ（PR）」または「パブリック・アフェアーズ」と呼ばれた。一般的に、力を注いでいたのは記者が経営陣に近づきすぎるのを防ぐことである。パトリオットミサイルが、戦時中にミサイルが来るのを止めるためにあるように、初期のPR専門家は、悪い記事から、会社を守ることが求められた。ときには有害なニュースをポジティブなものに転換することによって。そのため「対空射撃」という用語は、PRの専門家が実際に行っていることを指すようになった。つまり外部のミサイルからトップ経営者を保護することである。

　パブリック・リレーションズにおける「対空射撃」の時代は、何十年も続いた。そして企業が新たなコミュニケーション活動を必要としたとき、パブリック・リレーションズの担当者たちはそれに取り組まざるをえなくなった。例えば1960年代のパブリック・リレーションズは、スピーチ原稿、アニュアルレポート（年次財務報告書）、企業のニューズレターを作成することが一般的だった。この分野のほとんどの仕事は印刷メディアだったので（テレビが実際に関わってくるのは1970年代初め）、多くの企業はこの仕事を任せるために元ジャーナリストを雇った。対空射撃から転じた元ジャーナリストたちが、組織の最初のコミュニケーションの専門家となった。

　最近まで、大企業のトップの出身は、エンジニア、経理、財務、製造部門、あるいは（コミュニケーションの必要性を理解しているという程度の）営業・マーケティング部門だった。彼らのコミュニケーションに対する理解は、偶然

に得た天賦の才能か、大学生か中高生の授業を通して得たもので、何年もの経験から得たものではなかった。これらのオールドスタイルのマネジャーたちは、言語的というより数量的な志向だったので、彼らを補佐し、困ったときには指導を与えてくれるコミュニケーションの熟練者を、役員として喜んで迎えたのである。

　PRの専門家たちは、悪い状況を良い状況に変えることができ、ジャーナリズムの元同僚たちと良好な関係を築くことができ、最高経営責任者（CEO）が素晴らしいコミュニケーターになる手助けができるように見えた。この評判が正しいこともあったが、ジャーナリストが会社のコミュニケーション問題の全ての答えではなかった。状況がどんどん悪くなると、彼らは無責任なマネジャーのスケープゴート（生け贄）として非難されてしまった。

1-1. 最初のスピン・ドクター

　社内のPRスタッフに加えて、フルタイムの社員を雇う余裕がないときや、クライシス時に人手が必要なときには、外部のエージェンシーが会社を支援した。パブリック・リレーションズ分野のレジェンドである、アイビー・リーやエドワード・バーネイズ、そして後年にはハワード・ルービンシュタインやダニエル・エデルマンたちが、パブリック・リレーションズの機能をジャーナリスト的な起源から、より洗練された尊敬される職業に変えていったのである。

　長年、PRエージェンシーはコミュニケーション分野で優位を占め、会社が社内では対応できないサービスに対して多額の請求をしていた。このようなPRエージェンシーなしで業務を行おうとする会社はほとんどなかった。外部の「スピン・ドクター（訳注：情報操作のプロ）」を使えばコミュニケーションの問題を簡単に解決してくれるのに、その機会を失うことを恐れたからである。

　今日の代表的なPRエージェンシーには、米国のフライシュマン・ヒラードとエデルマン、英国と米国のウェーバー・シャンドウィック、オグルビー、日本のコスモPRなどがあり、数多くのコミュニケーションに関連する問題に対

し、最善の役に立つ助言を行っている。しかし外部のエージェンシーは、組織からステークホルダーに対して必要なコミュニケーションの円滑な流れを毎日処理することはできない。そのため、戦略的コミュニケーションまたはプロジェクトベースの活動においては、内部のコミュニケーション担当と一緒に仕事をすることが多い。

1-2. 新しい機能の出現

　1970年代までに経営環境は、外部のコンサルタントによる単純なPR機能以上のものを求めるようになった。重要性が増しただけでなく、PIRGs（公益調査団）のラルフ・ネーダーのような特定利害集団や、グリーンピースのような環境保護を意識した（非政府組織NGO）の力によって、会社はコミュニケーション活動を増やすことを強いられた。1970年代のオイルショックのとき、全ての石油会社は非難を浴びた。消費者は石油タンクを求めて何時間も待たなければならなかったのに、大手石油会社では何億ドルもの利益を上げたと報告していて「鼻持ちならない」と消費者は感じたのである。

　この状況の中で、モービル石油は、この時代としては最も洗練された広報部門を設立した。モービルのハーブ・シュメルツは、今まで誰も思いつかなかった戦略を用いてコミュニケーションの問題を解決し、この分野に革命をもたらした。彼は、いわゆる「意見広告」（第4章を参照）のシリーズ広告を行った。それは『ニューヨーク・タイムズ』紙と『ウォールストリート・ジャーナル』紙の論評ページ（社説の向かい側のページ）に、週1、2回掲載され、「鼻持ちならない」利益と石油買い占めで物価上昇を招いているという主張に反論したのである。これらの主張に対応するだけではなく、モービルの意見広告は、政府を非難し、石油会社が多額の利益を必要とするのは石油探査のためであることを説明し、同社の最高経営責任者（CEO）は株主を大事に思っているという別の論点に議論を移した。

　数千万ドルを使って、シュメルツは新しいコミュニケーション機能を創り出した。モービルのコミュニケーション業務を、旧式なパブリック・リレーショ

ンズから、最初の重要なコーポレート・コミュニケーション部門の創設へと変えたのである。同社のシニア・バイスプレジデントのシュメルツは、コミュニケーション担当役員として取締役会の席につき、それはモービルがコミュニケーションを強化するというコミットメントの証明となった。

　こうして、個別企業や業界全体が教養のあるジャーナリスト軍団に対して一層細かく調査して回答しなければならなくなり、旧式のパブリック・リレーションズ機能では、もはや対空射撃に対応することができなくなった。その結果、1970年代の初めにモービルの資源の無駄だと思われていたことが、アメリカ企業の標準となった。これらの新しいコーポレート・コミュニケーション部門の機能を効率的に現実の企業構造に適合させることに焦点が移ったのである。

1-3. 今日のコーポレート・コミュニケーション

　近年、コーポレート・コミュニケーションの機能は、刻々と変化する経営環境や規制の要求に応えるために、進化し続けてきた。今世紀初頭の、ワールドコムやエンロンなど一連の企業の財務スキャンダルにより、2002年にサーベンス・オックスレー（SOX）法が制定された。これは株式会社への法的な規制だが、会社の大小を問わず、透明性への対応や企業責任に対する期待を高めた。透明性のレベルを維持する必要性から、会社内のコーポレート・コミュニケーション機能は、新たな戦略レベルにまで引き上げられた。メッセージ、活動、制作物（投資家向け説明会の資料や慈善活動の年次報告書から企業広告まで）は、行政機関、投資家、そして一般大衆に前例がないほど詳しく分析されている。そして、Webサイト、インスタント・メッセージ、ブログといったネット上のコミュニケーションツールの激増によって、情報の流れや大衆のアクセスは記録的なスピードにまで加速した（メディア・リレーションズは第6章、インベスター・リレーションズは第8章を参照）。

　アーサー・W・ペイジ協会（大手企業のコミュニケーション担当責任者による業界団体）の報告書『オーセンティック・エンタープライズ』で、現在の環境は、新しい技術がニューエコノミーや社会状況と結びついてゲームのルール

を本質的に変えるようなビジネス史の節目であると述べている。この報告書では、コーポレート・コミュニケーションの変化を3つのグループに分類している。①新しい聴衆、②新しいチャネルと新しいコンテンツ、③新しい尺度、である。また、今日のコーポレート・コミュニケーションの専門家は、企業をポジショニングするだけでなく、企業を「定義」することまで支援しなければならないと述べている[4]。

今日の厳しい監視の下では、全てのステークホルダーに対する、コミュニケーションの明瞭性、首尾一貫性、統合性があるかどうかで、企業のレピュテーションは作られ、または失われる。その結果、最高経営責任者の86％が、自社では過去数年間、統合されたコミュニケーションを展開してレピュテーションを構築するための取り組みを拡充してきたと報告している[5]。

1-4. コーポレート・コミュニケーションの具体的な業務

企業によってさまざまな組み合わせがあるかもしれないが、2013年のリソース・アロケーション・ベンチマーク報告書では、現代のコミュニケーション担当部門の明確な業務として、以下の項目を挙げている[6]。

社外のコミュニケーション活動として分類される業務
・プレスおよびメディア・リレーションズ（記者対応）
・インベスター・リレーションズ（投資家向け広報）
・フィナンシャル・リレーションズ
・企業Webサイト
・企業広告
・マーケティング・コミュニケーション
・エグゼクティブ・コミュニケーション
・コミュニティ・リレーションズ（地域対応）
・ガバメント・リレーションズ（行政機関向け広報）

社内のコミュニケーション活動として分類される業務
・エンプロイー・リレーションズ（従業員向けコミュニケーション）
・企業内ネット（イントラネット）
・リーダー／マネジメントのためのコミュニケーション・トレーニング

その他のコミュニケーション活動に分類される業務
・ソーシャルメディア
・グラフィックスあるいは他のクリエイティブなサービス
・効果測定とモニタリング
・企業の社会的責任（CSR）
・慈善活動
・企業スポンサー
・コミュニケーション・スタッフの育成
・運営コスト
・他の関連コスト

2. コミュニケーションを集中化するか分散化するか

　企業がコミュニケーション業務を組織化する際の最初の課題は、全てのコミュニケーションを、本社の一人の管理職の下に活動を集中させるか、活動を分散させて各事業部門がコミュニケーションを行うことを許すかである。より集中化したモデルの方が、会社が首尾一貫性を達成して全てのコミュニケーション活動をコントロールすることが容易になる。しかし分散化したモデルの方が、個別の事業部門の固有なニーズに対応する際に、より柔軟な対応ができる。

　今日でも構造に関する同様の問題が存在するが、集中化か分散化かというディベートに対する答えは、企業規模や、事業所の地理的な分散や、製品やサービスの多様さによって決まる。例えば、GE（ゼネラル・エレクトリック）のように大規模で多様化した組織の場合、問題は議論の余地がある。航空宇宙か

らヘルスケアまで多様な活動に手を伸ばしているような組織は、全てのコミュニケーション活動を完全に集中化させる方法がない。

ジョンソン＆ジョンソンも同様である。世界60ヵ国に75の事業会社があり、12万5000人以上の従業員を抱え、コミュニケーションを完全に集中化させることは、不可能ではないとしても難しかった。その代わり、同社の伝統的な元コーポレート・コミュニケーション担当バイスプレジデントのビル・ニールセンは、その機能について、コミュニケーションにおける専門家とのパートナーシップであると説明した[7]。ジョンソン＆ジョンソンは、外部のコミュニケーションの相談者を1社のPR会社に集中することすら避けた。その代わりに、同社はプロジェクトベースの小規模な会社と、世界中に拠点がある大規模でグローバルなエージェンシーの両方を使っている。世界中ではトータルで20以上のさまざまなエージェンシーが事業のさまざまな分野で支援を行っているのである。

グローバルな出来事や経済動向も、企業がコミュニケーション機能を構築するに際しての決定に影響を与えている。2001年9月11日の衝撃（訳注：アメリカの同時多発テロ事件）では、爆撃はクライシスの観点から予期せぬ出来事に備えることの重要性を教えただけでなく、多くの会社にコミュニケーション組織を分散化するよう訴えかけた。メリルリンチ（現在はバンク・オブ・アメリカの一部門）で、初のコーポレート・コミュニケーション担当バイスプレジデントを務めたジム・ウィギンスは当時、我々が現在テロリズムの可能性が高い世界で生きているなら、主要な活動は集中化を抑制しなければならないだろう、と説明した[8]。

セキュリティに対する脅威が増加していることだけが、コミュニケーションの分散化を促す要因というわけではなく、景気の悪化も同様の影響を与える。仮に、大手航空会社が全社的な経費削減のために、コーポレート・コミュニケーション部門の大幅な人員削減を強いられたと考えてみよう。その結果、コミュニケーション担当部長は、その部門はこれまで行っていた業務を選ぶようになる、と説明した。「今後は全員のために何でもするようなことはしない」と

言い、その代わりに会社内の他の部門にコミュニケーション担当が置かれ、集中化したコーポレート・コミュニケーション部門のやっていた活動の一部を担うようになったのである[9]。

予算削減の際には、権限を委譲する仕事の重要性は倍増する。経済的に不安定だとコミュニケーション部門が活動を指揮しなければならないので、一般的には常勤のPRエージェンシーに外注することになるからだ。これは特に政府機関やNGOに起こりやすいかもしれない。彼らはコミュニケーションの人的資源を削減し、支持を結集して資金を集める上で費用対効果の優れた手段としてソーシャルメディアにますます向かおうとしている。

分散化は、経済状況が厳しいときにはより適応しやすいが、これらの長所にはリスクも伴っている。何らかの中央司令棟なしで個別の業務部門にコーポレート・コミュニケーションを分散すると、矛盾したメッセージが出る可能性が極めて高くなる[10]。分散化された組織においては、会社のコミュニケーション専門家は、メッセージのクオリティや一貫性や統一性を全面的に確認することに真剣に取り組まなければならない。

多分、完全な集中化と全くの分散化の間の中間地点を見つけることが、大企業においては望ましい。例えば、強力で集中化された職務上の領域は、分散化した「職人」のネットワークによって補うことができる。彼らは独立した事業部門の特別なニーズに合った機能に対応しているのである。デル・コンピューターは、事業がどのように組織化されているか――顧客、製品、地勢に基づくマトリックス――に基づくアプローチを用いて、コーポレート・コミュニケーションスタッフを組織化している。80名以上のチームメンバーが各々サポートする事業部門に在籍しているが、チームの上司となる人物は、デルの本社内にいて、常にシニアマネジメントと連絡を取り合っている。この集中化された「職人」のコミュニケーションマネジメントと、さまざまな事業単位に分散した「職人」の組み合わせは、30ヵ国以上で働く11万人以上を抱えるデルという会社の成功要因なのである。

2008年と2010年の景気後退期に、コーポレート・コミュニケーション部門は、

「レピュテーションや認知度やPRを向上させるだけでなく、業務実績を出すようにも求められた」[11]。ブランドレピュテーションの重要性は、特に、マーケティングとコミュニケーションの距離を近づけた。その一例として、現在は、企業の61％が、コミュニケーション部門とマーケティング部門で、分析やインサイト調査を積極的に共有している。

マーケティングとPRの業務を一緒に行う方法は、マーケティング業務がコミュニケーションに焦点を当てること（マーケティングにではなく）である。ジェームズ・G・ハットンとフランシス・J・マルハームの著書『マーケティング・コミュニケーション』では、両者の関係性を5つに分類して概略を述べている[12]。

①コミュニケーションとマーケティングの問題が相対的に小さい場合：「別々だが対等型」が最も機能するだろう。
②コミュニケーションとマーケティングに少し課題がある場合：「重複（オーバーラップ）型」が最も機能するかもしれない。
③消費財メーカーのような、複数のブランドを持つ企業の場合：「マーケティング優位型」が、より成功をもたらすだろう。
④専門的なサービス、病院、大学、NGOなどは、「PR優位型」が上手くいくだろう。
⑤マーケティング課題がコミュニケーション課題である状況で、主に小さな企業でほとんど違いがない場合：「マーケティング＝パブリック・リレーションズ型」がベストかもしれない。

3. どこに業務を報告すべきか

過去10年間に行われた調査では、平均的なCEOはコミュニケーションに多大な時間を費やしていることが示されている。事実、1300名以上の役員を対象とした、マッキンゼー・グローバル調査によれば、自分の時間の20％しか

事業の意思決定に費やしておらず、80％は事業戦略の立案、指針、事業のリーダーシップ、社内外の集団に対するコミュニケーションに費やしていることが示されている[13]。前述のジョンソン＆ジョンソンの前CEOであるジェームズ・バークは、CEOとしての時間の40％以上を同社の「Credo（クレド＝信条）」（10章を参照）のコミュニケーションのためだけに費やしている、と見積もった[14]。

多くの点で、CEO自身はコーポレート・ブランドを体現したものである。彼らの行動やコメントは、簡単に、そして著しく企業の財務業績に影響を及ぼす。マーサ・スチュワート・リビング・オムニメディアの創業者兼CEOのマーサ・スチュワートが、司法妨害や株式売却に関して捜査員に嘘をついたことなど4件の訴因で有罪となり、2004年に5ヵ月の禁固を宣告されたことを思い出してほしい（訳注：マーサ・スチュワートはカリスマ主婦の先駆的存在で、オリジナルブランドの販売などを行っていたが、インサイダー取引の容疑で起訴・有罪となった）。無罪判決に対する期待で発表前に株価は押し上げられたが、有罪判決後はニューヨーク株式市場で22％も暴落した[15]。

これらの事例からわかるようにCEOは、コミュニケーションの全戦略を展開することと、首尾一貫したメッセージをステークホルダーに届けることの両方に、最も関与する人物なのである。理想的には、コーポレート・コミュニケーションの業務は、CEOと直接につながる（**図表3-1**はコーポレート・コミュニケーションの構造例である）。『PRウィーク』（訳注：米国のPRプロフェッショナル向け専門誌）の企業調査では、回答者の60％が、自社のコミュニケーション部門の責任者は直接にCEOや社長や会長に報告している、と回答している[16]。たとえ報告が書類上のもので、直接CEOのところへ出向かないとしても、コーポレート・コミュニケーションの責任者が経営陣の最も高いレベルにアクセスできること、そしてそうした経営陣がコーポレート・コミュニケーションの価値と必要性を信じていることは、企業目標を達成する手段として、極めて重大な意味がある。このつながりがなければ、コミュニケーション業務は効果的でなく、パワフルとは程遠い。2011年の『PRウィーク』とヒル・ア

図表3-1　大手企業のコーポレート・コミュニケーション機能の理想的構造

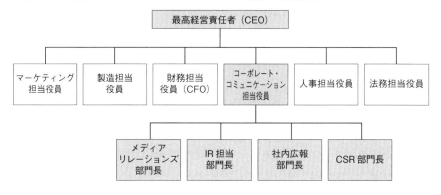

ンド・ノウルトン社の企業調査によれば、コミュニケーションチームは今まで以上に大きな役割を果たしていることが示されている。52％のコミュニケーション担当役員は、社内外のコミュニケーションが求められるような案件には、最も初期の段階から議論に参加している、と報告している。これは、ソーシャルメディアの活用が増加したことと、レピュテーション・マネジメントが注目されるようになったことの結果である[17]。

　CEOへの直接の報告を、少数の上級管理職に下ろすことで（しばしばコーポレート・コミュニケーション業務をトップにつなぐには最大の障害となるが）、コーポレート・コミュニケーション機能を戦略立案機能と統合しようとしている会社もある。コミュニケーションと会社の全戦略がつながるという重要な点から、このアプローチはコーポレート・コミュニケーション業務を成長させるには良いかもしれない。

　しかしながら、総務を担当する何でも屋のエグゼクティブ・バイスプレジデント（EVP）に業務が報告されているケースもまだある。この人物は、人事、保安、建物や土地の管理などの領域も担当しており、もしコミュニケーションについての知識や関心が欠けていたら、コミュニケーション業務にとてつもない問題をもたらす可能性がある。

　古典的な事例として、1984年にユニオン・カーバイドがインドのボパール

工場での事故の直後に対応したとき、同社はコミュニケーションの責任を戦略企画のバイスプレジデントに移した。当時、同社の経営陣に宛てた手紙で、当時の会長兼CEOだったロバート・ケネディは次のように書いている[18]。

　企業の戦略的ディレクションは、株主、従業員、そして広く大衆に向けたコミュニケーションの重要な要素である。そのため、我々のコミュニケーションがこれらの人々に対してオープンであることと首尾一貫していることは今までよりずっと重要である。それは、我々が戦略を履行して前進していることを彼らに知ってもらい、我々が特別な関心と興味を持ってユニオン・カーバイドの将来に利害関係のあるステークホルダーに話しかけているのだということを確認することになる。戦略的な企画を指揮するマネジメントと我々のコミュニケーションを可能な限り緊密につなげるために、これらの機能のマネジメントは、戦略企画とパブリック・アフェアーズのバイスプレジデントの下で統合する。

ヒル・アンド・ノウルトンの米国社長兼CEOであるダン・バートレットは、過去10年間で上級管理職によるコミュニケーションやパブリック・リレーションズについての認識は高まっており、「これはCEOが社内に戦略的なコミュニケーションの一層の協力を要求しているという意味である」と見ている[19]。グローバルな財政危機や、近年の多数の企業不祥事は、CEOに企業レピュテーションのもろさを気づかせることになり、コーポレート・コミュニケーションを優勢にした。コーポレート・コミュニケーション担当者の89％が、企業レピュテーションの番人としてのプレッシャーがあると感じており、過半数の昨年は経営幹部が企業レピュテーションに多くの注意を払っていた[20]。

　こうした研究は大企業が中心となっているが、大企業から学ぶ多くの教訓は、小規模な会社にも移し替えて適用することができる。中小企業では経験豊富なコミュニケーションチームのような豪華なメンバーではないかもしれないが、こうした会社は大企業と同様に、重要なコミュニケーションのニーズを持っている。全ての会社は全てのステークホルダーに一貫した声を伝える必要がある。

3-1. 外部のPRエージェンシーとの戦略的な働き方

　自社のマーケティングやPR部門がどういう構造であろうと、全ての会社にとって外部のPR＆コミュニケーションの専門会社を戦略的に使うことは有益である。最も良い方法は、外部のエージェンシーに、メッセージ伝達に関して明確な目標を示すことである。企業や組織の人手や予算が足りなくて、外部のPR＆コミュニケーション専門会社を雇うことがある。これは特に小さい組織においてよくあるケースで、外部のエージェンシーが、複数の業務に責任を持つ社内の従業員に報告をすることになる。会社が外部のPR／コミュニケーション専門会社と働くのを選ぶ主な理由をまとめたものが**図表3-2**である。企業は外部のPRエージェンシーを評価しており、2013年には97.4％が外部のPRエージェンシーを使っている[21]。

　外部のエージェンシーと、業務をどうやって、いつ、統合するのか、会社は慎重に考えるべきである。前述した2010年のGAPの調査によると興味深いことがわかる。外部のエージェンシーと一緒に働く際のPR／コミュニケーション部門の業務は、企業内イントラネット、CSR、トップ広報、イシューマネジメント、フィランソロピーなどを担当する傾向にある。一方で外部のエージェンシーと一緒に働かない場合のPR／コミュニケーション部門の業務は、企業のイメージ広告や製品、外部向けのWebサイト、企業イメージ（デザインやロゴを含む）、カスタマー・リレーションズなどを担当する傾向にある。

　コミュニケーション業務の人員や組織がどうであれ、上級管理職が貴重な経営資源を割り振ることによってコミュニケーションへのコミットメントを示せば、従業員はコミュニケーションが重要なマネジメントツールだと当然に評価するだろう。では、どんな業務が含まれるべきかを考えてみよう。

4. PR業務に含まれる職務

　最近の調査によれば、コーポレート・コミュニケーション部門の責任者の過半数が掌握しているコミュニケーション業務は、企業広報、レピュテーション、

図表3-2　外部のPRエージェンシーを選ぶ最大の理由（各項目７段階評価）

クリエイティブな発想	5.56	特殊な製品市場についての専門技能	4.23
人手不足	5.55	特殊な地理的市場についての専門技能	4.22
客観的な独自の助言	5.44	スタッフを増やすより安価	4.20
戦略的な洞察力	5.41	地理的範囲の拡大	4.08
メディア・リレーションズの専門技能	4.72	測定・評価の専門技能	3.93
デジタル＆ソーシャルメディアの専門技能	4.55	調査・分析の専門技能	3.82
内部人員の限界	4.25	社会的な多様性についての専門技能	3.40
クライシス・マネジメントの専門技能	4.24		

出典：Eighth "Public Relations Generally Accepted Practices Study," Strategic Public Relations Center, University of Southern California, June 2014.

クライシス・マネジメント、トップ広報、従業員向け（インターナル）コミュニケーション、そしてマーケティングPR（製品PR）である。CCO（訳注：広報担当取締役）は、数年前と比較すると、平均して５以上のコミュニケーション関連業務を毎日行っている[22]。例えば、今日のソーシャルメディア活用の増加で、PR・コミュニケーションチームの約27％がデジタルメディアやソーシャルメディア業務の先頭に立っている[23]。このリストに挙げられたような全ての業務や責任を全ての会社が１部門で効率的にできているわけではないが、これらの業務のほとんどは、総括的にコミュニケーション業務に含まれるべきものである。

　コーポレート・コミュニケーション機能を構築する最善のアプローチ方法は、最もグローバルで戦略的な課題から始めて、それからより小さな局面へと移していくことである。

4-1. アイデンティティ、イメージ、レピュテーション

　組織のアイデンティティ、イメージ、レピュテーション戦略は別々に分類するのが難しく、どんなコーポレート・コミュニケーション業務においても最も重要なものである（第４章で詳細を述べる）。イメージとアイデンティティとレピュテーションは何が違っていて、どうやってコーポレート・コミュニケーション部門の活動に当てはめたらいいのだろうか。

　「イメージ」とは、ステークホルダーの目を通して見られる企業である。ス

テークホルダーが異なれば、イメージも異なる。例えばタバコ会社は、よりヘルシーなライフスタイルを求めるアメリカ人消費者には非難すべき存在だが、同じ製品の国外での売上げで利益を得ているので、株主からは喜ばれている。

異なるステークホルダーが持つ企業に対するイメージを限定することは、通常、これらの事例ほど明快ではない。特に、第2章で見たように、ステークホルダー間の境界線は曖昧になってきている。例えば、今日では多くの従業員が、自社株を所有するように薦められているし、製品・サービスの消費者となることで、最もわかりやすい自社ブランドの「大使」になるかもしれない。

コーポレート・コミュニケーション部門は、各ステークホルダーのニーズや態度の変化を理解するためにモニター調査を行うべきである。ソーシャルメディアを使って調査する方法はアクセスしやすく、簡単で必要な測定方法である。もちろん全員を満足させられるわけではないが、ステークホルダーが何を考えているかを調査することで、特定グループからの敵意を避けるために意識的な努力をすることができる。同様の調査計測システムは、会社のコミュニケーション活動の影響と成功の度合いを測定するのに役立つ。

しかしながらイメージと違って、組織のアイデンティティはステークホルダーによってそれほど異なっているわけではない。アイデンティティは、ビジョンや行動指針、関連する人々、製品・サービスといったさまざまな会社の特質で構成している。組織は、望むと望まざるとにかかわらず、実際に世の中へ提供した現実に基づいてアイデンティティを持っているのである。世界中の人々は、コカ・コーラの赤い缶と白い文字や、マクドナルドの店舗にある金色のアーチを知っている。たとえシンガポールにいようとカリフォルニアにいようとだ。

アイデンティティを構築して維持するには、戦略立案や研究を行う能力のほか、魅力的な会社案内をデザインしたり、アイデンティティを強調したり、さまざまなスキルが必要である。単一の集中化したコーポレート・コミュニケーション部門がない場合には、いくつかの異なる部門に分散すべきである。例えば、さまざまなステークホルダーの会社に対するイメージを限定するために必

要な調査は、会社で現在進行中である製品のマーケティングリサーチの──会社全体というより特定の製品・サービスに対する顧客の態度を限定するための──ちょっとした副産物になるかもしれない。

　異なるステークホルダーにどう認識されたいか、そして自社のアイデンティティをどのようにするかを決めることは、コーポレート・コミュニケーションの基礎的な業務である。もし会社がアイデンティティを真剣に変えるなら、この業務はもちろん、一定の期間、コーポレート・コミュニケーションチームがフルタイムで取り組む仕事となる。

　ほとんど全ての会社において、会社がアイデンティティの重要な部分を変更したときは、リッピンコットやシーゲルゲール、ランドーなど、アイデンティティやイメージに特化した外部のエージェンシーが間違いなく関与している。変更内容はさまざまで、化粧品会社が会社を現代的に見えるようにするようなことから、社名変更や新ロゴの導入のような重要なものまである。

　アイデンティティは、組織の現実や主要ステークホルダーからのイメージを代表するものであるが、レピュテーションは、全てのステークホルダーが組織をどう見ているかの集積である。その結果、組織がレピュテーションを管理できるという考えは非現実的である。それよりも、企業はステークホルダーに対する一元的な戦略を構築し履行することに集中すべきである。

4-2. 企業広告と政策提言（アドボカシー）

　会社のレピュテーションは、「企業広告」を通しても強化したり変更したりできる。このコーポレート・コミュニケーションの職務は、製品広告やマーケティング・コミュニケーション業務とは２つの意味で異なっている（詳細は第４章参照）。

　まず、製品広告と違って企業広告は、会社の特定の製品・サービスを売る必要がない。それよりも、会社そのものを顧客とは全く違うステークホルダーに対して売り込もうとする。例えば、2007年にGEは、企業広告の予算9000万ドルのかなりの部分を使ってマーケティング・キャンペーン「エコマジネーショ

ン（Ecomagintaion）」を行い（訳注：ecology＝環境とeconomy＝経済を同時に実現すること。GEの造語）、環境に優しい製品を提供するだけでなく、GEをエコフレンドリーな会社で企業責任の推進役として位置づけた[24]。2012年までに温室効果ガスの排出を1％まで削減しながら、エネルギー効率を30％改善することをGEが約束するキャンペーンだった[25]。

　伝統的なテレビや新聞のキャンペーンに新しい層を加え、同社はインターネットブログやソーシャルメディアにも向き合い、消費者の意見に影響を与えるバイラル（訳注：口コミによる）マーケティング・キャンペーンも行った。2005年の初頭、マイクロソフトの従業員は約1500のブログを書いていた。何人かは企業の採用活動のためで、マイクロソフトでの実務経験を中心にして、定員や採用傾向なども述べていた[26]。ネット上であろうとなかろうと、従業員は、企業の支持を得るための重要な口コミ広告の担い手である。GEはこのことを念頭において、エコマジネーションをスタートさせた。2007年には同時にインターナルコミュニケーションプログラムも行い、子ども向けの雑誌に特集をして、エコマジネーションのコアメッセージを従業員の子どもや地域住民に伝えたのである[27]。

　ディスカウントストアのターゲットは、1990年代後半に、サテンのランジェリーから耳栓に至るまで、製品をメインにした大々的な企業広告キャンペーンを始めた。製品名や同社のロゴを出しているだけのもので、目的は、これらの製品を売ることだけではなく、「バーニーズのようでいて、Kマートのように安い」[28]という、同社の多様な製品やディスカウント店としての可能性を示すことである。ほとんど同じ方法で、航空宇宙防衛産業の会社が、1980年代に『ニュー・リパブリック』誌で広告を行ったのは、F15戦闘機をリベラル派に売ろうとしたのではなく、むしろ世論に訴えて、防衛予算を増加または維持するのをスムーズに承認させようとしたのである。

　製品広告は、ほとんどの大企業ではマーケティング部門の守備範囲だが、企業広告は通常、会長室やコーポレート・コミュニケーション部門で行われる。1980年代と1990年代を通して、この分野は広告業界で急成長した。幹部たちは、

首尾一貫した企業アイデンティティを金融業界のオピニオンリーダーたちに伝えようとした。

　企業広告の中の重要なものとして意見広告（イシュー広告）がある。企業や政策団体は、2012年に29億ドル以上を意見広告に使った。政府へのロビー活動を補い、またそれに代わるものとして、このアプローチを用いた会社もある[29]。このタイプの広告は、会社についての意見に影響を与える試みというよりも、会社に影響を与える特定の課題について、企業のステークホルダーの態度に作用しようという試みである。石油危機時のモービルの集中的なイシュー広告を思い出してほしい。数年間、フィリップモリスは、家庭内暴力（DV）から青少年の禁煙まで、幅広い話題をカバーするイシュー広告に数百万ドルを使った。中毒性があって発ガン性のあるタバコ製品を生産しているということへの軽蔑的な反対運動を防ぐためである。別の例として、アメリカの連邦住宅抵当公庫（通称ファニー・メイ）は、2003年に8700万ドルかけて広告キャンペーンを行った。議会が海外での業務に対する厳重な規制をつくろうとしているのを抑えるため、資本基準を変更して権威を持たせるためである。このようなキャンペーンのインパクトを2008年に始まった信用危機の観点から考えると興味深い[30]。

　しかしながら、第4章で見るように、意見広告はリスキーである。特定の課題について立場を表明することで、会社は自動的に一定数のステークホルダーからネガティブなイメージを持たれてしまう。それにもかかわらず、会社はこのリスクをとり、自社が重要だと考えることについてディベートするために自社の意見を言い添えるのである。

4-3. 企業責任

　多くの会社は、コミュニティ・リレーションズを扱う人的資源の領域と慈善活動（フィランソロピー）を扱う会長に近い財団は、別々の業務を行っている。しかし会社が営業している地域において、より責任を持つならば、両者はもっと緊密につながるべきものである。

こうした社会的責任を果たすことは、企業の指導者にたくさんのポジティブな成果（アウトカム）をもたらす（企業責任については第5章を参照）。エデルマンの信頼度調査によれば、CEOが信頼を打ち立てるためにできる最も重要な活動は、透明性の高いコミュニケーションである。さらにCEOが大義名分のある地元の慈善団体に個人的に参加することは、メディアに露出するような活動を行うより上位にランキングしている[31]。

　有力なコーポレート・シチズンシップについて、重大な社内の示唆がある。2012年のネットインパクトの「労働者は何を求めているか」と題された調査によれば、回答者の45％が、社会や環境のためになるような仕事をするためなら給与が15％下がっても受け入れるという。さらに、理想的な仕事において最も重要な要素は何かという質問に対しては、社会に貢献し、世界をより良くすることは、昇進することよりも上位に挙がった。明らかに、企業の社会的責任（CSR）を優先することは、才能ある人材を惹きつけて維持するという点において有利なのである[32]。

　企業の慈善活動は、地域還元以上のものを会社が期待されているため、ますます重要になった。会社は今や、自社の従業員や顧客や株主に恩恵をもたらすような組織に資金を寄付することに強い義務を感じている。業界の研究を担う大学や、マイノリティの利益を代表するような組織への寄付が一例である。

　そしてグローバル化の進展や企業の国際的拡大とともに、ステークホルダーのコーポレート・シチズンシップに対する期待は一層包括的になった。2004年12月、スマトラ島沖地震で破壊的な津波が東南アジアの11ヵ国を襲い、18万人が死亡したときは、このような認識が拡大していることを証明した。つまり米国商工会議所のコーポレート・シチズンシップセンターの報告では、米国の400以上の会社が5億2800万ドル以上を津波の救済のために寄付したが、これらの多くは会社として初めての災害救済の寄付だった[33]。

　同様に、多くの会社が伝統的な財務報告と同じような方法で、環境と社会に貢献したという情報を発表している[34]（訳注：CSRレポートやサステナビリティ報告書など）。

4-4. メディア・リレーションズ

　ほとんどメディア・リレーションズだけを扱うような古いタイプのパブリック・リレーションズは過去のものかもしれないが、我々がメディア・リレーションズとして言及しようとしている業務は、今もなおコーポレート・コミュニケーションの中心である。平均的な企業のコーポレート・コミュニケーションスタッフは決まってこの業務を行っており、コミュニケーション部門に携わる人は概して会社のスポークスマンとしてメディアに対応する能力を持っていなければならない。メディア・リレーションズ業務は、報道機関からの要望に対応して経営者のために「ごまかす」ものとして始まったが、今日では最も優れたコーポレート・コミュニケーション部門は、積極的にメディアに会社の議題を提供している（第6章参照）。メディア・リレーションズは他の業務と違って、コーポレート・コミュニケーションの範疇かどうかという議論はほとんどない。

　新しいコミュニケーション技術は我々がメディアを一般的にどう考えるかという本質を変えたが、メディア・リレーションズは最適なコミュニケーションツールの1つであり、それはソーシャルメディアにあまり対応していない。ソーシャルメディアは専門家やジャーナリストの間では優れたコミュニケーションツールだと思われるが、プレスリリースのような伝統的なメディア・リレーションズのツールはスタンダードであり続けている[35]。それでもなお、技術は世界中の至るところにあるたくさんのメディアサービスを経由して会社のコミュニケーションに役立ってきた。ほとんどの企業本社に衛星データ回線があり、会社は自社のプレスリリースを電子的にワイヤーサービスに掲載したり、1本も電話をしなくてもインターネットを通して送ることができる。

　これだけ進化しても、ビジネスとメディアの関係は依然として対立しているが、取材源と記者の関係は過去よりもはるかにポジティブになっている。なぜならメディアとビジネスはお互いにある程度は頼り合っており、ほとんどの会社がこれらの関係をベストなものにしようとしているからだ。

4-5. マーケティング・コミュニケーション

　マーケティング・コミュニケーション部門は新製品や現在の製品に関わるパブリシティを実施したり、顧客に関わる活動を行ったりする。企業広告も行うかもしれない。製品広報は、ほとんどいつも主要企業の後援イベントを伴っている。製品紹介、ゴルフトーナメント、カーレース、マラソンなどである。さらに有名人がこうした活動に参加するので、会社との調整が必要になる。このようなイベントやスポンサー契約は会社のイメージを形成する上で重要であるので、コーポレート・コミュニケーションの専門家はイベントのプログラムにも関与することが多い。例えば2012年のロンドン・オリンピックの間、企業の後援は数億ドルに達し、多くが取締役レベルの承認を必要とし、上級管理職の監視下にあった。

　カスタマー・リレーションズ業務における最近の最大の変化は、顧客中心主義の台頭であり、デジタル通信基盤の普及により助長された。圧力団体が仲間を集めてデジタルチャネルを使い、問題にコメントして企業のマネジメントチームを焚きつけるため、ソーシャルメディアサイトを24時間毎日モニターすることを余儀なくされる。レスポンスが重要なのである。

　後述するように、2012年のコスタ・コンコルディアの座礁事故は、同社始まって以来最悪のもので、１年後に別の船で火災が起きたとき、カルナバル社は２倍の賠償を負い、CEOのミッキー・アリソンはコメントしなかった。さらに悪いことに、彼はマイアミヒート（訳注：NBA＝全米バスケットボール協会のチーム）の試合を観戦中で、バスケットボールについてツイートしていた。何十人ものカルナバルの顧客や投資家は彼のTwitterのコメントを激しく非難した。会社のレピュテーションは傷つき、結局株価も火災の翌週に５％下がった[36]。

　消費者は情報に通じており、善悪を見分ける目をもって、自分たちに差し出されたメッセージや広告を吟味することができる。そしてソーシャルメディアの激増は、マーケティング・コミュニケーションチームが自分たちのブランドをリアルタイムで確実に伝えなければならないことを意味するのである。

4-6. インターナル・コミュニケーション

　価値観や人口統計が変化する中で、労働者が満足して働けるようにと会社が注力するなら、インターナル・コミュニケーションを通して従業員とどのように情報を伝達するかについて、戦略的に考えなければならない（詳しくは第7章参照）。強いインターナル・コミュニケーションは常に、熱心で生産的で忠実な従業員をつくる。ドットコムバブルがはじけ、アメリカで最も尊敬されていた会社がいくつも倒産し、近年は海外に仕事を外注することが急増し、そして金融危機の結果として従業員を削減してきた。従業員の信頼と忠実さを取り戻すためには、経営者と従業員の間に強いコミュニケーションチャネルが一層必要とされるようになったのである。

　インターナル・コミュニケーションには、コーポレート・コミュニケーション部門と人事部の間の協力的な業務が必要である。従業員の福利厚生から企業の戦略目標まで及ぶからである。さらに会社は従業員が新しいマーケティング戦略を理解していることを確信するようになっている。それは、外面的にはコミュニケーションし、共通の目標や企業戦略を持った従業員を団結させることである。こうしたコミュニケーションには、上級管理職と密接につながり、コーポレート戦略のプロセスに精通している強力なコーポレート・コミュニケーションの専門家が必要である。

　さらに、厳しい経済環境、レイオフ、不確実性が、上級管理職から全ての従業員まで、オープンで正直なコミュニケーションを行うことを求めている。こうしたメッセージはセンシティブな性質があるからこそ、経験豊かなコミュニケーションのプロが人事部と協力し、そして何より、CEOや重役たちが、それぞれ社内・社外の聴衆に頻繁にメッセージを送ることが最も重要である。

　結局のところ、前述したように、ステークホルダーの境界は曖昧なので、会社は従業員が投資家や地域住民や利益団体を代表しているかもしれないことを認識して、思慮に富んだコミュニケーションを行うことが一層重要になるのである。

4-7. インベスター・リレーションズ

　インベスター・リレーションズ（IR）は、コーポレート・コミュニケーション業務の中で最も急速に成長してきたものであり、全ての会社において強い関心がある分野である（詳細は第8章を参照）。伝統的に、インベスター・リレーションズは財務部の所管であり、自社の最高財務責任者（CFO）に報告されていたが、近年は、ただの数字だけでなく、数字をさまざまなステークホルダーに実際に伝える方法が注目されている。

　IRの専門家は、主に株主や証券アナリストに対応しており、彼らは経済紙の直接の情報源となるので、この業務はメディア・リレーションズ領域の専門家とともに行うものである。IRの専門家は、個人投資家とも機関投資家とも頻繁に接する。IR専門家はまた、会社が作成しなければならない財務諸表やアニュアルレポートにも深く関係している。近年、IR業務はアクティビスト（物言う株主）に対するプレッシャーが強まっており、彼らはデジタルコミュニケーションによってオンラインで組織化している。これらの株主は、投資している会社の中で受け身ではなく積極的であり、首尾一貫した継続的なコミュニケーションを要求する。

　社内の情報を伝える上でまぎらわしい表現を避けるためには、IRの専門家が注意深く言葉を選ぶ必要があるのと同じように、IR業務の要となる数量的メッセージは、コミュニケーションのプロと、最高財務責任者（CFO）、経理担当役員、財務担当バイスプレジデントが、協力して取り組むことが必要である。

　近年、サーベンス・オクスリー法（SOX法）やレギュレーションFDの時代となり、より厳しい規制が求められる中で、両者の協力の必要性は一層増している（レギュレーションFDは、証券取引委員会の規則として2000年10月に施行された。全ての株式公開企業は、投資材料となる情報を全ての投資家に同時に開示しなければならないというものである）。

4-8. ガバメント・リレーションズ

　ガバメント・リレーションズは、パブリック・アフェアーズとも呼ばれ、業界によって重要度合いは異なるが、どんな会社にとっても地方議会や中央政府と関係を持つことはメリットがある（詳しくは第9章を参照）。多くの会社がワシントンに事務所を設置し、自社に影響を与える法規制や法案の動きを探っている。公共事業のような厳しい規制のある業界では極めて重要なので、そのような会社では、ガバメント・リレーションズ業務は内部スタッフがいるだけでなく、ワシントンにいるガバメント・リレーションズの専門家が補っている。

　ロビー活動や外部のガバメント・アフェアーズを会社が単独で行うこともできるし、重要な問題を扱うために業界団体に加盟することもできる。例えば、エジソン電気協会は、電気会社のためのロビー団体である。どちらにしても、十分なスタッフと精通しているガバメント・リレーションズチームを通してワシントンで何が起こっているかに通じていることは、製薬からコンピューターソフトウェアまで、政府規制に関わるほぼ全ての業界において重要である。会社が国際的に拡大したら、ガバメント・リレーションズ部門を主要な海外の中心地に――例えばEUの規制に専念するならブリュッセルに――開設するか、アウトソーシングすることも同様に重要になるだろう。

4-9. クライシス・マネジメント

　必ずしも独立した専門の部署が必要というわけではないが、クライシス対応はコーポレート・コミュニケーション部門が調整すべきであり、コミュニケーションの専門家が、クライシスの設計やマネジメントに関与すべきである。理想的には、組織全体の幅広いマネジャーたちが――大衆に立ち向かう上級管理職のスポークスパーソンも含めて――万一の場合のためにあらゆる準備をするべきである（詳しくは第10章を参照）。

　危機発生時、企業の弁護士は決まって関与する必要があるが、この必要性が会社とコーポレート・コミュニケーションの両方にとって問題となる。なぜなら弁護士たちはコミュニケーションとは異なる議題を扱っていて、その行為が

特定のステークホルダーや広く一般大衆にどのように認識されるか、ということを常に考えているわけではないからだ。コミュニケーションと法的戦略をテーマにした調査によれば、法律が優位だと近視眼的でコストが高くなる可能性があるという。組織は、パブリック・リレーションズと法律の専門家の矛盾した助言を調整し、より協力的なアプローチで危機管理に取り組まなければならない[37]。

　社内の弁護士と上級管理職が協力して働くことは重要で、コーポレート・コミュニケーションの専門家が、クライシス・マネジメントの成否を分ける。こうした事例は第10章で詳しく見る。

まとめ

　会社のコミュニケーション戦略の成功の大部分は、コミュニケーション戦略が事業全体の戦略といかに密接につながっているかによって決まる[38]。会社の戦略についての思慮に富んだデザインや注意深い計画に加えて、会社は理念やビジョンを支える強いコーポレート・コミュニケーション機能を持たなければならない。

　インベスター・リレーションズはファイナンス業務で、インターナル・コミュニケーションは人事部門で、カスタマー・リレーションズはマーケティング部門なのだろうが、これらの全ての活動は、企業のミッションにつながるコミュニケーション戦略が必要とされる。

　コーポレート・コミュニケーションの専門家は、こうした幅広いさまざまな業務に喜んで取り組まなければならないし、こうした役割は拡大し、多様化し続けるだろう。グローバリゼーションが進み、情報源が多様化する中で、コミュニケーションは戦略的で目的を持つことを強いられているからだ。非常に多くのグローバル企業や世界各地の会合場所へ出張して話す経営陣は、さまざまな海外の聞き手に上手く伝えるためにコミュニケーション機能をさらに重視している[39]。

多くの企業は、戦略全体と方向性の合った強いコーポレート・コミュニケーション機能を構築することにおいて進歩してきた。しかしながら、まだなすべきことが多く残されている。ギャラップ社が公表した2014年の調査では、大企業への信頼度はアメリカの16機関の中で下から４番目で、インターネットニュースや連邦議会より上位だったにすぎない[40]。このことからも、レピュテーション・マネジメントや信頼の構築が今までより重要であることが明らかであり、有力なコーポレート・コミュニケーションプログラムはこれらの目標を達成する手段なのである。

第4章

アイデンティティ、イメージ、レピュテーション、企業広告

　第3章では、コーポレート・コミュニケーション機能のさまざまな要素を紹介した。本章では、その機能の中で第一の、そして最も重要なパートである、企業のアイデンティティとイメージのマネジメントについて詳述する。続いて、企業のアイデンティティとイメージの間の密接な関係が強力なレピュテーション（評判）を生み出すことと、それが組織にとってどのような利益があるかを論じる。最後に、企業のアイデンティティを伝えるのに最も簡単で早い方法である、有料の企業広告について述べる。

　まず最初は、個人レベルのイメージを例に考えるといいだろう。人々は、自分のアイデンティティを表現するために、好みの服を選び、特定の車を運転し、自分のヘアスタイルを選ぶ。どんな都市や街に住んでいるか、好きな音楽、行きつけのレストランも、全て印象を付加するし、他人と差別化ができる。

　これと同じことが企業にも当てはまる。企業のオフィスを歩いてみれば、すぐにとても重要な第一印象を得ることができ、その企業についてたくさんのことがわかる。ただし、個人については比較的容易にわかるが、企業レベルでは極めて難しい。複雑な理由の1つは、企業のアイデンティティに影響を与える機会がとても多く存在しているからである。例えば、次のホテル業界の事例を見てみよう。

　　ある企業役員とその夫は、週末のバンコクのオリエンタルホテルのスイートルームで、人生の中で最も素晴らしいひと時を過ごすことにした。滞在中、アジア

版の『ウォール・ストリート・ジャーナル』紙と『ヘラルド・トリビューン』紙は、２人のためにアイロンがけされて、折り目が消されていた。ホテルスタッフは至るところにいて、駆け寄ってドアを開けてくれた。ランドリーサービスには、美しいギフトラッピングが施され、それぞれに蘭の花が添えられていた。毎晩、枕は眠りをテーマとする詩で飾られ、ロビーの外にはメルセデスのリムジンがいつでも待機していて、昼でも夜でも、どこでも夫婦が出かけられるようになっていた。

その数週間後、２人はアメリカに帰国し、彼女は同僚の管理職たちにプレゼンテーションを行うために、中西部のリゾート地に向かった。『USAトゥデイ』紙はビニールのバッグに押し込まれて部屋のドアノブに掛けられ、スタッフはおらず、玄関に清掃カートが放置されていて、ルームサービスは45分以内に届かず、彼女の枕には、翌朝のルームサービスメニューとキャンディが「飾られて」いて、宿泊客をいろいろな場所に連れ去るために待っていた乗り物はクライスラーのミニバンで、造花がガラスケースに入っていた。

どちらのホテルもしっかりとしたアイデンティティを持っていて、それぞれのビジネス上の選択は、彼らのアイデンティティやイメージの核心である。これらの選択は、ホテルのアイデンティティやイメージを形作るのに貢献するし、もっと一般的に、どんな機関のアイデンティティやイメージも伝える。私たち

図表4-1　レピュテーション・フレームワーク

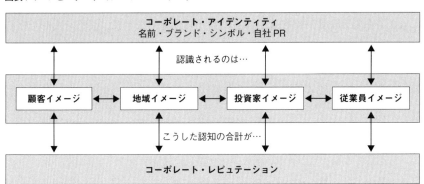

が本章で、アイデンティティやイメージ、レピュテーションの構成要素について考える上で、アイデンティティとイメージとレピュテーションの間には関係があるということを心に留めておくことが重要だ。**図表4-1**はこれらの関係を示すものである。

　アイデンティティ、イメージ、レピュテーションとは何か。組織はどうやって顧客、株主、従業員、地域社会、その他のステークホルダーの気持ちの中で彼ら自身を差別化するのか。コーポレート・コミュニケーション機能や企業広告を使ってイメージをどう高めるのか。とりわけ組織はどうやってこうした一時的なものをマネジメントするのだろうか。

1. アイデンティティやイメージとは何か

　企業の「アイデンティティ」とは、会社の現実の姿であり、会社名やロゴ、標語、ブランド、製品、サービス、社屋、社用便箋、制服、その他全て目に見える断片を通して伝えられるもので、組織によって作られ、さまざまなステークホルダーに伝達されていく。ステークホルダーは、企業が見える形で送ったメッセージに基づいて認知を形成するのである。仮にこれらのイメージが企業のリアリティを正しく反映していたら、アイデンティティ・プログラムは成功である。もし、この認識がリアリティとはかけ離れていたら、戦略が効果的でないか、企業の自己認識に修正が必要である。最悪のシナリオとして、認識がリアリティと大きくかけ離れると、企業のレピュテーションは取り返しがつかないほど傷み、企業はその事業から撤退しなければならないかもしれない。

　第3章でみたように、「イメージ」は企業のアイデンティを反映したものである。言い換えれば、イメージは「ステークホルダーの観点からみた」企業である。ステークホルダーがどんな関わりをしたかによって、企業は多くの異なるイメージを有するかもしれない。このように、アイデンティティやイメージを理解するためには、企業が実際はどうなのか、そしてどこに向かっているのかを知らなければならない。この理解は誰にとっても難しいが、会社のトップ

マネジメントチームが常に大局的に考えていれば、把握することは可能である。

では例えば、米ウォルマートのような大企業や、独シーメンスのように事業を多角化した企業、インドのタタのような財閥系企業にとって、リアリティとは何だろうか。

確かに、製品・サービス、人々、社屋、社名やシンボルは、このリアリティの一部である。異なるステークホルダーによって認識される要素は当然に異なっているが、一連の事実という見えるものと見えないものの集まりこそが、組織がアイデンティを作り、それを伝える出発点を提供するのである。

組織はステークホルダーの調査を行うことによって、より良いイメージ（アイデンティティを通して伝わるような）を得ることができる。この調査は本来、質的・量的の両面から行わなければならないし、ステークホルダーの中で一貫したものとなるようにしなければならない。

例えば、ニューヨークの「セプテンバー11メモリアル＆ミュージアム（訳注：アメリカ同時多発テロ事件の公式追悼施設）」は、2014年の開館以来、調査の重要性を認識している。組織の代表は、アイデンティティに関する多くの課題があることを学んできた。例えば、施設の正式名「ワールド・トレードセンター国立セプテンバー11メモリアル＆ミュージアム」では長すぎて覚えられないし、途中で省略しづらい。ブランディングのコンサルティングを行うランドー社によるブランド審査は、訪問客たちは勝手に省略名を作るだろうし、継続性が失われて混乱を招くと考えた。さらに博物館は、ブランドのための強制的な視覚的形式と記念碑としての雰囲気のバランスをとることは難しいとわかった。ランドー社の解決策は、名称を短くして現代的な書体にすることだった。ツインタワーの形を象徴するシンプルな青色の長方形による「11」と組み合わせたのである。建物のシル

Ⓒ9/11 Memorial & Museum

エットと日付の組み合わせは、追悼と教育という施設の役割を、シンプルかつエレガントに象徴するものとなった[1]。

2. アイデンティティやイメージを通して組織を差別化する

　今日、拡大するグローバリゼーションと製品のコモディティ化（訳注：製品で差別化できず、安値競争になっていく状態）の中で、組織のアイデンティティとイメージは、ステークホルダーが会社を見分ける唯一の方法なのかもしれない。例えばBPのガソリンを買うことと、シェルのガソリンを買うことの間に、何か違いがあるだろうか。どちらも、そもそもはサウジ・アラムコ（訳注：サウジアラビアの国営石油会社）から運ばれてきたと思われるものだし、アメリカ国内では、同じ配給会社が販売会社に同じガソリンを供給しているのだから、違いはないはずである。しかし消費者はこのように同質的な製品であっても、常に製品自体より、「会社の」イメージに基づいて差別化しているのである。

　もし、BPとシェルのガソリンスタンドがどちらも、ここから2ブロック離れたところにあり、あなたの車のガソリン残量がゼロに近づいていたら、どちらに行くだろうか。あなたはBPに強い否定的なイメージを抱いているかもしれない。例えば、BPが2010年のディープウォーター・ホライズンの惨事（訳注：メキシコ湾の石油掘削施設で天然ガスが引火爆発し、パイプが壊れて大量の原油が流出した事件）で、ガルフ湾を原油流出事故で荒廃させたからである。あるいは逆に、あなたはこの巨大企業が株主に対して提供する継続的な配当を喜ばしく思っているかもしれない。あなたにはBPで働く従姉妹（いとこ）がいて、自分の仕事を愛しているかもしれないし、あなたは夏に海外旅行をして、BPブランドである桜とひまわりのロゴが、ヨーロッパ中をドライブした幸せな記憶を思い出させるかもしれない。

　また、シェルのロゴを見て、同社の環境広告「人々の未来のためのエネルギー」や、クリーン・エネルギーや液化天然ガス（LNG）キャンペーン「人は天然ガスが好き」が賞をとったことを思い出すかもしれない。最近の印刷広告

では、日本の麺メーカーが代替エネルギーを使用して事業が順調だという話を紹介しながら、LNGの貢献を紹介している（訳注：日清食品の各工場の天然ガス化を指す）。あるいは、あなたはシェルが1990年代に取り組んだ、大西洋におけるブレントスパー石油プラットフォームの処分（訳注：1995年に老朽化した施設を海洋投棄することで英国政府の許可を得たが、NPOが反対して世界的な不買運動が起きたため、政府は許可を撤回し、以後、同種の設備の海洋投棄は国際的に禁止された）を思い出すかもしれない。合理的に考えれば、どちらの会社も業界標準に合致したガソリンを提供している。両社のガソリンが車を動かしているし、どちらも同じ成分を含有し、ほぼ同じ燃費をもたらし、どちらのガソリンスタンドも同じようなサービスを提供するだろう。

　だから、あなたがどちらでガソリンを入れるか決めるとき、スタンドの立地場所は関係なく、両社間の違いを表すアイデンティティ、イメージ、レピュテーションの違いが、購買の決定につながるのである。

　世界中の製品が同じようになっていくとき、消費者は製品それ自体より、ブランドの印象に基づいて特徴をつけるようになるのでイメージやアイデンティティをつくることは、よりパワフルな特徴になる。では、アイデンティティとイメージについて、より深い議論に移ろう。この２つがどのように企業のレピュテーション作りのためにつながり、それは企業にとってどのような意味があるのかを考える。

3. アイデンティティを形成する

　アイデンティティを構築することは、企業が完璧にコントロールできるレピュテーション・マネジメントの唯一のパートであるから、コーポレート・アイデンティティに寄与すること——感動的な企業ビジョン、社名やロゴに焦点を当てた慎重な企業ブランド、そして非常に重要な「一貫性」と、統合された自己表現——についてまず議論しよう。

3-1. ビジョンを吹き込む

　企業アイデンティティの中核はビジョンであり、企業のコアバリュー、哲学、標準、そして目標を含む。企業ビジョンは、全ての従業員が、そして理想的には全てのステークホルダーが共有し、ほかの人々にも伝えていくものである。ビジョンをナラティブ（物語）とかストーリーと考えると、企業ビジョンの一貫性や継続性が保たれ、ステークホルダーにまとまったメッセージを送ることができる[2]。

　オランダ・エラスムス大学のヴァン・リエル教授は、コーポレート・レピュテーションの成功とナラティブの重要性を関係づけている。彼は、「もし企業が全ての社内外のコミュニケーション・プログラムにインスピレーションがわくような持続的な企業ストーリーを入れたら、コミュニケーションはより効果的なものになるだろう。ストーリーは真似することが難しく、全ての企業メッセージに深みを加えてくれる」と説明する[3]。外部のステークホルダーは、記事や、テレビCM、家族・友人・同僚の話や、その従業員との交流などから、企業や企業ストーリーの情報を得る。

　最も訴求力のあるストーリーは、負け犬、つまり観客が称賛し、応援するような、名もなきヒーローである。潮目に逆らうことで、ヒーローあるいは起業家（＝人と違ったことをやろうとする人）の行動が、崇高な目的のような印象を受ける。アップル・コンピューターの伝説的な創業者のスティーブ・ジョブズ氏を考えてみてほしい。彼が、IBMやマイクロソフトに不本意ながら屈服したことは、初期のアップルブランドからすれば驚くべきことで、それが「ヒーローのアピール」になった。「負け犬物語」は、特に創業期に一般受けする。従業員の友達の支援を得るテコとなり、大企業と戦うために必要な噂や好意を得ることができる。

3-2. コーポレート・ブランド

　私たちの社会は、ベスト10リストのようなトピックスを求め、長い話を拒絶しサウンドバイト（訳注：内容を印象づけるために繰り返される短い言葉、

メディアで引用されることを目的とする)のような、身元証明のタグとしての「ブランド」を重んじる。簡単に私たちの周りの全てのことを正確に測ることができるからだ。こうした現象があるため、企業価値は、その企業のブランド戦略の成功に大きな影響を受ける。例えばコカ・コーラは、その強いブランド名のおかげで、有形の総資産をはるかに上回る価値を有しているのである。

　ブランディングと戦略的なブランド・マネジメントは、アイデンティティ・マネジメント・プログラムの重要な要素である。コーポレート・ブランディングを完全に語るのはこの本の目的ではないが、本章では企業が自身のアイデンティティを形成し、市場で自身の差別化を可能とする、コーポレート・ブランディングのサブ項目としての、社名とロゴに焦点を当てる。

　企業が社名変更を行うには、主に３つの理由がある。①アイデンティティの変更を示すため、②自身のリアリティをより反映させるため、③買収や合併を説明するため、である。

（１）アンダーセン・コンサルティング

　アンダーセン・コンサルティングが社名変更したのは、第一の理由からである。2000年初めに、親会社のアーサー・アンダーセンから分離独立した、テクノロジーとコンサルティングのグローバル企業アンダーセン・コンサルティングは、この年の後半に2001年１月から使用する新しい社名を発表した。新会社の社名は「アクセンチュア」で、これはアクセント（強調）とフューチャー（未来）の組み合わせである。同社のマーケティング・コミュニケーション担当グローバル・マーケティング・ディレクターのジェームズ・E・マーフィーによれば、「伝統的な経済とニューエコノミーとの間の架け橋としての新しいポジションにある、同社の若々しさとダイナミックさを印象づける意味がある」[4]。社名はまた、当時は競合事業を保有していた元親会社のアーサー・アンダーセンから、同社のアイデンティをはっきりとさせる意味も持っていた。今日では、アクセンチュアは世界のコンサルティング業界で確固たる地位を築いている。

（2）フィリップモリス

　フィリップモリスは、第二の理由から社名変更した。同社はアメリカ最大の食品会社を買収するなどして数多くの製品事業部を持つ多角化企業であったが、タバコ会社として広く知られていたため、2001年後半に社名変更を計画した。新社名の「アルトリア（Altria）」はラテン語で「高い」を意味する「altus」が由来である[5]（訳注：フィリップモリス社は、2002年に持株会社Philip Morris Companies Inc.の社名を「アルトリア・グループ Altria Group, Inc.」に変更し、非タバコ事業の拡充を図った。事業会社のフィリップモリス社は名称を継続している）。

　社名変更の提案に対する反応は、前向きなものではなかった。ある者は、この動きはタバコ訴訟から会社が距離を置こうとするものだと考えた。その動機はともかくとして、同社がアイデンティティに多角化企業としての事実を、より正確に反映させたいというのは理解できるが、提案された社名変更はその目標を実現できないだろう。というのも、社名変更が単独でその問題認識を解決することはできないからである。このような変更は、企業のステークホルダーに明確に説明されたより広範囲なアイデンティティ・プログラムの一部でなければならない。記事報道だけから社名変更を知る多くの人々にとって、なぜ「高い」を意味するラテン語が、フィリップモリスとは何かをより良く反映しているのか、明らかになっていない。

（3）プライス・ウォーターハウス・クーパーズ

　会計業界の大手であるPwC（プライス・ウォーターハウス・クーパーズ）は、社名変更理由の三番目にあたり、合併や買収による社名変更の歴史を持つ企業の例である。もともと、1998年に2社が合併した新会社の社名はプライス・ウォーターハウス・アンド・クーパーズ＆リブランドで、現在の社名になった。

　PwCでグローバル・コミュニケーション担当ディレクターを務めるマイク・デイビーズは、「コミュニケーションは、2つの企業を1つにしようとするときや、世界中に向かってコミュニケーションしようとするときには、最も重要

なことである。コミュニケーションは最優先課題でなければならなかった」と述べている。PwCは2014年、100年の歴史を持つ戦略コンサルティング会社のブーズ＆カンパニーを買収したとき、同社の社名を「ストラテジー＆（Strategy&）」に変更した。なぜなら、同社がブーズ・アレン・ハミルトンから分離独立したとき、親会社から離れるなら旧ブーズの名称を使い続けることはできない、という取り決めがあったため、新社名が必要だったのである[6]。新社名が発表されるとすぐ、主に「＆」が入っていることで大きな批判を招いた[7]。ストラテジー＆のCEOであるチェザレ・マイナルディはただちに守勢にまわり、社名選択について説明することにした。「これは、我々は何者で、何を考え、どうやってクライアントの変革を支援できるのかを検討するものです」。PwCの最新の社名変更は、長い目で見れば成功するだろう。しかし短期的には、最新の社名変更は再ブランディングの選択という別の問題を呼び起こす。PwCに変更する前、プライス・ウォーターハウス・クーパーズのコンサルティング部門は、しばらくの間「マンディ」として知られていた。いかなる社名変更のシナリオであっても、主要なステークホルダーとのコミュニケーションは重要であり、フィリップモリスの経営陣が学んだように、ものの真意が誤解され、反発や訴訟まで招くことになるのである。

（4）AT&T

　次の事例はAT&Tで社名変更（および変更しないこと）で内在するリスクに関する適切なコミュニケーションの重要性を示す。AT&Tは、世界の固定電話網がWebベースのネットワークや携帯電話、高速インターネット接続経由でつながるようになってきたため、ベルサウス社を860億ドルで買収することで、市場におけるポジションを取り戻そうとした。ベルサウス社はシンギュラー社の元親会社である。労働組合は2006年後半までに、ブランドを変更することを表明した。ニックネームを含むシンギュラーに関する全ての事項がAT&Tに吸収され、コーポレート・アイデンティティの入れ替えは、全国新聞の一面や主要雑誌の主要記事で大問題として取り上げられたのである。

第4章　アイデンティティ、イメージ、レピュテーション、企業広告

　『ビジネスウィーク』誌の2007年9月号に掲載された記事では、合併された企業のアイデンティティを継ぎ目なく混ぜ合わせる試みは、行き当たりばったりのコミュニケーション戦略につながると書かれた。最初にAT&Tは2007年7月、毎月の請求書にシンギュラー・ブランドのオレンジ色の印刷を採用した。マーケティング資料やWebサイトが採用するのは、何ヵ月も後のことだった。そして、2007年9月11日、AT&Tの広報担当がオレンジ色をブランディングにも採用すると発表した。同時に、彼らは映画監督のウェス・アンダーソンのようなテレビとインターネットの新しいマーケティング・キャンペーンの開始を発表したのである。

　消費者も投資家も、ブランド・アイデンティティの急速な進化に戸惑っている中、AT&Tは次の手を打った。iPhone発売に先駆け、アップルと提携したのである。この提携に基づいて、多くのテレビCMや広告を行った。プロフェッショナルな人々が仕事や生活をしているような地域、つまり中国、ロンドン、モスクワ、あるいはニューヨーク、サウス・ダコタの地名を広告で組み合わせた。「AT&Tは、ChilondoscowやNewSanfrakotaのような場所で稼働しています」

　シンギュラーのオレンジ色の導入から、発音しにくい都市名を組み合わせた広告まで、寄せ集めのブランディングは、権威あるコーポレート・アイデンティティの確立にほとんど役に立たなかった。あるブランディング分野の専門家によれば、「それはブランドのリーダーシップがなかったからだ。消費者が描くだろうと考えたブランドとはずれたバージョンになってしまった」[8]。

　これらの事例は、組織は自分たちを社名やロゴなどのアイデンティティによって識別することができるが、社名やロゴが的確に伝わらないと、自分たちが築き上げてきたアイデンティティを失うリスクがあることを示している。

（5）ターゲットやナイキなど

　ロゴは、コーポレート・アイデンティティのもう1つの重要な要素であり、おそらくその視覚的性質により、社名よりも重要なのかもしれない。というのは、視覚的な特徴は、社名以上に企業について多くのことを伝えることが可能

であるからであり、あらゆるタイプのメディアを通して広く普及するからである。1999年に高級ディスカウントストアのターゲットが『ニューヨーク・タイムズ』紙に出した広告は、その特徴ある「ブルズ・アイ」のロゴマークだけを描き、そのロゴが何を意味しているかを知りたいときは、フリーダイヤルに電話するよう読者を誘うものだったのだが、この電話回線は、瞬く間にパンクした。ターゲット社は混乱を避けるため、フリーダイヤルを中止せざるを得なかった[9]。

今日、世界で最も有名なロゴの1つ（おそらくコカ・コーラの次に有名だろう）はナイキの「スウッシュ」で、ナイキ創業者のフィル・ナイトのために1972年にポートランド州立大学卒業生のキャロリン・デビッドソンが35ドルの報酬で作成したものである。スウッシュはマクドナルドの金色のアーチよりも良く知られているという専門家もいる。ゴルフ業界で大評判になったのは、ゴルフのタイガー・ウッズが帽子やウェアにスウッシュをつけたことだ。ホッケーのカナダ・カップのチームやサッカー代表チームも試合でスウッシュを着た。ナイキがスポンサーなので、チームアメリカの選手たちは、スウッシュの入ったウェアを夏季・冬季のオリンピックで着たのである[10]。

ロゴは、ナイキのスウッシュのようにシンプルな記号となったり、またターゲット社の「ブルズ・アイ」やアーム＆ハンマーブランドの腕とハンマーを組み合わせたロゴのように、社名を表す記号にもなる。また、ロゴは社名や社名の一部を表現したり（マクドナルドのMを形作る金色のアーチのように）、モットーや記号を加えた社名を表現したりすることもできる。例えばアクセンチュアのロゴは、社名の「ｔ」の上に「より以上」を意味する記号がつけられているが、これは前向きに取り組みクライアントの期待以上の成果を出す、という会社のゴールを意味している[11]。

実は、書体の整った社名は最も共鳴し、時を超えて長持ちすることがある。例えば、1957年に作成されたヘルベチカフォントは、3M、マイクロソフト、アメリカン航空、ステープルズといった、数えきれない企業が選んだ書体である。フォントのシンプルな線やバランスの取れた文字はこれらの企業の社名を

第4章　アイデンティティ、イメージ、レピュテーション、企業広告

より図象的にしている。

　「私たちは、長いネーミングは持たない。数字やアルファベットの文字だけである。だから文字の体裁は我々のロゴにとって、非常に重要である」と3MのCI＆デザイン部門でマネジャーを務める、キャリン・ローザックは言う。「ヘルベチカ体は率直で実用的で、言うまでもなく視覚的に力強い」[12]。

　アイデンティティの管理とデザインにこだわりたい会社は、自社のためにロゴ制作のプロセスに関わるべきである。本章の後半では、アイデンティティ・プログラム全体の一部として、新しい社名やロゴ制作の背後にあるプロセスを詳しく見る。

3-3. 全てを１つに：一貫性がカギ

　組織のビジョンは、ロゴ、標語、さらには従業員の態度といったアイデンティティを構成する全ての要素で表すべきである。会社はステークホルダーがどのようにして自社のビジョンや活動を思い描くかに気づくべきなのである。ブランド・アイデンティティを良くする機会はポピュラー文化によって触発される。

　翌日配達サービスのパイオニアであるフェデックスは、良い事例である。1990年代に同社は、顧客がいつもフェデックスと呼んでいることに気づいた。正式名の長ったらしいフェデラル・エクスプレスでなく、である。さらに、ビジネスマンたちは「フェデックスする」を動詞として使い始めていた。小包を「UPSする」とか、手紙を「エアボーン・エクスプレスする」とは言わず、その代わりに「これをフェデックスしよう」だった。こうして同社は、大勢の顧

89

客が（競合の顧客までもが）既に使用していた省略形を、正式社名に決めたのである。1994年6月23日、フェデラル・エクスプレスは社名をフェデックスに変更した。そして同時に独特のスローガン「世界中で時間厳守（The World on Time）」を出した。1994年の社名変更広告には、「当社はフェデックスに変わります。いずれにしても、あなたが我々を呼ぶ通りでしょう？」とあった。

　「正確な翌日配達（世界中で時間厳守）」と同じ意味に会社の名前を変更することで、フェデックスは顧客が同社に求めているものに通じていることを示し、全社的にこのメッセージを強固にすると公約した。この新しい標語とロゴ、フェデックスの清潔でアイロン掛けされた制服、汚れのない配達車両やサービスセンター、そして「言い訳しないサービス」という従業員の信念は、首尾一貫したコミットメントの反映である[13]。

　マイケル・グレン（フェデックスの市場開発＆コーポレート・コミュニケーション担当エグゼクティブ・バイスプレジデント）は、「1つの単語から連想することによって、フェデックスとその名前は、道徳的にニュートラルなものから道徳的な責務をもつように変わった」と述べている[14]。「世界中で時間厳守」に配達するという約束を、全てのパッケージやトラック、飛行機に記すことで、フェデックスは全ての集荷、配達がこの約束を共有することを保証し、顧客との相互作用がこの公約を補強している。新社名とロゴは、同社が顧客のことをよくわかっていることを示し、フェデックスの新アイデンティティの広告は、顧客が重要視しているメッセージを補強した。

　顧客との関係作りは、極めて重要である。多くの会社がフェデックスのやり方を後追いし、主要なステークホルダーが自社をどう見ているかに従って社名を採用した。

　ビニー＆スミス・イーストンは最初の例である。その生真面目な社名から、決して多くの消費者にピンとくる会社ではなかったが、彼らの商品「クレヨラ・クレヨン」は広く知られている。そういうわけで、2007年1月にビニー＆スミスのCEOであるマーク・シュワブは、新しい社名を発表した。「クレヨラ」というシンプルなものだ。シュワブは、100年の歴史を持つ企業の社名を

変更するにあたり、「理由は簡単だ。ビニー＆スミスが知られているのは、クレヨラ・クレヨンを作っているからだ」と遠慮なく言った[15]。

シティグループが社名を「シティ」に短縮し、デル・コンピューターが後半をカットして「デル」を選んだ理由も同様である。現代は、注目される時間が短く、マスコミが食いついてきやすく、頭文字がメッセージに便利な社会であり、コーポレート・ブランディングにおいて、短いことは好意的に受け取られることがわかってきた。

4. アイデンティティ・マネジメントの実行

アイデンティティとイメージは、形ある現実をステークホルダーの認識が緊密に結びついたものであり、意思決定者にジレンマを引き起こす。定量的な結果に関心を持つ社会においても、ここでは質的な課題が重視される。こうした関心はわかりにくいが重要であり、バランス感覚のある思慮深い行動分析が必要とされる。最終ゴールは常に、企業のレピュテーションに良い影響を与えることである。アイデンティティを上手に導入した多くの企業が用いた手法を紹介する。

ステップ１：アイデンティティ監査を行う

まず、組織は現状の評価を行う必要がある。現在、世間は組織をどのように見ているのか。複数のシンボルは、異なるステークホルダーに何を説明しているのか。組織のアイデンティティは現在の姿を正しく映し出しているのか、それとも過去の遺物なのか。

表面的で政略的な影響を避けるために、会社はしばしば外部のコンサルタントを雇い、経営トップや、変更に伴って影響を受ける領域で働いている従業員

に、アイデンティティについてのデプスインタビュー（訳注：個人の深層心理を聞き出す面接による定性調査の手法）を行う。コンサルタントは、会社の印刷物や広告、社用便箋、製品・サービス、Webサイトおよび施設をよく調べるべきである。彼らはまた、従業員、アナリスト、顧客など最も重要なステークホルダーの認識についても調査しなければならない。目的は、それによって関係性や矛盾を明らかにし、それから将来のアイデンティティの変更の根拠として監査を行うことである。ゴールは組織をより深く理解することであり、そうすることで、マネジャーの考え方が現実に限りなく近づき、主要なステークホルダーの認識に合致していく。

　この過程で、経営陣は危険信号を探し出さなければならない。前述のようにフェデックスは、自社の顧客が正式社名を使用していないことを知って行動を起こした。典型的な問題は、会社の初期のイメージや不正確な印象を思い起こさせるシンボルや社名が含まれることである。意思決定者がその事実をつかんだら、彼らは新しいアイデンティティを創るか、会社の正確で最新の概況を共有するためのコミュニケーション・プログラム体制に入れる。

　アイデンティティの監査は、とても簡単で、シンプルなプロセスのように思えるかもしれないが、通常はそうではない。実際にあるシンボルと、その結果である印象は、その組織が現在どのように自分たちを見ているかとは別物である。イメージやレピュテーションを変えようとしている会社は、トップが考える「なりたい姿」と現実に「そうである姿」がかけ離れていることから、監査することは極めて難しい。組織に対するステークホルダーの認識は自分たちの考えと違っている、という調査結果を経営陣が軽視することはよくある。このような認識の不一致を受け入れることが、経営陣たちにとってアイデンティティを扱う上での最初の仕事である。企業が採用しようとしている新しいリアリティは、少なくとも将来この会社に出会うであろう人々が納得できるものにすべきだ。

ステップ２：アイデンティティの目的を設定する

　明確な目標を持つことは、アイデンティティのプロセスに必要不可欠なものである。目標は上級管理職が設定すべきだし、明白なアイデンティティの提案に対して各ステークホルダーがどのように反応するべきかを説明するものでなければならない。例えば、「この変更の結果、アナリストが我々の組織が１つの製品を作る企業ではないと認めるだろう」とか、「店舗の外に新しいロゴを表示したら、劇的な社内の変革に顧客が気づいてくれるだろう」などである。これは極めて重要なことで、強調すべき点は、企業の行動よりも「ステークホルダーの反応」なのである。

　そこから問題が始まる。ほとんどのマネジャーは、特に上級管理職は、社内に関心が向いているので、ステークホルダーの視点から物事を見るために必要な大局観のようなものが欠けている。コンサルタントは確かに協力してくれるが、組織が全体として変化する気持ちになり、自社についての真実を喜んで受け入れようという気にならなければならない。それがたとえ辛いものであったとしてもだ。

　さらに、変更のための変更、あるいは世界標準に合わせるための変更は、成功に達するような目標ではない。通常、このような恣意的な変更は、企業イメージを進化させるのに必要なステップというより、CEOが組織に自分の評価を残したいという願望の結末である。

　明確な目的を持って必要な変化を行った良い事例はケンタッキーフライドチキンで、1990年代半ばにアメリカでダイエット志向への変化に対応して、自社イメージとメニューの変更を行った。同社の世界的に（北京の天安門広場に最大級の店があり、日本にも各地にある）強固なコーポレート・アイデンティティは、カーネル・サンダースの白ひげ、フライドチキンの入った容器、ソルティビスケットとグレイビー・ソースのイメージで有名である。

　昔の世代にとって、これらは家庭や健康と結びついたポジティブなイメージだった。しかし今日では、健康を気にするアメリカ人は、ケンタッキーチキンの容器に入っている、高コレステロールや過剰な塩分や脂肪の塊について考え

がちである。それで同社は、照り焼きチキンや、チキンサラダ・サンドイッチを提供することで、健康志向のアメリカ人に対応して、自社のポジショニングを変えようとしたのである。同社の目標は、古いイメージを変え、より健康志向のポジショニングを獲得することだった。

　そのために、経営陣は5000店のレストランの名称をKFCに変更することを決めた。明らかなことは、揚げた（Fried）という単語を削除したことである。ほとんどのアイデンティティエキスパートは、アイデンティティを店舗だけで作るのは難しいという意見だったにもかかわらず、ケンタッキーは変化に対応して知られるようになった。コミュニケーションの目的からすれば、この変更は極めて理にかなっており、これによってKFCは、栄養への関心が高い顧客に販売するという、より良いポジションを得たのである。社名を変更したことで外国で翻訳されやすくなったという副次効果もあった。

ステップ3：デザインおよび名称を作る

　アイデンティティの監査が終了し、明確な目的が設定されたら、アイデンティティ・プロセスの次のフェーズは、実際のデザインである。もし社名変更が必要なら、コンサルタントは代案を探さなければならない。このステップは、コンサルタントの助けなしには行うことができない。なぜならあまりにも多くの名前が既に使用されているため、会社は商標や名称の権利を侵害するかもしれない可能性を避ける必要があるからである。それでも、変更の選択肢はまだ数百あるだろう。通常は、いくつかが適切なものとして候補に挙がる。選択基準は複数の変数に基づいている。

　例えば、会社が海外進出を検討している場合、「インターナショナル」という言葉を追加するのは最善の選択肢かもしれない。もし会社が経営資源を1つの製品に注ぎ込むなら、ビニー＆スミス・イーストンがクレヨラにしたように、社名を製品名に変更するのが正解かもしれない。前述のように、ステークホルダーによる呼び名を反映してフェデラル・エクスプレスは社名を変更し、アンダーセン・コンサルティングはアクセンチュアという新しい社名を選択し、元

親会社であるアーサー・アンダーセンからアイデンティティの差別化を図った。

　会社はまた、ロゴが同社の現状を確実に正しく反映させ続けるようにしなければならないし、もしそうでなければロゴの変更を考えなければならない。ダンキンドーナツはその良い事例である。アメリカ・マサチューセッツ州クィンシーで創業し、現在32ヵ国にあるこの人気チェーン店は、ドーナッツの販売と同じくらいコーヒーが有名で、年間19億杯も売れている[16]。同社は、自社のブランドが知られていない新市場に参入したとき、「コーヒーとの関係」を強調することの重要性を認めた。特に、参入しようとした市場に、ベーグルパンのチェーン店や高級コーヒーチェーン店が数多く増えているようなときである。その結果、当時のロゴに湯気が立ち上るコーヒーカップのイメージを追加したのである。それはシンプルに、ダンキンドーナツの名前が風船のようなピンクとオレンジ色の文字で書かれている。

　新しい外観やロゴのデザインプロセスは芸術的作業である。しかし、デザインの開発のためにプロと契約しているにもかかわらず、多くの会社の役員たちがそのプロセスに深く関わってしまうものである。しばしば、デザインでの解決策を考えることにキャリアを捧げてきたプロたちの仕事よりも、自分の直感に頼りたがる。数十億ドル規模の売上がある某企業のCEOは、ナプキンにロゴのデザインを描いて完璧だと思った。数週間にわたって著名なデザイン会社が検討を行った後も、彼は自分がナプキンに描いたのと同じデザインに固執した。ついにデザイナーはナプキンのデザインに似たものを作成したが、全て拒否された。CEOは自分のデザインに戻ったのを見てご満悦だった。ほかの誰もがそれはベストなデザインではないと思ったが、それが採用され、現在も使われている。

　つまり、デザイナーのプロとしての意見と、経営者自身の直観との間でバランスをとらなければならないということだ。社名変更であろうと新しいロゴであろうと、最終決定には両方が必要なのである。あるときには、デザイナーやアイデンティティ・コンサルタントは、完璧主義者だったり、理想主義者だったりして、典型的に保守的な大企業に対して、非現実的で前衛的なアイデア

を提示するかもしれない。結局は、たとえそれが何だろうと、変更を成功させるためには、強力なリーダーシップが発揮されなければならないのである。

ステップ４：プロトタイプを作る

　最終デザインが選ばれ、関係者全員が承認したら、次のステップは、新しいシンボルや名前を使って、モデルやプロトタイプ（ひな形）を作ることである。製品については、試作のパッケージで、ブランドイメージがどのように広告に使えるかがわかる。もし、小売部門が関与しているなら、店舗モデルを作るかもしれない。あるいはアイデンティティが機能するかを見るために、ネクタイやＴシャツ、名刺、社用便箋など、全てに付けてみるかもしれない。

　この過程では、たいていマネジャーは怖気づくものである。それは、変更が現実になるにつれ、このプロセスに関わってこなかった従業員や他の者から批判が高まるからだ。展開するセンスがなく、デザインの意味がわからないからである。ステークホルダーからのネガティブな反応があまりに強ければ、その提案をあきらめて、作業を振り出しに戻さなければならない。

　このような失敗を防ぐために、さまざまな人々の観点をアイデンティティ・プロセス全体に関わらせるべきである。ただし、異なるアイデアを合わせてしまうとコンセプトを薄めるので避けるべきである。最も共通性のある案だからというだけでアイデンティティを受け入れるべきではない。この仕事を成し遂げるための２つの方法は、強いリーダーに新しいデザインを任せるか、プログラムに取り組む強力な委員会を設置するか、どちらかである。どちらの方法でも、全員がプロジェクトについて情報を共有して、最初から関わっていなければならない。多くの人々がプロジェクトの始まりから関わっていればいるほど、大変な仕事をした後にアイデアを説得しなくてすむ。

ステップ５：発表とコミュニケーション

　時間をかけて、たくさんの人々がプロセスに関わると、将来の変更についてのニュースが簡単にリークされてしまう。ときには、このようなパブリシティ

第4章　アイデンティティ、イメージ、レピュテーション、企業広告

はポジティブなイベントとなる。興奮や期待を生み出すことができるからだ。しかし、このような偶然のチャンスは、会社が新しいアイデンティティを正式発表することの代わりにはならない。発表をドラマチックにするために、広報スタッフはその発表目的を明らかにせずにメディアを招待するような創造性を持つべきである。ある会社は、自社の変更を知らせるために、長い鉛筆と、記者会見の日に印をつけた巨大カレンダーを送った。

　記者会見では、デザインはわかりやすく提示されるべきであり、上級管理職はプログラムの背後にある戦略を注意深く説明しなければならない。さらなるコミュニケーション手段として、企業は広告（**図表4-1を参照**）、Webサイト、動画プレスリリース、衛星回線を通したサービスを使いたいと思うかもしれない。ブログやSNSは、それらを普段利用しているターゲットには効果的に届くはずである。

　2010年10月にGAPは、アイデンティティの変更は思慮深く、防御的に発表する必要があるということを学んだ。売上不振と、H&Mやユニクロといったファスト・ファッション業界の競合の増加に直面していたGAPは、ロゴを現代化しようと決めた。従来の象徴的な青色の箱から、ヘルベチカで「GAP」を表示し、文字のやや右上に小さな青い立方体をつけたデザインへの変更である。ブランドチャネル（インターブランド社のブランディング事業部のWebサイト）はブログでこの変更をあざ笑った。「1990年代後半から2000年代初めまで市場リーダーとなった後、GAPはその象徴的なロゴを捨て、古いマイクロソフト・ワードのクリップアートにある17ドルのデザインのようなものに変更したのだ」。GAPは、ロゴデザインそのものだけでなく、メディアにロゴ変更の発表を行う代わりに、Webサイトでそっとロゴを更新することによって新しいロゴを「お披露目する」と決めたことの両方を批判された。主要メディアや顧客に反発され、GAPはただちにロゴを元に戻した[17]。発表の戦略がどうであれ、特に初めてアイデンティティを発表するのは、複雑なプロセスであることを忘れてはならない。ステークホルダーはその変更を、戦略的ではなく、うわべだけで解釈してしまいがちだからである。

ステップ６：プログラムを実行する

　最終ステージはその実行である。このステージは、大企業では数年、小さな企業でも数ヵ月はかかる。抵抗は必ずあるもので、ショッキングなのは、オーナーが古いアイデンティティにこだわることである。

　通常、新しいアイデンティティ・プログラムを全てのユーザーに一貫して認識してもらうための最善の方法は、アイデンティティの標準を作ることである。標準マニュアルは（ほとんどがオンライン上だが）、スタッフやマネジャーが新しいアイデンティティを一貫して、正しく使う方法を示すものである。さらに、組織の誰かがプログラムを監視し、適応性を持たせることが許されるかどうかの判断を下す。そのうちいくつかの標準を変更することになるだろう。例えば、デザイナーが選んだ書体が、世界中どこでも使えるわけではないときなどだ。

　アイデンティティ・プログラムの実行は、たくさんの人間関係の知識や、多くのステークホルダーとの連携したアプローチを使うコミュニケーション・プロセスである。さらに、組織内で新しいアイデンティティ・プログラムを伝えるだけでなく、例えばアクセンチュアは、広告会社、印刷会社、Webデザイナーなど、100社以上の取引先やパートナーに対して、新しいロゴの使用法をトレーニングしなければならなかった[18]。

5. イメージ：見る人次第

　ここまでで、組織がアイデンティティを管理する手段を探索してきた。組織の「イメージ」とは、ステークホルダーが組織をどう理解するかという機能であり、社名やロゴ、企業ビジョンの表現などを通して発信された、全てのメッセージに基づいている。

　ステークホルダーは、組織について一定の認識を持っている。それは「関わり合いを持つ前から」である。その認識とは、業界に関してであったり、以前何かで組織について読んだことだったり、友人がその組織と関わったときの体

験だったり、そして見たことのあるシンボルマークだったりする。あなたが今までマクドナルドのハンバーガーを食べたことがなくても、マクドナルドやその商品について、一定の認識を持っているはずだ。トリップアドバイザーのようなユーザー生成型のコンテンツ・サイトの時代には、先入観というものが一般的になっている。

　組織とやりとりをした後や、ソーシャルメディアを通して仲間の意見を見た後に、ステークホルダーは以前とは違ったイメージを持つかもしれない。もしそうなら、目標は、イメージをより良くすることだ（より悪くではなく）。その会社の営業担当者との嫌な経験、あるいは有名なブロガーの悪い評価は、顧客との生涯にわたる関係を壊してしまう。例えば、ある個人がAOL（訳注：大手インターネットサービス会社）のサービスコールで担当から不快な対応を受け、録音した会話をネットに投稿したように。デジタル・プラットフォームの口コミは、消費者の印象を傷つけやすく、1つの否定的なコメントで多くの人がそのブランドを判断してしまう。だからこそ今日の組織は、全ての相互作用のクオリティに強い関心を持っているのである。継続的に素晴らしい行動を繰り返すことで会社は信頼を得るし、一度の企業広告よりはるかに深くステークホルダーの心にイメージを焼き付ける。

　組織は、顧客ばかりでなく投資家、従業員、地域社会（第2章で述べたようにそれらは重複しているが）といったステークホルダーのイメージを理解しようとしなければならない。しばしば、会社のイメージは企業独自のアイデンティティだけでなく、その業界のイメージにも影響を受ける。インターネット企業は、1990年後半から21世紀に入る頃まで、この状況に置かれていた。2000年のITバブル崩壊前、実際に全てのIT企業は全体的に活気があって最先端のイメージがあり、投資家の楽観的な見方の中で上げ潮に乗っていた。同様に、潮が引き、投資家が実際の製品や現実的な事業計画、経験のある役員を求めるようになると、これらの会社は全て打撃を受け、業界全体のイメージも悪化していった。

　ステークホルダーの従業員については、企業イメージは特に重要である。な

ぜなら、従業員は他のステークホルダーに対して重要な役割を持っているからである。スターバックスコーヒーが、アメリカで最も強固なブランドとレピュテーションを築いたのは、内部から外部まで一体となったパワフルなストーリーと統一した文化を作ったからである。ハワード・シュルツ会長はその哲学についてこう説明した。「私たちは、スターバックスのブランドをまず、従業員と共に（消費者と共にではなく）という、飲食企業とは正反対のアプローチで作った。なぜなら、良いコーヒーを淹れることに熱心な従業員の期待に応える最善の方法だったからだ」[19]。スターバックスのバリスタの熱心さは、人に伝わりやすく、顧客と個人的につながる。全てのバリスタは、顧客のロイヤルティを生み出す重要な役割を演じるので、スターバックスは従業員の正式名称を「パートナー」と呼ぶのである[20]。

　不機嫌な従業員は、顧客ロイヤルティや会社のイメージに大きなダメージを与えてしまう。ウォルマートで何度も起きた事例がある。顧客がウォルマートのレジでクレジットカードを読み取り機に通すと、2つの質問が表示される。「レジ係はあいさつしましたか」「店舗は清潔でしたか」。この手続きは、活気のない顧客サービスを改善するために、前CEOのH・リー・スコットが導入したものだ。しかし、この計画は期待に反した結果となった。というのは、あいさつされなかった顧客のアンケートを読んだレジ係はこう答えたのである。「ウォルマートは私に気をつかってくれないのに、なぜ私は誰かに気をつかわなければならないのかしら」[21]。このような従業員からの批判があったら、顧客は店で楽しく買い物をすることができるだろうか。

　プロクター・アンド・ギャンブル（P&G）の前CEOのエド・アルツは、「今や消費者は会社について知りたがっている。製品についてだけではなく」と述べている[22]。スターバックスのバリスタから経営陣まで、従業員の毎日の態度は、製品やサービスの質と同じくらい高く位置づけられ、強い企業イメージの源泉となり、それが会社のアイデンティティにつながっているのである。

6. 確固たるレピュテーションを築く

　確固たるレピュテーションは、組織のアイデンティティとイメージの方向性が合っているときに存在する。ニューヨーク大学の名誉教授で、『レピュテーション』の著者であるチャールズ・フォンブランによれば、レピュテーションが評価されている企業のマネジャーは、レピュテーションを築き、維持し、守るために、大変な苦労をしているという。それは、①特有のアイデンティティを形作り、②大衆に首尾一貫したイメージを投影することなのである[23]。

　「レピュテーション」は「イメージ」とは異なる。なぜなら、築くのに時間がかかり、一定の時間で知覚されるものではないからである。また、レピュテーションはアイデンティティとも異なる。なぜなら、レピュテーションが社内外のステークホルダーによって作られる産物であるのに対して、アイデンティティは社内のステークホルダー（会社自身といってもいい）によって作られるからである[24]。本章の最初にレピュテーション・フレームワーク（図表4-1）を示したが、ここで再度、アイデンティティとイメージについて議論してきたことをもっと深く考察してみよう。レピュテーション・フレームワークが示すように、レピュテーションは組織を取り巻く全てのステークホルダーの知覚に基づく。つまり、レピュテーションはアウトカム（成果）であり、結果であり、いずれにしても管理できないのである。

6-1. なぜレピュテーションが重要なのか

　レピュテーションの重要さについては、いくつかの有名な調査やランキングによって証明されており、企業はベストまたはワーストにランキングされる。『フォーチュン』誌の「最も称賛されたリスト」や、『ビジネスウィーク』誌や『インターブランド』誌の「グローバルブランド・ランキング」や、『ウォール・ストリート・ジャーナル』紙に掲載される市場調査（ハリス・インタラクティブやレピュテーション・インスティテュート）のレピュテーション指数などである。しかも、ウェーバー・シャンドウィックのレピュテーション調査に

よれば、これらのメディアに掲載されるランキング数値は、非常に影響力がある。CEOも消費者も、企業のレピュテーションに最も影響力があるものとして、広報・広告・SNSよりもアワードランキングを評価している[25]。

チーフ・レピュテーション・ストラテジストのレスリー・ゲインズ・ロスは、この新規ビジネスの実態についてこう力説する。「ブランディングとコーポレート・レピュテーションの関係は変わりつつある。変化の激しい情報社会において、消費者は、自分が購入するブランドと、そのブランドの背後にある企業とを瞬く間に関連付ける。長い間、強いブランドが企業のレピュテーションを支えていることは知られていたが、現在では、強い企業レピュテーションは明確な輝きをブランドに付加していることが明らかになってきている」[26]。

ヒル・アンド・ノウルトンの企業レピュテーション調査によれば、ほとんど全てのアナリストが、もし企業がレピュテーションについて気を付けることに失敗したら、結局は財務的な打撃を受けることになるだろうということに合意している[27]。こうした必要性に対応するため、現在では多くのPR会社やコンサルティング会社が、企業クライアントにレピュテーションを測定し、管理するサービスを提供している。

2013年、ハリス・インタラクティブの米国での調査では、レピュテーション指数の高い企業は、アマゾン、アップル、ウォルト・ディズニー、グーグル、そしてジョンソン＆ジョンソンだった[28]。強いレピュテーションは、これらの企業だけでなく、それ以外の会社に対しても重要な戦略的意味を持つ。なぜなら、フォンブランが指摘するように、「それは会社の魅力的な特徴に注意を向け、経営上の選択肢を広げるからである。例えば、製品・サービスの価格を上げるか下げるか、また革新的な計画を履行するかどうか、などである」[29]。その結果、レピュテーションという目に見えない存在が、間違いなく競争優位性の源泉となるのである。強くてポジティブなレピュテーションを持つ企業は、優秀な人材やロイヤル・カスタマーやビジネス・パートナーだけでなく、企業の成長や成功に貢献してくれる人たち全員を惹きつけ、記憶してもらうことができるのである。レピュテーション・ディバイデンド社の試算では、2014年

第4章　アイデンティティ、イメージ、レピュテーション、企業広告

のS&P 500社の企業価値の20％はレピュテーションがもたらしている[30]。

　レピュテーションは、企業が危機を実際に乗り切る手助けにもなる。例えば、強いレピュテーションは、ジョンソン＆ジョンソンの1980年代初めのタイレノールへのシアン化合物混入危機や、最近の品質管理問題を乗り切るのに役立ったし（J&Jのタイレノール危機に関する詳細は第10章を参照）、アップルは2012年の中国・深圳の富士康工場での労働問題で長期的な損害を受けなかった。

　第1章で述べたように、ビジネス環境の変化は、レピュテーションと関わっている。メディアや情報の激増、透明性への要求の拡大、高まる社会的責任に対する関心の高まり（第5章を参照）といったことは全て、強いレピュテーションを構築・維持している組織によって、大きな関心となっている。最近のバーソン・マーステラ社の調査によれば、大多数のビジネスリーダーが、デジタルメディアやソーシャルメディアが普及した結果、レピュテーションを管理することが一層難しくなってきたと感じている。情報が急速に拡散する結果、企業は迅速に対応し、社内の方向性を一致させることが必要となる[31]。企業への信頼は低下し、監視は高まっている。エネルギー業界の巨大企業だったエンロンが2001年に破綻し、監査法人だったアーサー・アンダーセンも、この経理スキャンダルによって一緒に引きずり下ろされた。両社のレピュテーション（と再生の可能性）が修復不可能なほどダメージを受けただけでなく、複雑な会計処理をしている一般の大手企業や、会計のプロに対する大衆の不信感も高めたのである。企業に対する否定的な大衆の反感は、サブプライムローン危機や、米国政府による銀行、保険会社、米国自動車メーカーへの財政援助が物議をかもすたびに激化した。

　最近では、組織は強いレピュテーションの重要性を徐々に評価するようになっている。レピュテーションはステークホルダーの認識によって形成されるので、組織はまずこれらの認識を明らかにして、それから会社のアイデンティティや価値と一致するかを分析しなければならない。認識とアイデンティティが合致しているときだけ、強いレピュテーションとなる。

6-2. レピュテーションの測定と管理

　レピュテーションを査定するとき、組織は全てのステークホルダーの認識を調査しなければならない。前述したように、多くのPR会社が会社の調査を支援するために診断方法を開発している。1つの測定プログラムでは適応できないが、全ての組織がステークホルダーの調査を必要とする。

　調査は従業員から始めるのがいいだろう。なぜなら、彼らは自社のビジョンや価値を理解し、これらを念頭において全ての顧客と接しなければならないからだ。組織が約束した価値観を遂行できなければトラブルとなる。例えば、IBMは長年にわたって終身雇用を維持してきた。しかし1990年初め、企業は過酷なリストラを行い、その結果として会社中に流れた冗談は、「IBMとは"私はだまされた"という意味である（IBM means "I've Been Misled"）」というものだった。IBMは自社の価値観に忠実である、と従業員は思わなくなり、この幻滅感がIBMのレピュテーションを傷つける要因となった[32]。同社はこのことを重く受け止め、従業員に向けた改善策が提出され、価値観の不一致を元に戻すよう、従業員に助けを懇願した。この改善策は、「バリュージャム（Value Jam）」と呼ばれ、どうすればIBMの価値観を、会社経営や労働規約、そして人間関係の改善のために活用できるかについて、5万7000人以上の従業員がオンラインに投稿した[33]。

　企業のアイデンティティやビジョンや価値観と、顧客の認識は一致していなければならない。1990年代後半、バーバリーは、コーポレート・レピュテーションが機能しなくなると何が起きるか、そしてこれらの関係を修復するために積極的な方策を立てることで、レピュテーションをどのように救うことができるかを学んだ。

　1997年にローズ・マリー・ブラーボがバーバリーのCEOに就任したとき、同社は多くの課題に直面していた。利益は激減しており、1990年代半ばのアジアの経済危機によって説明できる部分もあったが（1996年まで、アジアの消費者が同社の収入の3分の2を国内外で生み出していたが、景気の悪化がバーバリーの売上に劇的な悪影響をもたらした）[34]、社内の要因もあった。その

1つとして、ブラーボが就任する前は、同社は世界中に一貫したバーバリーブランドを維持するのではなく、各国の経営チームに、ローカル市場が求めるブランド開発と、ライセンスの拡張を認めていた。その結果、顧客がバーバリーについて思い浮かべるとき、心に浮かぶものは地域によって異なるようになった。アメリカでは900ドルのレインコートや200ドルのスカーフであり、韓国ではウィスキーであり、スイスでは腕時計だったのである。ブラーボはこう語っている。自分の着任前には、バーバリーを市場に出すというライセンスを受けた人々が世界中に共通点なく存在していた。それは一貫したビジネスではなかった。各国が独自のバージョンのバーバリーを持っていた。需要は減速しており、事業を清算する必要があった。ブランドが露出しすぎで過剰流通だった[35]。

　同社は何を売るかを決めることが困難だっただけでなく、商品のポジショニングを決めることにも苦労していた。例えばバーバリーは、アジアでの顧客ターゲットを上位層にするか下位層にするかを決められず、大量の商品がディスカウントストアで売られた。この決定はバーバリー直営店が同じ市場で生み出そうとしている高級で最高仕様のイメージを傷つけていたのである。ブラーボは、消費者に一貫性のあるメッセージを送るために、焦点を絞って、最高級の小売店だけに集中しなければならないことを悟った。さらに彼女は、最高級の男性用レインコートの販売業者である年配の男性と話をすることでは、同社の主要顧客である女性の要求をできるだけ効果的に満たすことはできないことに気づいた。

　バーバリーの店舗の品揃えにも、ブランドを最高級品にフォーカスしたことを反映させる必要があると気づいたので、ブラーボはロンドンの旗艦店の機能を高め、ニューヨーク店の2倍に拡張した。さらに重要なことに、バーバリーは、同社によって商品やアイデンティティの一貫性を一層管理するために、バラバラだったフランチャイズ店のネットワークの手綱を引き締め始めた。最も目に見える転換点は、バーバリーの格子柄のビキニを着たスーパーモデルのケイト・モスを起用した広告キャンペーンである。これらの印刷広告はバーバリーの売上を劇的に押し上げた。約150年前の遺産のような価値は、若いステー

クホルダーからは退屈だと思われ、多くの女性から自分には合わないとみなされていたが、新鮮で遊び心のある側面を出すことで、顧客の平均年齢を大幅に引き下げたのである。

多くの方法において、バーバリーの1990年代後半の再生は唖然とするようなものだったので、ブランドは成功の犠牲者となった。世界で最もコピーされたファッションロゴとみなされ、ありふれたブランドになったことで、バーバリーは高級市場から滑り落ちてしまった。ローズ・マリー・ブラーボの後任のアンジェラ・アーレンツのリーダーシップにより、バーバリーは再びブランドに一貫性を持たせようと積極的に取り組んだ。2006年に取り組み始めた後、アーレンツは中心となるデザインにフォーカスし、コアとなる伝統的製品を復活させた。店舗の改装から統一感のある品揃えまで全ての販売店を通して行い、彼女の取り組みはバーバリーの業績を向上させただけでなく（彼女の在任中、売上高は2倍以上になった）、統一感のあるブランドイメージを創り上げ、バーバリーをラグジュアリーブランドとして堅固なものとし、世界中にそのレピュテーションを高めたのである[36]。

6-3. コーポレート・フィランソロピー

今日では、全ての組織がレピュテーションを考えるとき、コーポレート・フィランソロピー（企業の慈善活動）や社会的責任を考慮する必要がある。企業の社会的責任については第5章で詳しく述べる。2013年のコーン・コミュニケーション社のソーシャル・インパクト調査によれば、企業は利益だけに関心を持っていれば良いと述べているのは、アメリカ人の7％にすぎない。10人のうち9人以上の人々が、会社が各立場において社会や環境の課題を支援することを期待しており、88％は会社の取り組みを聞きたがっている[37]。フィランソロピーや社会的責任は、多くの顧客が製品・サービスをどこで購入しようかと考えるときの要素となっている。本章で前述したシェルやエクソンモービルの事例は、それを示している。

このような調査結果にもかかわらず、企業のフィランソロピーは危機状態に

ある。第１章で見たように、ビジネスに対する信頼は低く、公に「良い行いをする」取り組みは、特に、会社が行っているビジネスに慈善活動が直接的に関係しているような「戦略的社会貢献」の場合には、利己的な行為だと理解されている。あるいは、企業がコミュニティあるいは環境に対して行っていることについて何も言わないと、彼らは無関心だという批判に直面する。

前述のフィリップモリスは良い事例だ。同社の慈善活動を押し売りするような広告キャンペーンは多くの大衆から懐疑的な印象を持たれ、この広告を見て、コミュニティの本当の関心事についての表明というより、フィリップモリスが大手のタバコ会社としてのイメージを否定しようとした試みだと受け取られた。自社の慈善活動を促進することに費用をかけたにもかかわらず、フィリップモリスはハリス・インタラクティブのRQ調査で2011、2012、2013年のトップ60社に入らなかった。2006年にはトップ60社のうち56位だったのだが。

2001年９月11日に起きた悲劇的な事件は、企業のCSRコミュニケーション・プログラムの必要性について、もう１つの根拠を示した。P&Gは、救出作業に250万ドルの現金と商品を提供したが、彼らはそれを公表しなかったため、ハリス・インタラクティブのレピュテーション調査で、「何も支援しなかった」と非難された[38]。 P&Gは、「惨劇を利用」したように見られて期待に反した結果となるのを避けるために、意識的に控えめな手段を取ったのだが、期待に反した結果となった。

会社は、コミュニティや環境に良いことをするようにという大衆の望みと、同じくらい強い、大衆の企業の真意についての懐疑に、どのように寄り添っていけばいいだろうか。なぜ、良い行為をしたことを広く伝えようとして、ある会社は是認され、別の会社は軽蔑されるのだろうか。

まず、企業の慈善活動や社会的責任に関するプログラムは、単純な作業だとか汚れたイメージをきれいにする試みだとかというものではなく、信頼があるものとして受け止められるよう企業のビジョンと一貫性を持たせるものでなければならない。

次に、会社がコミュニティを大切にしていることを示す手段は、第２章で紹

介したコミュニケーションのフレームワークを用いて、注意深く考慮しなければならない。もし、各ステークホルダーが何に関心を抱き、彼らにとって何が重要で、会社について何を考えているか、を理解していれば、会社は彼らとコミュニケーションするために、プログラムの正しい方法を構築し、正しいチャネルを選ぶことができる。例えば、地域への働きかけや環境活動については、広告よりもアニュアルレポートやWebサイトで説明することにしてもよい。あるいは、コミュニティでの従業員のボランティア活動を認めて推奨するような支援プログラムは、地域の支援活動に対して金銭を寄付するより効果的かもしれない。

　ビジネスに対する環境が変わる中で、企業のフィランソロピーや社会的責任を多くのステークホルダーが認識しつつあり、その重要性は増している。各ステークホルダーにとって何が重要かをよく理解し、どうやって社会的責任プログラムを企業ビジョンと一致させるかを考えている会社は、自社のレピュテーションを高めるようなプログラムを創出することができるだろう。このことは第5章で詳しく述べる。

7. 企業広告とは何か

　イメージ、アイデンティティ、レピュテーションについて理解したところで、企業広告はどのように企業イメージを際立たせることができるかを見てみよう。
　「企業広告」とは、メディアを有料使用することと定義され、製品・サービス単体よりも組織のイメージにメリットを加えようとするものである。全ての企業広告はレピュテーションに貢献するので、製品広告と企業広告は、1つの戦略を映さなければならない。製品広告が製品をブランド化するように、企業イメージ広告は会社をブランド化しなければならない。
　企業広告と製品広告の最大の違いは、広告費用を誰が払うかである。会社のマーケティング部門は、全ての製品に関する広告に責任を持ち、その費用を自らの予算で支払う。そのコストは通常、各製品・サービスに関連付けられる。

一方、企業広告は広報（コーポレート・コミュニケーション）の範囲であり、その予算は広報部門か、あるいは社長室が支払う。

企業広告は、コミュニケーション戦略全体の注意深い判断に基づいて、組織の明確なアイデンティティ（第2章を参照）を表明するべきであり、一般的にイメージ広告、財務広告、そして意見広告の3分野がある。それでは、この3分野をもっとよく分析し、企業広告とは何かを考えてみよう。

7-1. アイデンティティを補強してイメージを高める広告

多くの会社は、組織の再編に伴う自社のアイデンティティを強化するために企業広告を使う。会社が合併して新事業に参入するときには、自社の新しいビジョンや組織をステークホルダーに説明する必要がある。ステークホルダーたちは以前の姿をよく知っていて、新しい組織に戸惑っている。典型的な大組織は、全く異なる事業活動を統合するために、イメージを単純化する必要があることが多い。

タイコ社は、前CEOのデニス・コズロフスキーと前CFOのマーク・シュバルツによる企業不祥事の後（訳注：トップ2人による巨額の資金流用事件で2005年に有罪判決を受けた）、イメージを回復させるために企業広告を使った。タイコはコズロフスキーの下、積極的な買収によって、わかりにくいコングロマリット（複合）企業になった。従業員ですら、タイコは何の事業をしているのかはっきりとわからなかった。次の経営改革において、新CEOのエド・ブリーンは、ジム・ハーマンを企業広告・ブランド担当のバイスプレジデントとしてGE社から雇い入れた。GEの「良いことを生活に（We bring good things to life）」キャンペーンを統括していたハーマンは、タイコの事業、製品・サービスの広がりを宣伝するという任務を負った。タイコは、印刷広告で「皆さまの世界になくてはならないもの（a vital part of your world）」というキャッチフレーズを使用した。それは、同社の製品やサービスが日常生活に不可欠であることを描写していた。広告は、タイコの製品・サービスを並べた単語を6500以上使った図柄だった。文字が赤ん坊や消防士のような絵の形になり、

タイコが提供するものの重要性や生命力を表現していた。2005年にタイコは『IRマガジン』誌の最優秀企業広告賞を受賞した[39]）。

　本章で前述した通り、アイデンティティの監査は、組織が自社のアイデンティティ、イメージ、さまざまなステークホルダーが抱くレピュテーションを管理するための唯一の方法である。会社がステークホルダーのイメージを調査して学んだことは、企業広告戦略に取り入れることができる。例えば、もし組織のアイデンティティが社外の認識と非常に異なっていたら、企業広告を用いることによって、その溝を埋めることができる。バーバリーは、広告キャンペーンを用いて伝統的かつ新鮮な英国の顔を主役にして、ブランドが堅苦しく退屈な婦人向けではないことを、ステークホルダーの知覚に訴えた。もし組織が本当に変化したなら、企業広告は変わったという印象を与える効果的な方法である。バーバリーでは、CEOのローズ・マリー・ブラーボとアンジェラ・アーレンツが、女性向け衣料とアクセサリーの製品ラインを拡充し、新しい広告を出してバーバリーのプロフィールを蘇らせたのである。

　また、効果的なイメージ広告は、会社をライバルから差別化できる。例えば任天堂は、新製品の「Nintendo Wii」に関する企業広告を電撃的に打つことで、『アドバータイジング・アド』誌の2007年の年間優秀マーケター賞を受賞した。ソニーのプレイステーションやマイクロソフトのXboxのような競合他社の後塵を拝して何年も苦しんだ後、売上を押し上げ、ビデオゲーム業界のリーダー企業としてのブランドに復帰できるかどうか、任天堂はこの製品に賭けていた。2006年11月、任天堂の広告キャンペーンは、２億ドルというマーケティング予算で、口コミマーケティングという伝統的な方法と、デジタル・コミュニケーションを合体させたものだった。従来の顧客層ではない、母親のような層にアピールし、彼女たちのグループをWiiの公式大使に任命したのである。さらにテレビや新聞では、「Wii（僕ら）は遊びたい（Wii would like to play）」というキャッチフレーズを広告特集した（米シカゴのレオ・バーネットが制作）。このマーケティング活動の成功で最も重要なことは、「会社の将来の成功のカギとなる読者に向き合う」という戦略の適用と、一貫性のあるメッセージである。

NPDグループのアナリストのアニタ・フレイザーによれば、マーケティングは、WiiとDSの成功において大きな役割を果たしており、マーケティング・キャンペーンの全ての要素を通して焦点を絞ったメッセージの力がその証拠だという。マーケティングの基本なのだが、あまりにも多くのマーケターが、最初の1ドルをキャンペーンに使う前に、堅実なポジショニングとメッセージを持つことが最も重要であることを忘れている[40]。

キャンペーンの成功の陰には、広報（PR）もあった。マーケティング広告とPR機能は、多くの組織で統合されつつあり、PRは企業広告戦略の重要なパートナーとなっている。

「当社のPRでは常に支援するだけだったが、このケースでは、我々がインターネット上で、例えばWiiスポーツで減量したというような、何かおもしろい出来事に気づいたら、メディアの関心につなげた」と、北米任天堂のマーケティングとコーポレート・コミュニケーション担当の前副社長のジョージ・ハリソンは『アドバタイジング・エイジ』誌で語っている。「人目を引くようなちょっとしたことを拾い集め、マーケティングに落とし込んだ。人々が何を行っているのか、どんな独創的なことをしているのかがわかれば、我々は行動に移せる」[41]。

7-2. 投資を惹きつける広告

第8章では有力なインベスター・リレーションズ機能の重要性について見るが、会社がファイナンスの関係者の中で自社のイメージを強化するために用いる手段の1つに、財務関連の企業広告がある。この種の企業広告は、会社の株式について、潜在的投資家はもちろん、バイサイドとセルサイドのアナリストの興味も刺激することができる（詳細は第8章を参照）。優れた企業広告キャンペーンは、アナリストが担当している数百の会社の中から、特定の1社を注意深く見てみようという興味を引くことができる。

アナリストは会社の財務を重点的に注目しているとはいえ、最近のアーンスト・アンド・ヤングの調査によれば、世界の機関投資家150人以上のうち、そ

の3分の2が投資を決定するための重要な役割として、財務以外の達成度を挙げた。ガバナンスの貧弱さや戦略の欠如が見られるからだ。さらに、投資家は第三者の情報よりも、会社の指導者から直接伝えられる情報に重きを置いている[42]。アナリストは、自社に対する一貫性のあるビジョンを語るCEOに高い価値を見出している。このような理由により、財務関係者をターゲットとして、会社のCEOは企業広告にしばしば登場するのである。

企業広告屋の中には、強く財務に関係づけられた企業広告キャンペーンは、実際に会社の株価を上げることができる、と主張する者がいる。1980年代初期に行われたW・R・グレースのキャンペーンは、その証拠としてしばしば引用される。「グレースを知ろう（Look into Grace）」シリーズのテレビキャンペーンは、同社の財務および事業内容を紹介したもので、「グレースを知りたくないのですか（Shouldn't you look into Grace?）」と問いかけた。市場調査によれば、このキャンペーンの後、同社に対する認知や賛同の比率はかなり高まった。さらに、企業の株価はテスト・キャンペーン期間中に劇的に高くなった。その終了後はそれ以上高くならなかったが。企業広告の専門家のトーマス・ガーベットは、『ハーバード・ビジネス・レビュー』誌で、次のように述べている[43]。

　私は、企業キャンペーンと株価の間の関係をこのように解釈している。広告は適正な株価を持つ株式の価格を上げることはできないし、実際にそんなことをしたら法律違反になってしまう。しかし、会社の株価を過大でも過小でもなく、適正に保つことはできる。

UCLAアンダーソン・スクールの教授たちが、企業広告と株主価値について、計量経済学の分析を用いて検証した。彼らは、製品市場の反応と、投資家の反応に関して、広告の長期的な影響を評価した。彼らの研究では、実に広告は、売上高、株価、そして長期的には企業の時価総額に、直接的な影響をもたらしていたことが明らかになったのである[44]。

この研究の結果が本当なら、それは企業にとってエキサイティングな話だ。

株価が1ポイントでも上昇することは、大量の発行済み株式を保有する大企業にとって、数千万から数億ドルを意味する。さらに、株価の改善は企業の株価収益率の改善につながり、従業員にストック・オプションや配当の機会を与え、優秀な人材の獲得や維持に役立つのである。

7-3. 意見に影響を与える広告

　このような種類の広告は、イシュー（意見）広告またはアドボカシー（主張）広告と呼ばれ、行政機関や特定の利害集団からの外的脅威に対応するために使用される。意見広告は、一般的に論争となるテーマを扱い、現状に疑問を呈する人たちに会社が対応するための方法である。

　多くの会社が1970年代に意見広告を使い始め、1980年代初めには反企業といわれるメディアに挑戦するために行われた。消費者に意見を直接伝えることによって、会社はジャーナリストと競い、読者と考えを共有できる。その結果として、意見広告は意図的に、『ニューヨーク・タイムズ』紙、『ウォール・ストリート・ジャーナル』紙、『ワシントン・ポスト』紙のような有力紙の論評ページ（社説の反対側のページ）に出稿される。おそらく、この種の最も有名な広告はモービル石油の意見広告シリーズで、これは20年以上も続いた。1970年代初めのオイルショックについての対話として始まったものが、広くさまざまな話題において意見を主張するにつれて、この巨大企業の意見が注目されるようになっていったのである。

　他の多くの組織も、アドボカシー広告を論評ページに出稿している。前章で述べた、もう1つの巨大な石油会社のBPもそうである。2010年のメキシコ湾での原油流出後のBPの広告キャンペーンは、同社の環境問題への取り組みを扱ったもので、よりポジティブなアプローチの典型である。2010年4月、BPの石油掘削施設「ディープウォーター・ホライズン」が爆発し、11名の死者を出し、約490万バレルの原油がメキシコ湾に流出した。BPは、クライシス態勢に入り、環境問題のリーダーとしてではなく、地域のパートナーとしての自社の立場を確認する広告を多数の媒体で連続して打った。キャンペーンは、

BPの地域支援担当取締役のアイリス・クロスのような、BPの従業員でもある地域住民に焦点を合わせた。長年、湾岸の住民であるミス・クロスの広告での語調は、同情と責任を伝えた。「私たちは常に完璧というわけではありませんが、石油が取り除かれ、人々や仕事が通常に戻るまで、私たちはここにいます」。

もう1つの有名な事例はマクドナルドで、映画『スーパー・サイズ・ミー』への対応である（訳注：2004年にアメリカで公開されたドキュメンタリー映画。毎日3食30日間、マクドナルドのファストフードを食べ続け、体脂肪率が増え、躁鬱症や肝臓の炎症を引き起こすことを記録したもの。映画はヒットして、アカデミー賞の優秀ドキュメンタリー映画部門にもノミネートされた）。マクドナルドは広告を出し、食べ過ぎて何もしないことは良くないという映画の前提に同意し、一方で、マクドナルドのメニューが不健康な食事だと非難する考えを取り除く試みを行った。この主張を強調するため、広告には、カップ入りフルーツやサラダのような、同社が最近追加した健康食を並べた。

しかしながら、BPのキャンペーンは意見広告についての多くの問題を明らかにした。デヴィッド・ケリーは、『ハーバード・ビジネス・レビュー』誌の意見広告をテーマにした評論で、ほとんどの会社は形式に注意しすぎていてメッセージの内容がおろそかになっている、と指摘している。地域のパートナーという広告で、そこに登場するCEOのトニー・ヘイワードは、「我々は、このようなことが2度とないよう、できることの全てを行う。我々はこれをやりとげる。我々は正しい状態を戻す」と強い語調で言っているが、BPの立場や約束は信じ難いものだということを強調しただけだった。実際、ディープウォーター・ホライズンの原油流出に関する国家委員会の最終報告書では、流出の原因はシステムにあり、この惨劇は防ぐことができた、と明らかにされた。多くのブランディングの専門家は、BPの広告は、環境対策に怠慢だと会社を攻撃する批評家の材料にされてしまったと述べている。

BPの事例においては、広告による透明性のある広告をしていれば、BPを地域住民の味方として、また有能なリーダーとして企業を位置づけることができたかもしれない。しかし、彼らの広告はプロパガンダだとレッテルを貼られ、

「Beyond Petroleum」（訳注：企業名のBritish Petroleum＝英国石油と語呂合わせしたフレーズで、「石油を超えて」）という同社ブランドの約束に沿って行動することに失敗した。大企業が誰の感情も害することなく市場でクライシス課題に向き合うことは、非常に難しい。会社が全員を満足させようとすると、結局は自社のメッセージの力を希薄化してしまう。会社が意見広告キャンペーンを行う場合、彼らは極度の注意と、内在するリスクについての十分な理解を持って推進しなければならない。

8. 誰が何のために企業広告をするか

　最近の研究によれば、全米の大手企業の半数以上に、製造業・非製造業にかかわらず、何らかの企業広告プログラムがある。通常、企業規模と企業広告の使用の間には直接の相関関係があり、企業規模が大きくなるほど、企業広告プログラムを持っているようだ。大企業であれば自由に使える金額が大きい傾向にあるため、この相関関係は道理にかなっている。さらに、大企業は多角化している傾向があり、それゆえに、さまざまな活動や製品・サービスに対して首尾一貫したアイデンティティを確立する必要性が高い。

　また企業広告は、タバコ会社、石油会社、製薬会社、その他イメージに問題のある大手製造業など、薬物の健康への影響の懸念や環境汚染といった、「物議をかもすような」業界で頻繁に用いられている。概して、消費者向けにパッケージされた製品を作る会社より、重工業の会社が企業広告に多く支出している。強力なマーケティングに焦点を絞った消費財企業は、強い企業イメージを構築するよりも、4P（Product、Price、Place、Promotion）に集中していることと関係があるかもしれない。興味深いことに、ファストフードやスナック菓子の栄養素について、行政機関や一般人の関心が高まるのに伴い、ペプシコやマクドナルドのような会社は企業広告を始めている。それは自社をよりポジティブでヘルシーな会社だと示すためのものである。

　良い企業広告プログラムは、企業イメージを明確にして高めることができ、

それがないと企業のレピュテーションはダメージを受けることがある。トムズは製品と企業広告を組み合わせた良い事例である。靴の広告の中で、同社は「あなたが1足買うごとに、困っている子どもに靴を1足送ります」と述べている。この広告は、いかにして慈善活動の取り組みがステークホルダーの信用を得るために使われるかを示す最も良い事例である。では、会社が企業広告キャンペーンに投資する理由を、より詳しく見ていこう。

8-1. 売上を増やす

　企業広告と売上高の関係は、製品広告と売上高の関係ほど明確ではない。というのは、企業広告とは、結果として売上を伸ばすものであり、直接あるいはただちにそうなるものではない。このことが、厳しい財務志向の会社に企業広告を導入しようとしているマネジャーには問題になる。数字にこだわるマネジャーはしばしば、企業広告を行わない最大の理由は、企業広告が売上に直接つながらないからだと言う。

　たとえそうでも、企業広告と売上高の間の密接な関係を確認しようという取り組みは行われている。アメリカ広告業協会（ANA）のシニア・バイスプレジデントによれば、「他のマーケティング・コミュニケーションの分野で行われているように、企業広告担当マネジャーは、取り組みに対する投資対効果（ROI）により関心を持つようになってきている」という[45]。

　個別のマーケティング活動についてROIを測定することは、75年前にダイレクトメール・キャンペーンの結果をモニターすることから始まったものであり、現在ではより統合されたマーケティング・キャンペーンでROIを測定しようとしている。グレイ・グローバル・グループ、マッキャン・エリクソン・ワールドグループ、J・ウォルター・トンプソンといった、数社のエージェンシーが、売上に対する費用や記事に対する費用のような換算値も含め、クライアントがより良い量的結果を出せるような新しいツールを提供している[46]。このような分析は、会社が財務的に困難な状況においても広告予算を獲得するために強力な参考データとなり、また財務計画を立てることの助力となるかもしれない。

インターネットの普及は、Webサイト上のバナー広告やメール広告といった新しい形の広告の測定を一層容易にしている。

今後は、「広告は経費ではなく戦略的投資として扱われるだろう」[47]。企業広告を通して、会社は自社の特徴を描き出すことができ、それを大衆にアピールすることで、結果として消費者に自社の製品を買いたくさせるだろう。例えば、SCジョンソン＆サンは、1886年に創立された、グレード、プレッジ、ウィンデックス、ジップロックといったブランドのメーカーなのだが、消費者の80％は、家族経営の企業は信頼できる製品を作ると信じており、それに対して上場企業については43％だったことを知った。それに応じて同社は4億5000万ドルのキャンペーンを展開して、SCジョンソンの一族の遺産を強調し、「SCジョンソンは家族企業です」というキャッチフレーズを添えたのである[48]。

8-2. より強固なレピュテーションを作る

本章を通して、レピュテーションの重要性を述べた。ベストな企業広告は、ステークホルダーに組織の全てを伝えることで、信用を作り、評判を上げる。特に誰もが気づかないような有益なことを会社が行っている場合にはそうである。

1998年にBPに買収されたアモコ・ケミカル・カンパニーは、1990年代後半にキャンペーンを行って『ビジネスウィーク』誌から表彰されたが、これなどはこの種の広告の古典的な事例である。このキャンペーンの印刷広告の1つは、飛行機が夜、着陸しているところで、「アモコはより安全な帰宅を手助けします」というコピーが添えられていた。この広告は、耐久性の高いアモコ・ケミカルの素材を使った合成樹脂が滑走路の照明に使われている、ということを説明した。その広告は視覚的にアピールしたが、このキャンペーンが『ビジネスウィーク』誌で、その年で最も記憶に残る広告リストに乗ったもう1つの理由は、化学物質が、ほとんどの人が考えもしないことに使われていて、それが私たちの生活を良くしているのだ、というコンセプトである。キャッチコピーも記憶に残るもので、「化学物質はアモコでは正しいものです（The Chemistry is

Right at Amoco)」。人々は、アモコから作られる良い製品について学んだことにより、一部の人は、アモコを環境汚染物質を製造する巨大石油企業とは別だと認識を改めたのである。

　会社はまた、第三者機関（TPO）の推奨を使うことで信頼を構築し、レピュテーションを強化しようとする[49]。個人が自分のレストランの選択を確認するためにザガット（訳注：レストランやホテルの格付けガイド）に頼るように、多くの人にとって、この種の「お墨付き広告」は、会社（特にあまり知られていないような）を評価するのに役立つのである。信頼され、認められている第三者機関（TPO）の推奨は、消費者に信用を吹き込むことができる。第三者機関は、会社やそのサービスの評価やランキングを提供することができるし、その会社がどんなサービスを提供したかということを語る話のテーマとして使うことができるかもしれない。さらに、アマゾンやイェルプ（訳注：Yelp＝世界中のビジネスに関するレビューサイト）のサイトで見られるような消費者の意見の集積が、信頼できる第三者のレビューとなる。これは会社が、献身的で尊敬に値する顧客――マルコム・グラッドウェルが著書『ティッピング・ポイント』で、「通（mavens）」と称した――と直接につながる機会を提供する。それは会社にとって本当のリスクでもある。なぜなら、専門家でない批評家が、誤解やユーザーエラーに基づくネガティブな意見を、数百万人の潜在顧客とシェアすることができるからである。

　会社が信頼される第三者機関からポジティブな推奨を受けたら、企業広告でその推奨に言及することを考えるべきである。その一例として、ヴァン・キャンペル投資信託会社の広告は、モーニングスター・インベストメントガイドで五つ星の評価を得た、ということを述べている。また、ゼロックスがコンサルティングと業務支援サービス事業を立ち上げるキャンペーンでは、第三者機関（TPO）を使って知名度の低さに信頼を与えた。ある広告では、ゼロックスの大きな名前が車の上部にカギとともにプリントされている。コピーには、「エンタープライズ・レンタカー社は経費を削減したがっていた。ゼロックスは見つけた。成功のカギは170万枚の書類を毎月イントラネットに移すことだとい

うことを」。別の広告では、ハネウェル社の経費を数百万ドル削減するのをどのように手伝ったかを述べている。ゼロックスは、既に知名度があるが、それは主として複写機メーカーとしてのものである。このシリーズ広告では、キャッチコピーを「新しいものの見方がある」とし、より広範囲な能力を明らかにした。プロジェクトについて語ることは、規模が大きくて知名度がある会社が、さらに総合的なサービスプロバイダーとしてのイメージを押し上げながら、一層の信頼を得ることにつながった。

　企業広告は、フィランソロピー（慈善）活動を公表する会社によっても使われており、本章で前述したように、レピュテーションを高めることにつながっている。これらの広告は、タバコ会社とアート（アルトリア・グループ、前フィリップモリス）、オペラと石油（テキサコ）、巨大タンカーとシロナガスクジラ（サムソン）のように、全く正反対の領域の間に奇妙な関係を創り出す。

　自社のレピュテーションを高めるために企業広告を使っている組織は、会社の試みが、企業不祥事の歴史を帳消しにしようとしたり、深刻なイメージの問題を修復しようとしたりしていると感じるような、ネガティブに反応する相手に対する心構えが必要である。

　本章で前述したように、現在アルトリアと社名を変えているフィリップモリスは、莫大な資金をつぎ込んだにもかかわらず、レピュテーションの改善に苦労した。同社の積極的なイメージ広告キャンペーンはフィランソロピー活動をほめちぎり、アイデンティティ・プログラムと結びつけたので、実際には批評家をさらに遠ざける働きをした。多くの人々が、数千人のガン死亡者に対する責任のあるタバコメーカーとして、同社の真のアイデンティティを覆い隠す試みだとみなした。現実に、フィリップモリスの2002年の株主総会では、デモ参加者たちが、アルトリアのマークがついたバンダナをつけて骸骨のように痩せたマルボロマンを描いた大きなキャンバス地の旗を振り回したのである[50]。

　つまり、レピュテーションを高めるために企業広告を使うときは、信頼できるものであることが重要である。企業広告は、たとえ企業のビジョンと密接に結びついていても、そのビジョンがほかのチャネルを通して組織のステークホ

ルダーと適切にコミュニケーションできていないとしたら、信じてもらえないというリスクがある。必要条件は前に強調した通りで、企業広告は戦略的であり、かつ会社全体のコミュニケーション戦略と密接につながっていなければならない。別々のものだと、組織の認識を変える力を持つことはできないだろう。

8-3. 従業員の採用や維持

　全ての会社にとって最も重要なコミュニケーション活動の1つは、従業員とのコミュニケーションである（第7章参照）。もし企業広告キャンペーンが、大規模で複雑な組織が一体何なのかについて簡単な用語で説明することに成功すれば、それは外部の人だけでなく従業員にとっても役に立つだろう。企業広告は、従業員のやる気を引き出す間接的な方法でもある。しかしながら、これを定量化しようとするのは極めて難しい。トーマス・ガーベットは次のように述べている[51]。

　　従業員離職率を低減することでどれだけ節約できるかを計算するのは難しい。ある者は、採用と研修のコストを加算し、次に退職率を掛けて、もし会社についてもっとポジティブに感じていたら留まるように説得されたかもしれないような従業員の比率を推定する、という。実際の数字が何であれ、もし企業広告が離職率をわずかでも減らすことができるなら、キャンペーン活動の支出は企業が節約した分に見合う価値があることになる。

　このように広告は、新入社員にも管理職にも、会社が最高だという魅力を与えるのに役立つ。良い企業広告キャンペーンは、現在の従業員にも、入社希望者にも、興奮を創り出すことができる。2002年、GEは従業員に関わる4つのテーマで印刷広告のキャンペーンを始めた。会社の指導者層におけるダイバーシティ、GE基金、指導プログラム、そしてボランティア活動である。広告の多くは在籍するGEの従業員の子どもの頃の写真を用いた。ある広告には、地球儀を抱えた少女の写真がある。本文には、「ユージェニア・サリナスです。

第4章　アイデンティティ、イメージ、レピュテーション、企業広告

GEメディカル・システムでアメリカ市場担当のゼネラルマネジャーとして世界中を旅しています。彼女はマイノリティで女性の指導者で年間売上の300億ドル以上に責任を持っています」とある[52]。

他の広告には、会社が後援しているプログラムで指導者として活動していたり、地域の人々と一緒にボランティア・プロジェクトに参加しているGE従業員の写真がある。このような多くの広告は、表面上は従業員に焦点を当てているが、従業員以外のステークホルダーの会社に対するイメージも高めている。例えば、消費者はこれらの印刷広告を読むことで、GEの社会的責任プログラムや、従業員の気質に感銘を受けるのである。

まとめ

本章で見たように、アイデンティティ、イメージ、レピュテーションは組織の成功や信頼に不可欠なものであり、企業広告を成功裏に使用することはこの3つ全てに役立つ。コーポレート・レピュテーションについて考えたことのないマネジャーは、その価値を過小評価しがちである。この過ちは、企業イメージやアイデンティティ、レピュテーションが何であって、組織に何をもたらすかについての理解が欠けているからでもある。しかし懐疑的な人は、不適切で時代遅れのアイデンティティは、財務の弱さと同じくらい会社に損害を与える可能性があることを理解すべきだろう。個人は一貫性を求めている。もし企業についての認識が現実とかみ合うことができなかったら、ステークホルダーはそっぽを向くだろう。

だから経営者は、アイデンティティ、イメージ、レピュテーションの大きな影響力を認識しなければならないし、これらの重要な資源をどのように活用するかを学ばなければならない。その1つの方法は、GEや任天堂の例で示したように、企業広告を使うことである。キャンペーンを実施するという決断は、何をおいても企業の全体のコミュニケーション戦略に基づかなければならない。企業が自社のイメージを変えられるかどうかは、市場の間違った誤解によって

損害を被るか、成功している好評なキャンペーンを継続してアイデンティティを強化するかなのであり、企業広告は、組織を将来成功させるための大きな資源なのである。

　戦略が何であろうと、現実とイメージがつながっているような明白な企業アイデンティティを持つ組織は、全てのステークホルダーから強いレピュテーションを持って評価されるだろう。そしてレピュテーションの成功は、従業員、消費者、一般の人々にプライドとコミットメントを生じさせ、厳しいグローバルビジネスの市場環境において、かけがえのない資産となるのである。

第 5 章

企業責任（コーポレート・レスポンシビリティ）

　前章では、コーポレート・レピュテーションの重要性について論じた。それは組織に対するステークホルダーの認識の集積であり、時間をかけて築かれたものである。コーポレート・レピュテーションに貢献する要因として重要性が高まっているのは、企業の責任（Corporate Responsibility）であり、ステークホルダーや社会に対する企業の社会・環境面での義務である。一般大衆から投資家まで、この視点で現在の企業行動を分析・評論しようとするステークホルダーが増加している。実際、基本的な業務のあり方を抜本的に変化させて一層の責任を果たすようにしている企業もあり、Bコーポレーション（訳注：米国の非営利団体が運営する認証制度）やISO26000（訳注：国際標準化機構が発行する、組織の社会的責任に関する国際規格）のような規範が、会社はどうやって社会とより良い関係を保てるかについて、フレームワークやガイドラインを提供している。

　いつから、社会の企業に対する期待として、利益を上げることのほかに、責任を持って説明できる行動が含まれるようになったのだろうか。20年近く前、一般大衆は、そのような行動をとることは、主に非営利団体や善きサマリア人（訳注：窮地に陥った人を救うために無償で誠意を持って善意ある行動をとる人。新約聖書より）のやることだと見ていた。当時は多くの人が、ビジネスは利己的なものであると考えていた。企業の目的は、慈善行為とは正反対に位置し、利潤を最大化することだった。地域還元のための取り組みは、寄付や慈善行為などの片手間に限られていた。シカゴ大学の経済学者であるミルトン・フ

リードマンは、ビジネスは厳密に実利的であるべきで、政府や非営利機関が社会や環境問題に対応するのだ、という信念を貫いた。1970年代、フリードマンの学説は、『ニューヨーク・タイムズ・マガジン』に掲載された「企業の社会的責任とは、その利潤を増やすことである」という記事で有名になった。その中で彼は、「企業が責任を持つとはどういう意味なのか。人間だけが責任を持つことができるものだ。企業とは法人であり、この意味では擬人的責任を持つのかもしれないが、ビジネスが概して責任を持つということは、いかなる意味においても言い難い」と述べている[1]。

　1970年代、企業が利潤を生む手段について、社会が問題にし始めていた。企業の行動と社会の幸福は密接につながっていることに初めて気づいたのである[2]。1984年のユニオンカーバイドのインド・ボパールでの化学工場のガス漏れ事故や、1989年のエクソンのバルディーズ号石油流出事件のような大規模災害で、大企業の無責任さについて騒動が拡大したことで、企業は環境面に意識を高めるようになった[3]。1990年には主要メディアの暴露記事が続き、ナイキのような会社の衣類やシューズ類の供給元が、悪環境の搾取工場で児童労働を行っていることを多くの消費者が初めて知った。暴露記事を読んで消費者は憤慨し、ボイコットを行ったので、企業は労働者の権利を守るために、行動規範を採用することにしたのである。

　今日、企業は自社の事業が、地域社会やその他へ影響を与えていることに気づいている。企業は前例のない領域に先陣を切って進んでおり、かつては企業ミッションと無関係だと思われていたような、所得の不平等や、気候変動による世界的なパンデミック（訳注：感染症や伝染病の大流行）や、水をきれいにする方法など、多くの課題に取り組んでいる。コミュニティプログラムやNGO（非政府組織）とのパートナーシップを実施しているし、最も革新的なのは、一層の責任を持ち、持続可能なビジネスモデルを採用しているということだ。今世紀に入り、収益部門と非収益部門はもはや争うことなく、両者の境界線は曖昧になっている。2012年のエデルマン・グッドパーパスの調査では[4]、世界の消費者の87％が、企業はビジネス上の利益と少なくとも同じくら

いのウェイトを社会的利益に置く必要がある、と感じている。この調査では、目的（Purpose）は今では古典的なマーケティングモデルの「4P（製品：Product、価格：Price、流通：Place、販売促進：Promotion）」に続く第5の「P」である、と提案されている。目的（Purpose）は、消費者選好を後押しする原動力であるので、生活を改善し、社会に影響を与えるという企業の存在理由とつながり、収益や成長のコアとなる戦略である、という。この調査ではまた、消費者の76％が、会社は儲けることと社会・環境の変化にポジティブに貢献することの両立が可能だと考えていることも示されている[5]。

　今日の多くのグローバル企業の経営陣は、企業責任は自社の事業戦略や運営において非常に重要なものだと考えている。PwC（プライス・ウォーターハウス・クーパース）の2014年の調査では、ほとんどのCEOが自社は社会・環境・経済の側面から捉える必要があると認めている。同調査では、CEOの75％は、投資家や顧客や従業員だけでなく社会的ニーズに注意することがビジネスにも良いと思っていることも明らかになった[6]。KPMGの2011年の調査によれば、会社や投資家は、企業責任を率先することは、投資家への長期的で持続可能なリターンを増加するだけでなく、リスクマネジメント、品質管理、事業レピュテーション、そして会社の長期的業績の基盤に代わるほど考えるようになっている[7]（訳注：PwCとKPWGはいずれも世界4大会計事務所の1つ）。

1. 企業責任とは何か

　企業の責任（企業の社会的責任と呼ばれることが多いが）、コーポレート・シチズンシップ、サステナビリティ、そして意識の高い資本主義は、ニュースメディアでよく取り上げられる用語であり、世界中のステークホルダーの信頼とロイヤルティ（訳注：忠誠心）を勝ち取るために企業が努力しうるものである[8]。「ESG」は、環境、社会、ガバナンスを意味する頭文字であり、企業責任のイニシアティブを表現するときにも使われる。「トリプルボトムライン」は、英国のコンサルティングファーム、サステナビリ社の創設者である、ジョ

ン・エルキントンによって1994年に提唱された用語であり、企業責任についての会話で用いられ、利益、人々、地球と関係がある[9]。ビジネス用語としてこのような用語が実際にたくさん使用されているので、本章ではまず企業の責任（コーポレート・レスポンシビリティ）を定義し、それからコーポレート・レピュテーションへの影響を論じる。

　企業の責任とは、社会の関心に対する敬意を持って、会社の活動が全ての業務に関わる主要ステークホルダー──顧客、従業員、株主、地域社会や環境──に影響していることを説明することである。つまり、企業の責任は、伝統的なボトムライン（経済的な利益または損失）を超えて、ビジネスの社会的な意味合いを考えるように促す。この説明責任は、法規制のコンプライアンスより広く、従業員やその家族、そして地域社会や社会全体の生活の質を改善するために、自発的かつ率先して努力することまでも含まれることが多い。責任ある会社は一斉に、慈善活動への寄付のような、その場しのぎの埋め草的な手段だけではなく、長期的な全体によく練られた戦略を通して、社会的・環境的にネガティブな業務上の足跡を減らす試みをしている[10]。

　例えば、エクソン・モービルはフィランソロピーとして、『名作劇場』（訳注：アメリカの公共放送PBSのテレビドラマ）のスポンサーになり2億5000万ドルを32年間支援していたが、これはCSRには分類されない。なぜなら、同社の業務のネガティブな影響を軽減する努力をしていないからだ。それに対して、スターバックスの取り組みは、サプライチェーンとリテール業務のネガティブな影響を最小限にするため、フェアトレードの生産者からコーヒー豆を購入し、従業員の賃金を業界平均より高く払うことで、CSR戦略の礎石（コーナーストーン）となった[11]。

　多くの場合、企業責任の取り組みには、現金だけではなく、時間と技術を寄付することが含まれる。『コーポレート・レスポンシビリティ』誌は2010年に、「小切手帳でフィランソロピーする時代は終わった。65％以上の企業が製品・サービスや経験の貢献になった」と述べている[12]。2010年には世界の消費者の64％が、もはや会社がお金を寄付するだけでは不十分で、会社はビジネスの

構造自体を良くしなければならないと感じていたのである。

　企業はCSRの取り組みを組織化し、優先することに焦点を合わせるにつれて、他の組織と連携しながらガイドラインやスタンダードを開発するようになった。2014年には、世界145ヵ国7000以上の企業が、国連（UN）グローバル・コンパクトに参加することによって、人権や環境の保護にコミットメントすることを表明した。

　会社が企業の責任に取り組むことを支援するために、国連グローバル・コンパクトは、10原則のリストを作る際に、人権と持続可能性の文書を作成した。会社は企業の責任を果たすために、このリストを活用することができる。

1-1. 国連グローバル・コンパクト10原則[13]

人権	原則1：人権擁護の支持と尊重
	原則2：人権侵害への非加担
労働	原則3：結社の自由と団体交渉権の承認
	原則4：強制労働の排除
	原則5：児童労働の実効的な廃止
	原則6：雇用と職業の差別撤廃
環境	原則7：環境問題の予防的アプローチ
	原則8：環境に対する責任のイニシアティブ
	原則9：環境に優しい技術の開発と普及
腐敗防止	原則10：強要や贈収賄を含むあらゆる形態の腐敗防止の取り組み

　また国連は、2006年に「責任投資原則（PRI）」イニシアティブを策定し、積極的に企業の責任を実践している会社を投資家が特定し、投資しやすくした。2014年までに、1200以上の投資家グループ（総資産45兆ドル）がイニシアティブに参加した[14]。

　CSR戦略を形成するにあたって、企業は理想的には、多数のステークホルダーの非財務的関心——社会、環境、ガバナンスやその他の面——を認識し、戦

図表5-1　戦略と社会：競争優位性と企業の社会的責任との関係

一般的な社会問題	バリュー・チェーンへの影響	競争的状況
会社の事業や、長期的な競争力に重大な影響を及ぼさない社会問題	会社の通常業務における活動において、大きな影響を受ける社会問題	会社が事業を行う地域の競合状態に根本的な影響を及ぼす、外部環境における社会問題

出典: Michael E. Porter and Mark R. Kramer. Harvard Business Review, December 2006.

略を業務に統合することが理想的である。グローバル・レポーティング・イニシアティブ（GRI）は、相互に関連した5つの資本を説明している[15]。財務、人材、自然、社会、そして技術である。『エコノミスト』誌は、CSRとは、ビジネスが、社会の急速に変化する期待に遅れずについていく（あるいは可能なら少し先んじる）ために必要なものの一部である、と述べている[16]。本物のCSR戦略を策定することは、企業が短期的な財務上の利益を度外視して、そうした期待に応えることによる長期的な成功と持続可能性に焦点を当てるという、企業の決意を示すものである。この発想をもってすると、株式会社の役員は、長期的な出費で目に見える利益はないこともあるのに、四半期で結果を出せというプレッシャーと戦うことが必要となる[17]。

こうした難題にもかかわらず、ハーバード・ビジネス・スクールのマイケル・ポーターとコンサルタントのマーク・クラマーは、CSRとは、もし熟慮をもって完璧に実行されれば、企業の競争優位性を高める戦略である、と主張している。彼らは、競争上のポジションと戦略策定を分析するのと同じツールを使って、企業と社会の相互依存性を分析している。この方法で、CSRは戦略的に、「ビジネスの収穫と同じくらい最大限の社会的利益を生み出すような、肯定的なCSRに関する議題をセットするために活用することができる」[18]。2011年にポーターとクラマーは、『ハーバード・ビジネス・レビュー』誌に「共有価値の創造（CSV＝Creating Shared Value）」と題した論文を発表し、問題は、会社が価値創造を狭く考えており、短期的な財政的業績を濡れ手で粟のようにつかもうとしていることであり、一方で最も重要な顧客ニーズを見逃し、自社の長期的成功を決めるような幅広い勢力を無視している、と述べた。要するに、

会社は利益だけを強調するのではなく、ビジネス上で影響を与えているような地域社会や環境との関係に対応するという、広い定義の価値を支持するよう主張したのである。CSR戦略は誰かにつられてやるものではなく、企業全体の価値連鎖（バリューチェーン）としての社会的な重要性を「率先的」に認識すべきものである。価値連鎖は、企業と社会がつながるようなことなら何でも、ごくわずかな潜在的問題や機会のようなものであっても、一連の企業活動によって生じるものだ[19]。

KPMGが2013年に行った企業責任の調査では、イノベーションや、評判の向上や、会社内のコミュニケーション改善を通して、CSRイニシアティブ（訳注：企業がCSRを進める上での行動基準）を報告することで、企業は大きな価値を得られることがわかった[20]。また、最近のIBMの調査では、経営陣の87％がCSR活動が効率性を改善することに関心を持ち、69％がCSR活動が新しいアイデアを得て収益を創出するのに役立つことに関心を持っていることがわかった[21]。

強力な企業責任に対する基盤を持つ会社がさらに信頼性と認知度を高めることを支援するために、アメリカの非営利団体であるB Labは、Bコーポレーション認証を創設した。Bは利益（Benefit）を意味する。Bコーポレーションとは、社会・環境面のパフォーマンス、説明責任、透明性に対して、厳格かつ独立した基準を満たす会社である。会社は、フェアトレードや、オーガニックや、LEED（訳注：非営利団体のグリーンビルディングが開発した、建築や都市の環境性能評価システム）の認証を得るのと同じ方法で、BコーポレーションをB Labに申請することができる。2014年にB Labは、34ヵ国から1000以上の申請企業がBコーポレーションになった、と報告した。これらの会社は60業種にわたり、投資グループや建設会社を含む。キングアーサーフラウ（訳注：アメリカで一番古い小麦粉ブランド）や、ダンスコ（訳注：履きやすいことが特徴の靴メーカー）、メソッド（訳注：環境を重視した洗剤メーカー）、セブンス・ジェネレーション（訳注：自然派の家庭用品メーカー）、グアヤキ（訳注：オーガニックのマテ茶ブランド）、EOプロダクツ（訳注：人工香料を

使用しない化粧品メーカー)、ヌミ・オーガニック・ティー(訳注:ハーブティーの専業メーカー)のような消費財企業がBコーポレーション認証を獲得している。

B LabはWebサイトで、会社がBコーポレーションを欲しがる理由を挙げている。ブランドを差別化する、ミッションを持続する、予算を節約する(特にB Labによる会員のためのパートナーシップやディスカウントを通じて)、記事の露出、投資対象としての魅力、ベンチマークの遂行、ムーブメントの構築、である[22]。

認証するだけでなく、B Labは、ミッションを一歩進めて、Bコーポレーションを合法化して法人の選択肢とするために、州政府と協力している。Cコーポレーション(訳注:大手の上場会社)、Sコーポレーション(訳注:株主課税法人。小規模で法人としての税法上の適用を受けない)、LLC(有限責任会社)、LLP(有限責任事業組合)と同様に、Bコーポレーション認証を会社の組織構造に反映させ、税法の適用対象にするのである。2014年までに、カリフォルニア、ハワイ、バージニア、メリーランド、バーモントを含む25の州がBコーポレーションを認可し、14州が認可に向けて法制化を検討中である[23]。現在の会社法では、企業が意思決定の際に従業員や地域社会や環境の利益を考慮することが困難だと思っているためだ。

ニューヨークを含む他の州では、Bコーポレーションの認証数を調べているし、企業の責任に対する消費者の運動もある。自社に最適なCSRの取り組みをしていない会社は、ますます市場競争から置いていかれるだろう。

1-2. 21世紀におけるCSRの波

企業は社会の最善の利益に気を配っているので、特に長期的な利益に配慮することを意識している。チャールズ・ハンディは、「企業が生き残るためには持続可能な地球が必要であり、短期の存在である会社はほとんどなく、何十年にもわたって繰り返しビジネスをしたいと望んでいる」という[24]。ビジネスは孤立して存在しているわけではなく、必然的に社会と交わっており、サバイバ

ルするために相互に依存している。『フィナンシャル・タイムズ』紙の副編集長であるマイケル・スカピンカーは次のように論じている[25]。「社会が崩壊したら、会社は繁栄できない。政治的安定がなければ、企業の将来は厳しい。最も安定的な国においても、会社が機能するためには地域に認められる必要がある。世論は簡単に企業に反対に回る。その証拠が、ヨーロッパの消費者が遺伝子組み換え食品を嫌ったり、アフリカでエイズの薬価が高いことで製薬会社を攻撃したりしたことだ」[25]。つまり、企業を運営するには安定的な環境が必要であるということだ。

環境面や社会的な課題は気候変動から所得不均衡まであり、通常の企業運営に深刻な脅威をもたらしている。IBMの元CEOで取締役会長のサル・パルミサーノは、これらのリスクを考慮して生き残るために、企業が応えなくてはならない新しい期待について語った。「今日の全てのビジネスは新しい現実に直面している。ビジネスは今や長期的に社会が関心を持つ環境の中で行われており、ダイバーシティや機会均等、環境・労働政策など、長期的に社会が関心を持つ分野において、会計実務や財務業績と同じくらいのレベルまで大衆の期待が高まっている」と述べている[26]。

この新しい現実に対応しない企業は損をすることになる。しばしば引き合いに出しているように、ウォルマートの2004年の情報開示報告書はマッキンゼーによって立案され、続いてウォルマートウォッチ社により公表され、ウォルマートがより良き企業市民になるために公教育のキャンペーンに挑戦していることが報告された。報告書では、当時の調査で8％のウォルマートの消費者が、評判（レピュテーション）が理由でチェーン店での購買を止めたと答えており、当時はCSRが欠如していると認識されていた[27]。当時のウォルマートのCEOであるリー・スコットは、次のコメントを出した。「我々はベントンビル（訳注：ウォルマート発祥の地）に座って、顧客を大事にし、同僚を大事にしてきたつもりだったが、世界から置き去りにされてしまった。もはやこの方法では上手くいかない」[28]。公式見解で、スコットはウォルマートが社会・環境の課題について油断していたことを認めた。「正直なところ、我々ウォルマートは、店

番をすることに忙しくて、我々への批判が政治的象徴になろうとは驚きだった（訳注：当時、ウォルマートには労働問題の訴訟や地域の出店反対運動などが起きていた）。しかし、我々が批判から学んだことが１つある。それは、ウォルマートの規模が大きく業界リーダーであることで、人々はより大きな期待感を持つということだ。その通りだし、我々としては、それを果たそうと思う」[29)]。

　人々は今日、さらに期待している。『エコノミスト』誌は、CSRは見世物としての善行ではなく、メインストリームに移った、と評した[30)]。2010年にIBMが1500人のグローバル企業のCEOを対象として行った調査では、CEOの76％が、社会的責任に向けた取り組みに注力することを顧客から期待されている、と考えていた[31)]。現代の世界では、気候変動、人権、資源の枯渇などの認識が増大しており、ステークホルダーや、事業を行っている世界に対してどのように上手く対応するかによって、信頼されるかどうかが決まる。信頼とは抽象的な観念ではなく、企業の業績に重要なインパクトを与える可能性を持つ。例えば、国際的なPR会社のエデルマンが2011年に発表したトラストバロメーター調査では、「73％の人が、信頼していない企業の製品を購入したりサービスを利用したりすることを拒否したことがある」ということが明らかになった[32)]。

　大手企業は新世紀を不安定な事象でスタートさせ、今日もその影響はまだ残っている。エンロンとワールドコムのスキャンダルは世界に衝撃を与え、大企業の真意や運営における信頼を低下させた。エンロンが2000年７月、会社が失敗する前に発表した有名な行動規範は、基本的な価値を「敬意、誠実、コミュニケーション、美徳」と示している。大企業の利他的な動機に対する信頼は、その後、崩壊した。2002年までに、『ビジネスウィーク』とハリス（訳注：アメリカの有名な調査会社）の調査では、79％の人が、「ほとんどの企業経営者は従業員や株主よりも自分の個人的利益を優先する」と考えている[33)]。今なお、一般大衆の企業に対する信頼レベルは低い。2014年にギャラップ社は、「アメリカ人の22％だけが大企業に絶大なる信頼を抱いている。軍部に対しては75％なのに」とレポートした[34)]。

1-3. 企業責任とメディア

　同じ時期にインターネットが普及し、2014年時点で30億人以上がアクセスするようになり[35]、企業の透明性の観念が見直された。インターネットや、TwitterやFacebookなどのソーシャルメディアサイトは、同じ考えを持った人々が互いに情報を与え合い、影響力のあるフォーラムの役割を果たしている。今や個人も企業情報を広めるパワフルなツールを持っている。ステークホルダーは今までより、会社を監視し、批評することが容易になった。会社のサプライチェーンから遠く離れたところで起こる人権侵害から、ローカル規制の制限を超えた炭素排出まで、全てのことについてである。

　伝統的なメディアでさえ、企業責任の問題をレポートするとき、インターネットを活用している。2010年に『コーポレート・レスポンシビリティ・マガジン』は、企業責任の取り組みに関して、透明性の悪いワースト企業30社のブラックリストを公表した。ブラックリストの30社は、S&P500（訳注：平均株価指数の基準となる上場会社のうち代表的な500社）や、3年間の財務報告書を基にした「コーポレートシチズン100社」のリスト上の企業よりも業績が悪かった、と『コーポレート・レスポンシビリティ・マガジン』は述べた[36]。このリストは論争を引き起こし、多くのオンラインブログやWebサイトのネタとなり、雑誌が単独で掲載するよりも、より幅広い読者に届いたのである。

　さらに企業のCSRへの取り組みが、『フォーチュン』誌の「世界で最も称賛される企業」のようなCSR指数やランキングの拡散を通して注目されている。2009年に『ニューズウィーク』誌は、CSRイニシアティブを評価するために「年間グリーンランキング」（訳注：環境問題などに対する経営の取り組みを業界部門別に評価する指標）を発表し始めた。今や多くの企業が広く称賛される指標の獲得を競っている。例えばFTSE4 Good Index（訳注：フィッチ・フォー・グッドと呼ばれる、世界的に有名なESG投資インデックス）は、評価会社FTSE（訳注：英ロンドン証券取引所の100％子会社）によってつくられ、企業の行動が世界的に認識されている企業責任の水準を満たしているかを具体的に測定するのに役立つように設計されている[37]。もう1つのこうした企業の指

標は、ダウ・ジョーンズ社のサステナビリティ・ワールド・インデックスで、これは長期的な経済・環境・社会の持続可能性の基準にしたがって、世界2500社のうち上位10％が組み込まれる（訳注：現在もDJSIとして毎年インデックスの企業名が発表される。毎年銘柄の入れ替えが行われており、何年も連続して銘柄に選ばれることで高い評価が得られる）[38]。

　これらのコミュニケーションチャネルとエンゲージメントは、企業に対するステークホルダーの印象に直接影響を与える。CSR戦略がなかったり、CSRに対する明確なコミュニケーションプランがない企業は、今日のように高度にネットワーク化され、詳細な検索ができるビジネス環境では、レピュテーションのコントロールができなくなるリスクがある。例えば、巨大企業のBPがメキシコ湾でのディープウォーター・ホライズンの事故の後にどうなったかを考えてみてほしい（第4章参照）。BPは10年以上かけて約2億ドルを費やし、「石油を超えて（Beyond Petroleum）キャンペーン」を通して、環境に責任ある企業であると示した。しかしながら、2010年4月にBPのディープウォーター掘削施設の爆発事故で11名の命が失われ、約50万バレルの原油がメキシコ湾に流出した。史上最大の原油流出であるBPのディープウォーター事故は、何マイルもの海岸線や何千というビジネスを襲い、鳥や哺乳類や魚を殺してしまった。

　重要なことは、これはFacebookやTwitterでつながった世界で迅速にグローバルな注目を集めてしまった大惨事の初期の事例だということで、伝統的なメディアとソーシャルメディアのコミュニケーションをしっかりコントロールすることが不可欠であることを強調している。ディープウォーター・ホライズンの失敗に関する研究がウィキペディアにあり、このコンテンツは共同で書かれているが、流出に関する世論に対して大きな影響を与えている[39]。

　広報の大混乱をBPがコントロールしようとしたにもかかわらず、ソーシャルメディアの情報発信が、BPについての世論を形成する中心となった。風刺に富んだTwitterのアカウント@BPGlobalPRがつくられたことで、BPとは無関係なのに、約18万人のフォロワーを集め（BPの本当のTwitterアカウントよりはるかに多く）、次のようにツイートされた。

・こんな風に考えてごらん。海はルートビアで、原油はアイスクリームだと。僕たちはアメリカに巨大なルートビアフロートを作っただけだよ（訳注：ルートビアはノンアルコールの黒い炭酸飲料。ルートビアフロートは、そこにアイスクリームを浮かべた有名な飲み物）。
・ビーチで見つけた石油を持ち去ったり、清掃したりするのは禁止。それはBPの所有物だから訴えるぞ。
・毎年何千人もの人々が海獣に襲われています。私たちBPは、その数を減らすことに貢献しました。どういたしまして！

返信として、BPとTwitterは、アカウントの作成者がBPの関係者ではないことを明らかにしてほしいと頼んだ。

1-4. CSRの利点

　リスクが拡散するというビジネス環境のおかげで、CSRは中心的役割を占めるようになってきており、CSR戦略の採用は、企業の優先課題になっている。フリードマンの主張とは反対に、責任あるビジネスの取り組みは、必ずしも企業の利益を害する要因とはならない。事実、多くのCEOが、現在では責任ある行動をすることは、実際的にビジネスに有意義であると考えている。良くできたCSR戦略は、利益と直結する。顧客を惹きつけ、つなぎとめ、レピュテーション・リスクを管理し、優れた従業員を惹きつけ、そしてコストを減らすのだ。
　ウォルマートはフォーチュン100（訳注：グローバル企業の総収入トップ100社で『フォーチュン』誌が毎年発表している）に載る企業で、断固たる経費削減の信念を持っており、CSRの価値について、戦略の観点から説明している。以下は前CEOのリー・スコットの言葉である。「我々の立場から持続可能性について考えると、店舗のエネルギー使用の低減や施工技術、サプライチェーンなどを通して、どうやって経費を見積もるか、どれが無駄か、リサイクルできるのかということだ。これら全ては無駄を創り出す」[40]。コストを削減することで、ウォルマートは低価格で提供することができるし、それが顧客の

「節約とより良い生活（Save Money, Live better）」を手助けするという企業理念をサポートしている。

ゼネラル・エレクトリック（GE）もまた、2002年に原油価格が1バレル＝25ドルとなったとき、環境に優しい行動や、代替エネルギー技術への投資を行い、かなりのコスト節減を成し遂げた。2011年には、原油価格が6倍に上昇し、GEは9年前に予測したことの恩恵を受けている[41]。

CSR活動の恩恵の規模や性質は企業によってさまざまであり、CSRの取り組みを財務的業績に結びつけようという試みは増えているが、定量化することは難しい。同時に、CSRが上手く業績に結びついたという強力な企業事例は存在する。

（1）レピュテーション・リスクの管理

レピュテーション・リスクの管理は、どんなコーポレート・コミュニケーション戦略においても中心的なことである。バークシャー・ハサウェイ（訳注：世界最大の投資会社）のCEOであるウォーレン・バフェットは有名な言葉を残している。「レピュテーションを確立するには20年かかるが、壊すのは5分でいい。そう考えたら、あなたの行動は変わるだろう」。汚職事件や環境事故は、丁寧に磨いてきたコーポレート・レピュテーションをほんの数日で破壊するかもしれない。こうした事件は、行政機関、司法当局、政府、メディアの間に望ましくない話題を呼ぶ。企業が誠実なCSR戦略の土台をつくり、正しいことをするという誠実な文化を構築すれば、こうしたリスクを帳消しにするのに役立つ。

（2）ブランドの差別化

飽和状態の市場で、企業は消費者の心の中で自社を競合企業と差別化するユニーク・セリング・プロポジション（USP）に力を入れている。企業責任は、特徴的な倫理的価値をベースとする顧客のロイヤルティを構築するのに役立つことがある。ストーニーフィールド（訳注：オーガニックの大手乳製品企業）、

セブンス・ジェネレーション（訳注：無添加のベビーおむつメーカー）、トムズシューズ（訳注：消費者が靴を1足購入するたび、トムズから靴1足が寄付される仕組みの企業）、ボディショップ（訳注：自然原料をベースとした英国の化粧品メーカー）など、いくつかのメジャーブランドは、そのような倫理的価値を構築している。GEのCEOであるジェフリー・イメルトは、課題に先んじて、ステークホルダーの関心が変化し続けるのに合わせて進化することによって、ブランドを差別化することの重要性を強調した。「社会が意識を変えるなら、まさにその最前席にいるべきで、遅れてはならない。持続可能性は、社会が意識を変えたことによって生じた課題である。CEOとしての私の仕事は、社会の最前席で意見を述べることだ。なぜなら、そうしなければ、淘汰されてしまうからだ」[42]。

（3）才能を惹きつけてつなぎとめる

　本章の後半で詳しく説明するように、CSRプログラムは従業員の採用と維持に役立つ。また、特に従業員が募金活動や地域のボランティアをしたり、会社のCSR戦略形成に携わっているときには、企業イメージをより良く感じているものだ。現在の、そして将来の従業員の間で友好と信頼を強めるためにこうした戦術を活用することは、コストを節減し、労働生産性を高めることにつながる。2010年には約34％の従業員が、社会的責任のある会社で働くためなら、給与削減を受け入れると答えている。

　会社が企業責任の取り組みを実施することを決めたら、リターンを最大化するためには、従業員や他の主要なステークホルダーに、そのことを伝えるべきである。同じ2010年の調査では、従業員の53％もが、自社が適切なCSRの取り組みを行っているかどうか、確信が持てずにいることが明らかになった。

（4）経営のライセンス

　企業は、徴税や規制によってビジネスが邪魔されるのを避けたいと思っている。実質的な対策を自発的に講じることによって、政府や幅広い大衆に、健康

や安全、ダイバーシティ、または環境問題のような現代の課題に取り組んでいることを納得させ、そうして介入を避けることができるかもしれない。今日の出費は、社会的責任のある新しい製品・サービスによって、将来のコスト節減や、収入の増加をもたらすかもしれない。デュポンは1990年以来、エネルギー使用を削減して20億ドル以上を節約しているし、そうした先行投資は数年後も確実に続けている[43]。

ゴールドマン・サックスの米国投資戦略担当シニアストラテジストのアビー・ジョセフ・コーエンは「会社はもっと広い見方をしており、今日のコストが将来の負債を減らすかもしれないし、将来の負債が減れば、次は資本コストに良い影響を与える」という[44]。規制を強要される前に行動することで、責任感があり持続可能性のある、とても尊敬されるリーダーとして、企業が位置づけられるかもしれない。

(5) CSR批判

CSRの恩恵がわかる証拠は山のようにあるが、ミルトン・フリードマンの信奉者たちは、ビジネスに社会的責任などというものはない、と主張し続けている。彼らは、CSRは企業の営利目的や有効性を損ない、したがって自由な市場を阻害するものであるとして激しく非難している。この見解によれば、責任と収益性はゼロサムゲームの性質となる。企業は利潤追求の機関であり、主目的は利益を上げることか、利他的で利潤を失う行動で競争力を失うことか、ということになる。CSRはPR戦略にすぎず、企業は自分たちの善行だけを選びとって見せびらかしており、他のことは無視している、という批判者もいて、社会や環境に責任ある会社について、誤ったイメージを創り出している。CSRプログラムは本業に課された倫理的課題から人々の目をそらすための努力を請け負っているのだ、と異議を唱えている人もいる。しかしながら、一般的に、ステークホルダーはさらなる企業の責任を求め、企業が底力を発揮することを要求しているのだ。

2. CSRとコーポレート・レピュテーション

　CSRや一般的な恩恵の概説はこれくらいにして、議論を絞ろう。どんな貢献をすれば、責任あるビジネスの取り組みがコーポレート・レピュテーションを強化するのだろうか。ある調査によると、その効果は拡大しており、経営幹部の半数以上が、企業責任への公約は会社の包括的なレピュテーションに大いに貢献している、と信じている[45]。調査ではさらに、何を買うべきか、誰と仕事をするべきかについて、平均的な人が決断するときは、社会的責任に対する会社のレピュテーションに影響を受ける、ということが裏付けられた。今やCSRは、企業のステークホルダーの信頼を構築するための重要な手段となったのだ。大学教育を受けたアメリカ人は、今日では、一般的な企業ブランドや財務業績よりも社会的責任の方が重要だと考え始めており、どの会社を信頼すべきかを決める際には、製品・サービスの質は二の次だという。2010年のある調査では、不景気にもかかわらず、70％の消費者が社会的責任のある会社から製品を買うなら、より多くを支払う気持ちを持っていることが明らかになった[46]。興味深いことに、2012年のエデルマン・グッドパーパス調査では、新興国市場（中国、インド、マレーシア、アラブ首長国連邦、ブラジルなどの急成長市場）の消費者は、先進国における消費者よりも、社会的・倫理的に責任のあるブランドを支持しやすい傾向にあることがわかった。急成長市場の消費者の82％は、良い理念を支持しているブランドを、そうでないブランドより好ましく思う傾向があるという[47]。

　企業責任を果たしているという証拠を示すことが余儀なくされているが、レピュテーションを高めるためにCSR活動を計画して公表することは、思いがけない面倒を招くかもしれない、ということに、会社は気づくべきである。『マッキンゼー・クオータリー』の記事では、「知覚品質が低い製品を作っている会社がCSRへの取り組みを公表すると、実際にダメージを受けるかもしれない。なぜなら、消費者はそのとき、その会社は何か悪いことをしていると考えるからだ」という研究を紹介している。この著者は、企業は3つのステップをたど

るようにと勧めている[48]。①売りたいという動機を隠すな（消費者は利益の必要性を理解している）、②ステークホルダーのニーズに応えよ、③会社が進歩しているかをチェックせよ、である。最近の研究でも、持続可能性という要因は、まだ一番の購買動機ではないことが示されている[49]。2011年に『ジャーナル・オブ・サービス・リサーチ』に掲載された調査によると[50]、特に教養のある消費者においては、質の高い製品・サービスであることを知る方が、立派な企業責任に取り組んでいることを知るよりも、より実際的に企業のレピュテーションを守るという。

　リスクがあるにせよ、CSRに真剣に取り組めば、レピュテーションやステークホルダーの信頼や業績にも良い影響があると知っているにもかかわらず、多くの企業はこのトレンドを活用していない。CSRの重要性に対する経営陣の認識と、慎重に効果的なCSR戦略を実施している企業の活動には大きなギャップが存在する。CEOの約4分の3は、会社は環境、社会、ガバナンスの課題を戦略と運営に落とし込むべきだと言っているが、自社が実際にそのようにしているという人は半数にすぎない[51]。ギャップがあるということは、企業がまだ責任のある行動をとるチャンスがあり、そうすることによって、競合他社と自社を差別化し、貴重な信用を築ける機会がある、ということだ。

　では次に、いくつかの主要な企業のステークホルダー——顧客、投資家、従業員、NGO、そして環境問題の専門家など——について考えてみる。それぞれが企業の責任について期待を膨らませていることや、レピュテーションを高めるために企業は何ができるか、何をすべきかについて詳しく見ていくことにする。

2-1. 消費者の価値と期待：身近な問題と考える

　一般消費者は企業の運命を決める絶大な力を持っている。著書『暴走する資本主義』の中で、元・米労務省長官のロバート・ライシュは、平均的な人々は、30年前の方が民主主義を通して市民としての価値を表現することが容易だったと主張する[52]。今日では多くの人々が消費者としての役割を用いて、店舗の

第5章　企業責任（コーポレート・レスポンシビリティ）

レジでこうした価値観を伝えている（訳注：包装不要の表明やエコバッグ持参など）と論じている53)。多くの個人が自分のこととしてフィランソロピーの問題を捉えているのである。

　2005年に設立されたキヴァは、カリフォルニアに本拠を置き、貸し手と借り手をつなぐWebサイトで、世界中から約120万人の貸し手を集め、オンラインで25ドル単位の寄付を行っている。貸し手はタンザニアからタジキスタンまでの130万人以上の借り手に、今までのところ５億8000万ドルの資金を提供した54)。キヴァのWebサイトによれば、98.96％の返済率を誇っている。このサイトはフィランソロピーの新しいモデルの口火を切った。篤志家と受益者をつなぎ、中間業者を省き、その過程で個人に権限を持たせた。同時に、消費者の個人的価値観が、個人の責任というコミットメントに大きく反映されている。2014年にアメリカ人は史上最高の3590億ドルを慈善団体に寄付しているのである55)。

　こうしたことが示すのは、消費者は自分の価値観に基づいて行動し、企業のより責任ある行動のために、自分の財布からお金を出すということだ。フェアトレードのコーヒーを考えてみてほしい。非認証のレギュラーコーヒーより価格が高い。国際フェアトレード協会は、フェアトレードとは「小規模生産者の社会的、経済的、環境的な健全性に対して関心を持つのであって、小規模生産者を犠牲にして利益を最大化することに関心はない」としている56)。価格が上がっているにもかかわらず、フェアトレード製品に対する需要は伸び続けている。フェアトレード・インターナショナルは、2010年に世界の消費者は約43.6億ユーロ（56.6億ドル）の認証製品を購入したと発表した。2009年の28％増である57)。

　オーガニックフードは、消費者の健康、農場労働者の健康、そして環境に良いと言われていて、同様の急成長をしており、ホールフーズのようなオーガニック製品を扱う食料品店は、利益を上げている。全米のオーガニック食品・飲料の売上高は、1990年の10億ドルから、2014年には391億ドルへと成長した58)。2011年に全米で約１万4500のオーガニック認証農場があり、2006年から１万

は増えた。しかしアナリストは、まだ需要が供給を上回っていると懸念を示している。

　社会的に責任を持つ製品にさらに多くの支払いをすることに加えて、消費者は企業責任に欠けるような企業を罰することもある。ある研究では35％のアメリカ人が、会社が社会的・環境的な責任を果たしていないと感じるという理由で、製品を避けた経験があることが明らかになった[59]。1830年に遡ると、全国黒人協議会が奴隷労働による製品のボイコットを求め、以後2世紀にわたって企業行動の変容を促した[60]。1987年にはレインフォレスト・アクション・ネットワークが、牛の牧草地を確保するために熱帯雨林を破壊している国から牛肉を輸入しているからと、バーガーキングをボイコットする運動の指揮をとることによって、NGOとしての影響力を確立した[61]。バーガーキングの翌年の売上は12％低下し、中央アメリカとの3500万ドル相当の牛肉契約をキャンセルし、熱帯雨林地域の牛肉の輸入を止めると宣言することになった[62]。また、シェルが、不要となった石油貯蔵施設ブレント・スパーを処理するのに、ただ大西洋に沈めるだけという、お粗末な処理をしようとしたときのことだ。環境保護団体（NGO）のグリーンピースは抗議行動を行い、強烈で感情的な言葉を用いて、ヨーロッパ北部のシェルのガソリンスタンドでのボイコットを扇動した結果、ドイツでの販売量は1995年6月に40％も下落した[63]。

　企業は、消費者の価値観や行動の変化に気づかなければいけないだけでなく、企業の責任に対する期待は全世界で同一でなく国や地域などによって大幅に異なる、ということを記憶に留めておかなければならない。モンサントは世界最大の種苗メーカーであるが、ヨーロッパでの遺伝子組み換え作物に対する強い反対を認識することができずに苦労した。遺伝子組み換えの農作物が動物と人間の健康に害をもたらし、環境にネガティブな損害を与えるのではないかという懸念に基づく反対だった。食物の値段が上がろうとも、ヨーロッパ人はそうした農作物技術の活用について特に危惧しているようであるが[64]、一方でモンサントの本拠地であるアメリカでは、同様の心配はあまり広まっていない（訳注：モンサントは2016年にドイツの製薬会社バイエルに約6.6兆円で買収された）。

2-2. 投資家の圧力：社会的責任投資の成長

　本章の最初で、ビジネスには社会的責任などというものはない、というミルトン・フリードマンの主張について議論した。この見解において、経営陣は、企業を所有する投資家の代理人にすぎない[65]。フリードマンの主張と、社会的に責任ある企業行動を促すようなメカニズムとして資本市場を活用している投資家が増えていることと、どうやって折り合いをつけるべきだろうか。

　今日の投資家は、社会的責任のある会社に関心を強めていることを表明しており、投資基準の1つとしてCSRを頻繁に用いることによって、利益を得ている。アメリカ人の約3分の2が、株式を購入したり会社に投資したりする決断を下す際の重要な要素として、社会的責任についての会社の実績を挙げている[66]。結果として、今日では全米でプロが運用する10～12％の資金は、社会的責任投資（SRI）に分類できる[67]。スクリーニング（訳注：社会的責任を果たす企業を選別した投資）、ダイベスティング（訳注：一定の条件の企業を排除する投資）、株主アクティビズム（訳注：株主としての権利を積極的に行使して会社を変えていこうとする投資家）などである。

　こうした動きは『フォーチュン』誌によれば[68]、社会的に責任を持つ会社は一連のステークホルダーと関わらないような会社より業績が良くなるだろう、ということに何兆ドルも賭けるようなものである。株主や顧客から、従業員やアクティビストまで、さまざまなステークホルダーと、より良いことをするには何ができるかについての継続的な対話をしている会社の方が業績が良くなると考えられる。

　社会的責任のミッションを判断材料とした、注目を浴びるような投資運用会社が現れている。元米副大統領でノーベル平和賞受賞者のアル・ゴアと元ゴールドマン・サックス投資顧問の最高経営責任者だったデヴィッド・ブラッドが2004年に設立した、ジェネレーション・インベストメント・マネジメントなどで、投資哲学は、持続可能性の調査と厳しいファンダメンタルズの株式分析を統合させたものである。投資戦略は決して利他的ではなく、持続可能性は長期的には企業業績に貢献する重要な要素になるだろうという確信に基づくもの

である。ブラッドはこう述べている[69]。

　長期的な投資家にとって、価値を持続させるような会社の力量の評価は、財務分析と、その他の材料——あまり伝統的な要素でないもの——の分析によって決まる。気候変動は、そうした要素の1つで、ある産業にとっては具体的なビジネスリスクであり、かつ良い機会であるか、他の産業にとっては新たに浮上してきた問題とある。会社が低炭素社会に向けてどういう準備をしているかを調査することは、長期の投資期間で見るなら、極めて当たり前のことだ。あらゆる種類の投資家は、こうしたことを投資決定に取り入れ始めている。

　中国のような、環境や人権の実績が優れているとは言い難い国でさえ、2000億ドルで政府の投資ファンドをつくり、ギャンブルやタバコや軍需産業への投資を避けて、社会的責任のある会社の利益を追求するつもりだと発表している[70]。

　ゴールドマン・サックスやUBSなどのような大手の金融機関は、需要の高まりに合わせて、環境や社会やガバナンスへの考慮を統合した株式調査部門へと変化させている。ロンドンから離れたところの特別チームで、ゴールドマン・サックスの無形資産調査は、社会・環境のリスクを企業調査や分析に組み入れており、「気候変動やそれに伴う規制から生じるリスクも投資家の関心を高めるだろう」と述べている[71]。ゴールドマン・サックスはまた、米国で「GSサステイン」イニシアティブを導入した。プログラムのエグゼクティブ・ディレクターであるマーク・フォックスは、余計な財務リスクに注意を払うことの背後にある経済的な根拠を説明している。「会計上の枠組みに収まらないような会社を評価する新しい方法を開発することに関心を持っている。最終的な目標は、長期投資の原動力を明らかにすることだ」[72]。ゴールドマンの調査は、企業の責任や持続可能性は良いマネジメントに代わるものかもしれない、ということを証明しようとしている。

　数十年前、非常に特別なタイプの投資として始まったことが——ベトナム戦

争や南アフリカのアパルトヘイトなどを巡る活動を通して勢いづいて——世界中の年金基金や生保会社によって日常的に用いられる投資戦略のメインストリームとなった。アクティブな社会的責任投資は増加している。米国では、社会的な責任投資を考慮したアセットが2005年以来速いペース（34％）で成長しており、プロの投資家の下での投資資産の世界総資産の伸び（3％）より大きい。2012年までには約3兆7400億ドルが社会的責任投資の一部になった[73]。

2-3. 社内と社外への責任：CSRにおける従業員の関与

　第7章の「インターナル・コミュニケーション」では、従業員には企業のブランド大使としての重要な役割があることを強調する。同じことがCSR戦略の実行にもいえる。次世代の企業リーダーは、自分が入社し、キャリアをスタートさせる場所として、企業責任への取り組みの実績を積極的に調べている。

　2011年、『ハーバード・ビジネス・レビュー』が発表した調査では、有名大学のMBA取得者の88.3％が、倫理的に責任感の強い会社で働くためなら賃金カットを進んで受け入れるし、報酬の8087ドルをあきらめてもいいという[74]。世界中のトップクラスのビジネス・スクールでは、企業の責任や、価値創造のリーダーシップ、持続可能な企業コースなど、たくさんのカリキュラムを提供しており、ビジネスを専攻している学生の、熱心に働くだけではなく、同時に良い仕事をしたいという要請に応えている[75]。ネットインパクトは、2万人以上のビジネスのプロたちが企業責任を進歩させるために活動している団体であるが、MBAコースのある上位大学院の90％に支部があると報告している。（訳注：ネットインパクトは社会問題に関心の高いMBA生や若手実務家による団体で、2017年時点で登録者は10万人以上の世界最大級のNPO）。

　企業が優秀な人材を採用したら、そうした従業員を組織のあらゆるレベルで会社のCSR活動に従事させることが必須である。従業員はしばしば企業の第一のスポークスパーソンであり、口コミ情報の共有や印象形成に一役買っている。さらに、従業員をCSR戦略の中心に置くことは、持続可能性とコスト節減を認識する機会となって従業員に自信を与えるので、従業員の愛社精神や士気を高

め、転職を減らし、さらに業務効率を上げるのである[76]。多くの企業がこの利点を見逃している。経営幹部の4分の3が、コーポレート・シチズンシップ（訳注：企業市民として社会的責任を果たすこと）が自社の伝統や価値にふさわしいと答えているが、36％しかコーポレート・シチズンシップについて従業員に話していない[77]。

　IBMはCSR課題への従業員の取り組みに成功した会社の一例であるが、定期的なブレーンストーミング集会を開催し、企業責任や持続可能性に焦点を当てて議論した。よく言及されるのは、2006年に開催され現在でも有名な最大規模の「イノベーション・ジャム」である[78]。イノベーション・ジャムの間、15万人以上のIBMの従業員、その家族、クライアント、ビジネスパートナーが、104ヵ国からIBMのグローバルイントラネット上の会話にオンラインで参加した。主にIBMの従業員によって、IBMの技術を経済的・社会的に価値のあるものにどうやって変換するかについて、4万6000件の見解やアイデアが出された。IBMは、提案された10件の有望な事業機会を調べるために1億ドルを割り当てた。世界中の恵まれない人々のためのブランチレスバンキング（訳注：支店を持たない銀行サービス。途上国を中心として出店コストを削減し、小口金融に特化する）にアクセスすることや、送電線やインフラを効率的に増やすために公益事業会社と一緒に仕事することなどである。

　スタンレー・リトーは、IBMのバイスプレジデントでコーポレート・シチズンシップと企業行動を担当しており、IBM財団会長でもあるのだが、企業責任についてのIBMの取り組みについてさらに説明している。『ハーバード・ビジネス・レビュー』で、ロザベス・M・カンターは、IBMの取り組みを"小銭集めから真の改革までの行い"と評した。小銭集めの取り組みとしては、気前良くすることを目的として、会社が売上の中から何ドルかをまとめて地域に寄付している。しかし真の変革の取り組みとしては、何が会社にとって最も価値があるのかを考え、我々のイノベーション技術、そして従業員のスキルや才能を通して、地域社会に貢献することである。真の変革への取り組みは戦略的であり、会社として運営する体系的な方法であり、結局は事業戦略と関係する事例

第 5 章　企業責任（コーポレート・レスポンシビリティ）

であり、そのようにすることは気前がいいという以上のものである」[79]。
　一般大衆が今や本音で、責任行動とは組織という四方を壁に囲まれた「内部」で始めるものだと見ている、という決定的な証拠がある。フライシュマン・ヒラードが、2011年の「フォーチュン・グリーン・ブレーンストーミング」会議の直後にWebサイトに投稿したものだ。「従業員と一体になった賢明な戦略がなければ、企業は持続可能性やレピュテーションの目標をかなえることはできない」[80]。
　全国消費者連盟は、フライシュマン・ヒラードとの調査を行った後、「アメリカ人消費者の76％が、企業が社会的責任を負うためには、慈善事業に寄付するより、従業員の給料や時給を上げる方を優先するべきだということに同意している」と発表した[81]。グーグルは環境への取り組みでは主要ランキングのトップ5にずっと入っていないが、同社の職場環境は、強い社会的責任を持ったレピュテーションがあると称賛されている[82]。ハリス・インタラクティブのロバート・フロンクは、「消費者の頭の中にある企業責任とは、最初は従業員から始まるものだ」と説明している[83]。企業は、そうしたインターナルの責任行動に基づいて、自社を差別化する素晴らしい機会を持っているのだ。経営陣のトークと従業員の処遇に関連したアクションの間には、くっきりしたコントラストがある。5人中4人の上級管理職たちが従業員を尊重して処遇することの重要性を知っているが、従業員に健康保険を提供している会社は半分だけで、低賃金の従業員に対するトレーニングやキャリア開発を行っているのは3分の1以下である[84]。

（1）価値観を基盤とした文化の構築

　従業員を価値あるものにするのに重要なことは、関係する従業員やほかのステークホルダーを巻き込み、企業価値を従業員が自分のものとした上で、企業の信念（belief）を明文化することである。明快で立派な価値基準や倫理基準を従業員に浸透させ、毎日の業務をする上でナビゲーションしてくれる指針とするべきである。会社の価値観の中で日常を送り、呼吸している従業員は、法

的・倫理的な違反に関与することはない。強い価値観を基盤とした文化は、従業員のプライドやロイヤリティ、そして企業理念のためなら何でもしようという意思を伴い、組織の競争優位性にも貢献できる[85]。IBMの元会長であるトーマス・J・ワトソンは、企業価値と従業員が強い信念を持つことの重要性について次のように述べている[86]。

　何年も続いているある偉大な組織を考えてみてほしい。弾力性を持っていることがわかるだろう。それは組織の構造や管理技術ではなく、我々が信念と呼ぶもののパワーやこの信念を人々にアピールする力に由来する。これは私の持論なのだが、組織が生き残り、成功するためには、その前提となるポリシーやアクションを前提とした一連の信念を持っていなければならないと思う。次に、企業の成功に最も重要な唯一の要素は、こうした信念への忠実な信奉であると思う。最後に私が思うのは、組織が世界の変化という困難な状況を乗り切るためには、信念以外の全てを変える覚悟を持たなければならないということだ。信念は企業生命を握っている。

　価値観を基盤とした企業文化が根付いて成長するためには、トーンをトップが決めなければならない。ウォーレン・バフェットは、バークシャー・ハサウェイのCEOで、著名な慈善活動家でもあるが、この点について断固主張し、従業員に自分の倫理的期待を明確に伝えるという積極的な役割を担っている。率直に、従業員が簡単にわかるような日常的な言葉や比喩を用いて、倫理的な不正行為は許し難いことや、倫理は利益より重要であることをはっきりと述べている。最も重要なことは、バフェットが従業員の個人的行動と企業文化を明確に関係づけたことで、その結果として組織全体のレピュテーションを形成した。2006年9月にバークシャー・ハサウェイの従業員に宛てた伝説的な連絡メモの中で、バフェットはこの個人的な説明責任について強調している。「問題に対する皆さんの態度は、言葉だけでなく態度においても、あなたの会社の文化がどうやって発展するかを決める最も重要な要素になるだろう。そして文

化は、ルールブック以上のものであり、組織がどういう行動をとるかを決めるものである。ご協力ありがとう。バークシャーのレピュテーションはあなたたちの手の中にある」。

　職場の雰囲気や価値行動に対して、企業トップのインパクトが大きいことは、ある調査が明確に示している。デロイトの調べでは、「従業員の75％が、組織の基準に合わせるというプレッシャーの源は、自分の上司か経営陣のどちらかだ」と考えている[87]。

　従業員が自分の生活で好ましいバランスを保つのを確保することも、倫理的な文化を構築する上で重要である。デロイトの倫理・職場調査によると、調査対象となった就労者のうち、なんと91％が、ワークライフバランスを保つ上で、職場ではもっと倫理的に振る舞いたいと主張している[88]。ポジティブな労働環境はストレスとフラストレーションを減らすので、実現が難しい要求に対して安易な方法をとることもなくなる。企業のトレンド分析サービスのDYGスキャンは、経営者の忠誠心や関心や個人的なコミットメントを従業員はもはや信じていない、と指摘していて、この調査について考えると不安になる[89]。従業員に投資して説明責任を共有するという感覚を育てることや、叱責や報復に怯えることなく問題について自由に発言することを奨励することで、倫理的な文化を強くするための長い道のりを歩むことになる[90]。また別の方法として、窮地に陥ったときのための従業員向けの倫理研修を行ったり、何かが起きたら連絡できるようなホットラインを設けたりすることは、強い価値観につながるような企業文化を維持するのに重要であり、全ての継続的なコーポレート・シチズンシップの取り組みを支えるに違いない。

2-4. 戦略的関与：NGOの継続的な影響

　今日のビジネス環境では企業に対する信頼が揺らいでおり、非政府組織（NGO）は世界で最も信頼される機関の中にランキングされている。エデルマンの2014年のトラストバロメーターでは、NGOへの世界的信頼度は64％で、政府への信頼度は44％だった[91]。エデルマンが述べているように、政府やメデ

ィアや企業に対する一般の認識が下降スパイラルに陥っている中で、NGOは優位に立ち、信頼すべきポジションに移っている。

「ソートリーダー」（訳注：特定の分野において権威のある人）たちは、大企業の2～3倍はNGOに信頼を置いている[92]。なぜなら、単なる利益よりむしろ道徳的価値観によって動機づけられているように見えるからである。Facebookなどのソーシャルメディアサイトや、YouTubeなどの動画共有サイトを積極的に活用することで、近年はインターネットによって、NGOはたくさんの新しい支持者を集め、自分たちの問題意識を未だかつてないスピードとボリュームで拡散している。

近年、大衆は企業や政府を信頼する以上に、NGOを信頼するようになった。特に健康や環境や人権をCSRの問題と関連付けているからである[93]。持続可能性を中心に活動している世界的な権利擁護団体によれば、「NGOは道徳の指針であり、倫理的な監視役である」[94]。政府や資本主義は地球を略奪し、名もない多くの人々を押しつぶそうとしている。これらの非営利組織は、特定の問題を巡って結集し、企業の行動に対する説明責任を守らせ、企業が期待通りの対応をしなければ対抗するキャンペーンを展開する。その結果、NGOは、そのような企業を攻撃するキャンペーンは政府に対抗するキャンペーンよりパワフルであること、特に有名な世界的ブランドをターゲットにした場合には、そうであることに気づいたのである。

彼らは、大衆の関心と承認を得ることができるような、いくつかの特徴を持っている。第一に、NGOのコミュニケーションは、知的な素養があって物議をかもすようなものであり、そのためメディアの注目を受けやすい。第二に、NGOは小規模で機敏性があるので、弁護士や法的手続きの必要な官僚的な企業よりも迅速に行動することができる[95]。インターネットが普及し、TwitterやFacebookのようなコミュニケーションツールが広がったので、NGOのコミュニケーションはより強く、より広く伝わるようになり、ローカルな組織が自分たちのメッセージを世界のオーディエンスに伝え、企業レピュテーションに脅威を与えることが可能になった。

第5章　企業責任（コーポレート・レスポンシビリティ）

　アムネスティ・インターナショナル、グリーンピース、全米野生生物連盟、オックスファム（訳注：途上国を支援する英国の団体）、レインフォレスト・アクション・ネットワーク、フレンズオブアース（訳注：通称FoE。世界的な環境保護団体）、シエラクラブ（訳注：米国の自然保護団体）、そしてパブリックシチズン（訳注：消費者団体）のような団体は、積極的にブログでメッセージを拡散し続け、CSRや持続可能性についての新しい支持者を増やしている[96]。結果として、ピーター・サザーランド（ゴールドマン・サックス・インターナショナルの会長でBPの前会長）は、世界的な影響力という意味で、NGOを多国籍企業と同列に置いて、「グローバルに考えて行動し、21世紀の最も重要な対話を指揮することができる組織は、多国籍企業とNGOだけだ」と述べている[97]。

　ほとんどの場合、NGOはこの対話をコントロールすることで大成功した。企業が自分たちの求めるような変化をするよう、積極的に関わったのである。レインフォレスト・アクション・ネットワーク（RAN）の創立者であるランドル・ヘイズは、「もしあなたがNGOとして企業と対話をしていないなら、ただ聖歌隊に説教をしているだけだ。環境を守るための本当の変革は、ビジネスの領域から始まっている。我々は問題を解決するために政府の規制に頼ることはできない」[98]と説明している。それゆえNGOは、極めて念入りにターゲットを選ぶし、近年は責任ある企業行動に影響を与えるために資本市場の力が大きくなっていることを認識している。

　2000年に、RANはシティ・グループに対抗して、アドボカシー活動（訳注：社会課題を解決するための提言）を行い、企業本社のあるニューヨークで目立つキャンペーンを行った。消費者のボイコットを計画し、『インターナショナル・ヘラルド・トリビューン』紙に、「CEOのサンディ・ワイルは環境の破壊者だ」というフルページの広告を載せた[99]。2003年に、シティ・グループは環境問題について話し合うためにRANと会うことに合意し、RANは、これまで全ての銀行が行ってきた中で最も達成が難しいコミットメントを与えた[100]のである。RANや他のNGOからの圧力の高まりがきっかけとなって、2003年6

151

月には80以上の金融機関がエクエーター（赤道）原則に調印した[101]。プロジェクトファイナンスにおいて、環境面・社会面のリスクを評価管理する明確で一貫性のある基準である。NGOは非常に高度な戦術でたくさんの銀行を同時にターゲットにしたので、大手の金融機関は他社のコミットメントに勝つために、CSR競争の感覚を養った。それゆえ、社会的・環境的にダメージを与えるようなプロジェクトがこっそりと資金を獲得することは一層難しくなった。

　NGOの影響力が広がるにつれて、CSR戦略を構築して実行する際には、こうした組織との関係について、戦略的に考えることが企業には必要だということが再確認された。NGOは、人目をひく、直接的で強力なコミュニケーションキャンペーンで悲惨な危害を与える力がある。結果として、クライシスに襲われたりマスコミにネガティブな報道をされる前に、企業はNGOとコラボレーションし、関係を構築する機会を持たなければならないのである。

　企業内のCSRチームは、自社に有利な観点から、相互に関心のある課題を正確に指摘することによって、NGOの考え方を変えようとすべきである。企業はこれらの課題について、NGOの批評家たちと議論することに対して身構えてはいけないだけでなく、現在の関心を正確に把握し、自分たちの取り組みを伝えるために、全てのステークホルダーとCSRの話題について継続的な対話を続けていくべきである。最後に、そして多分最も重要なのは、社内と社外のステークホルダーが共有している全てのメッセージを確実に首尾一貫させるためにも、会社のコーポレート・コミュニケーションチームは積極的にNGOやCSRのコミュニケーション戦略を創り上げることに関与すべきである。

2-5. 環境に優しいこと：企業の環境に対する責任

　本章の初めに、企業が存在するためには健康で豊かな社会が必要であることを述べた。2006年に、元米副大統領でノーベル平和賞受賞者のアル・ゴアによる、高く評価されたドキュメンタリー映画『不都合な真実』は、環境の安定性は当然のものではないことを明らかにした。映画は今世紀の環境についての懸念を鮮やかに描き、何百万人もの消費者の間に気候変動についての不安を拡

大した。地球を守り、環境に責任を持つ会社をステークホルダーが評価しているという証拠は次々に増えている。最近の調査によると、世界の消費者の72％は、企業が環境を保護し維持するために行動することを期待している[102]。この要求を満たし、環境に優しい企業というポジションを得ようと会社は大慌てである。2008年にクリス・ハンター（環境コンサルティング会社のバイスプレジデントでジョンソン＆ジョンソンの元エネルギー担当マネジャー）は、「10年前に会社は、デジタル戦略が必要だと言っていた。今はグリーン（環境）戦略が必要だ」と述べている[103]。

　環境に責任を持つ行動は消費者を惹きつけるだけでなく、会社が先行投資を行うことで莫大なコスト節減も可能になる。ホールフーズ、マイクロソフト、メイシーズそしてターゲット・コーポレーションなどの多くの企業は、太陽光発電業者と提携して炭素排出を削減し、電力供給会社と連携して15〜20年間の電気代を固定した。通常料金より高くはない価格である[104]。

　ウォルマートは環境に責任を持つ取り組みを行い、2005年秋に同社が環境計画を発表したとき、多数の懐疑論者が驚き、疑問の声を上げたものだったが、予想に反してリーダーとなった。ロッキーマウンテン・インスティテュートと協力し、持続可能性とエネルギー効率を「考えて実践する集団（think-and-do tank）」をコロラド州スノーマスに設置し、ウォルマートはサプライチェーンを通して、エネルギー使用の効率性を徹底的に点検し、監査する指揮をとった[105]。冷凍ケースの照明を白熱球からLED電球に替えることはウォルマートにとって毎年2600万ドルの節約となり、会社保有のトラックにディーゼル補助発電機を取り付けたら、エンジンのアイドリングが減り、毎年2500万ドルの節約になった[106]。環境計画でウォルマートは5億ドルのコストがかかったが、近い将来は十分なコスト節減が期待される。トラック車両の燃料節約だけでも2015年末までに3億ドルである[107]。

　RMIのシニアコンサルタントであるライオネル・ボニーは、そのような取り組みを、「資源が減少して厳しい環境規制があるという将来のビジネス環境において、企業が競争力を保つためにカーブの先頭に立つこと」と表現した。

「あなたは今それに取り組んで時間をかけて段階的に進めてもいいし、問題に直面してから取り組んでもいい」[108]。2010年には、世界の消費者の64％が、環境を守るために、たとえ企業の利益にネガティブなインパクトがあるとしても政府の規制を支持する、という結果が示されている[109]。

　環境に配慮するリーダーとして振る舞う会社は、企業責任を唱える企業が溢れている中でも、ブランドを実際に差別化する機会をつかむことができる。コカ・コーラは、水資源についての対話や工程においてリーダーシップをとっており、生産工程や将来の収益性において最も重要な資源を守っている。2007年6月、コカ・コーラは、5年間にわたって2000万ドルを投資し、世界的な水資源を改善するために世界自然保護基金（WWF）とパートナーシップを結び、世界の7つの主要河川を保護すると発表した[110]。2006年にコカ・コーラは飲料を生産するために2900億リットルの水を使っており、これは米国での1日の水消費量の約5分の1にあたる。

　特にコカ・コーラにとって最も有利な市場を代表する発展途上国においては、水はますます貴重な必需品となっている[111]。WWFは、2025年までに世界の人口の3分の2は水不足に直面するだろうという[112]、コカ・コーラにとって危険な予測をしている。コカ・コーラのCEOであるネビル・イズデルは、会社の長期目標を述べる際に、はっきりと、「ウォーターニュートラル」になると明言した。「飲料や製品において使われた全ての水を、水資源の補充やリサイクルやその他のプログラムを通して、自然や地域社会に還元することである。水は我々が作るほぼ全ての飲料における主要な原料である。安全な水の供給を得られなければ、我々の事業は絶対に存続できない」[113]。

　コカ・コーラは、以前に水の問題で被害を受けたステークホルダーの信頼を回復する取り組みも行っており、特に有名なのは、2003年にインドでNGOの科学環境センターが、同社の製品に農薬の残留物が入っていたと主張したときである。

　ジェフ・シーブライトは、コカ・コーラの環境・水資源担当バイスプレジデントであるが、同社のクライシス時の初期の広報対応が役に立たず、継続的に

責任を持って持続可能な業務を行う上で、認識は事実と同じくらい重要である、という貴重な教訓を得たことを認めている。シーブライトによれば、「人々が彼らの犠牲の上で私たちが水を使っていると感じているなら、それは持続可能な運営とはいえない。私たちはブランドを売っているのである。私たちにとって、地域社会で好意を得るのは重要なことである」[114]。

将来に目をやると、中国の消費はコカ・コーラや無数の多国籍企業にとって大きな収益機会となるだろう。環境問題を抱えてはいるが、市場の機会を守るために、コカ・コーラはNGOとパートナーシップを結び、中国での環境教育や河川の保全や雨水の採取を促進している[115]。

企業の環境への取り組みが高まるとともに、NGOや一般市民は、会社が自分たちの高邁な約束を果たしているかどうかを注意深く観察するだろう。フェデックスのことを考えてみてほしい。同社は環境面のリーダーに値するとして、2004年に環境保護局（EPA）から「クリーンエア・エクセレンス」賞を受賞した。3万台の中型トラックを10年間で大気汚染が少ないハイブリッドトラックに交換して、温室効果ガスを毎年25万トン減らす計画が評価されたのだ。しかし翌日配達のリーダーは、このコミットメントを十分には達成していない。フェデックスの報告によれば、電気とハイブリッドの車はわずか577台で、保有車両のわずかな割合にすぎない[116]。フェデックスで環境問題と持続可能性を担当するバイスプレジデントのミッチ・ジャクソンは、収益性が遂行未達の原因であるとして、「我々は株主に対して受託責任を負っている。競争相手のために技術開発の助成はできない」と説明した[117]。

では次にCSRコミュニケーションのベストプラクティスに議論を移そう。意識の高いステークホルダーはますます増えており、その信頼と信用を獲得して強化するために、誠実な行動で責任の約束を裏付けることの重要性を強調していく。

3. 企業責任に関するコミュニケーション

　強力なCSR戦略に、もし明快なコミュニケーションの要素がなければ、十分とはいえない。CSRは、人的資源や、事業開発や、コーポレート・コミュニケーション部門など、さまざまな領域に関わっているかもしれないが、例えば、コーポレート・コミュニケーション担当者は、CSRメッセージを確実にステークホルダーへ伝えることや、全てのコミュニケーションを統合することや、レピュテーション・マネジメント戦略に積極的に関与しなければならない。では、企業がCSR戦略を構築してコミュニケーションする際に覚えておくべき、多くの主要な検討事項について見ていく。

3-1. 双方向：継続的な対話の創造

　本章で前述したように、ステークホルダーの期待を調査し、対応することは、CSR戦略を成功させる重要な要素であり、企業は価値観の変化の先頭に立ち、その過程でレピュテーションを強化することができる。ステークホルダーの期待をモニターする主な方法は、会社が担うべき社会・環境的役割について、消費者・株主、そして一般人と、継続的に活発な対話を続けることである。2012年、エデルマンのグッドパーパス調査では、消費者の69％がブランドの違いがもっと簡単にわかるようにしてほしいと望んでおり、2010年より6ポイント増えている[118]。対話できなければ、企業責任の課題について、外部の意見に気づくことができなくなってしまう。最近のIBMの調査が明らかにしたところでは、顧客は企業の社会的責任を動かす主要な利害関係者であるが、調査企業の76％が顧客のCSRについての関心を理解しておらず、それについて尋ねたことがある企業は17％だけだった[119]。

3-2. 自慢話の危険性

　忠実な労働者や顧客など、CSRには有益な可能性がたくさんあるので、多くの会社は責任感のある企業というポジションにつきたがる。残念ながら、熱心

なあまり、会社が必ずしも実態に裏付けられていない行動を吹聴するという現象が生まれている。ボストン・カレッジのキャロル経営大学院のコーポレート・シチズンシップセンターの研究によると、ほとんどの経営陣がCSRは重要だと考えているが、不景気の時期はCSRがさらに重要だと考えているのは54％であり、コーポレート・シチズンシップ課題に専念する担当者またはチームを設置しているのは全企業の40％（大企業の65％）だった[120]。

　企業は嘘をついたり、うわべだけの主張をしてリスクを負っている。用心深いNGOや企業評論家は、どんな不正確な点も見逃さない。例えば、「グリーン・ウォッシング（偽善的な環境への配慮）」は、企業の環境への取り組みや製品・サービスによる環境的便益に関して、消費者をミスリードする行為としてよく使われる用語である[121]。レインフォレスト・アクション・ネットワークは、公式ブログ「アンダーストーリー」に「今週のグリーンウォッシュ」を提示し、環境に優しいマーケティングの背後にある真実を、YouTubeに投稿されたビデオとともに暴露している[122]。2010年、テッラチョイス環境マーケティングは年次レポートの「グリーン・ウォッシングの罪」で、「環境に良い」とされる消費財の実に95％が有罪であり、グリーン・ウォッシングの7つの罪のうち、1つ以上が該当しているという[123]。CSRの宣伝文句の背後にある企業の意欲や現実について、ステークホルダーが懐疑的であり続けているのは当然である。広告費のうち高い割合でCSR関連のコンテンツに資金が流れ込んでいることでさらなる疑惑が生じている。

　ゼネラル・エレクトリックは、2005年に10億ドルのエコマジネーション・キャンペーンを発表した。環境に優しい製品を集めて呼び物にしたもので、今やGEの売上の7％を占めている[124]。2007年にGEは企業広告予算のほとんどをエコマジネーション広告に費やしたと報告したが、ジャーナリストたちは、GEの売上の90％以上は一般的な製品によるもので環境に優しい製品というわけではない、と記事にした[125]。

　隙がなく懐疑的な環境の中で、企業は、美辞麗句と現実との分水嶺に橋渡しをするための努力が必要とされる。ナチュラル・マーケティング・インスティ

テュート（NMI）が、企業の環境保護主義について説明している。「将来の環境保護運動には、新しい基準の洗練さや明瞭さが要求されるだろう。会社が真に誠実であるか、うわべだけの理由で参加していると感じるかを、消費者がますます見定めるようになっていくからだ」[126]。

　ハイブリッドカーメーカーのリーダーであるトヨタでさえ、虚偽広告の批判から逃れることはできなかった。2020年までに全ての新車の燃費をガロン当たり25マイルから35マイルに引き上げるという目標を、トヨタが技術的に非現実的であると主張して連邦議会の前に法案を阻止しようとしていることに対して、環境団体は不満を表明した。それに応じて「トヨタの環境意識はどうなっている？（How Green is Toyota?）」というキャンペーンを多数の環境グループが始め、10万件以上のメールがトヨタ・アメリカのトップに送られるという結果になったのである[127]。2007年10月、抗議する者たちは、デトロイトのトヨタディーラーを旗で包まれた棺のイメージで覆い、キャッチフレーズとして「戦争と温暖化を駆り立てる（Driving War and Warming）」とコピーをつけた[128]。トヨタはこれまでで最大の広告キャンペーンを始め、草や小枝や土を使って作られたプリウスのコマーシャルを集中的に行うことで応えた。広告は次のように問いかけた。「自動車会社は環境と調和して成長できるでしょうか。もちろんできます。トヨタでは、ゼロエミッションに向かって努力しているだけではありません。全ての廃棄物をゼロにするよう努力しています」。この広告は、巧妙なPRの試みと大差ないとして、トヨタのエコ意識についての新たな批判を爆発させた。トヨタは自社のスローガン「どうしてダメなの？（Why not?）」[129]を使ったので、火に油を注ぐことになった。

3-3. 透明性は必須事項

　インターネットによって、NGOや一般消費者が企業にアクセスできるようになったことで、企業は業務上の良いことも悪いことも積極的に開示するようプレッシャーが高まった。批判的なことを言われても、CSRの領域でより良いことを行うことに言及することで、企業は成功を収めている。例えば、ナイキ

第5章　企業責任（コーポレート・レスポンシビリティ）

とギャップは、それぞれグローバルなサプライチェーンの問題点を認めて海外工場の名前を初めて公表し、数年前に新しい基準を設けた[130]。覆面調査員が店舗の顧客サービスの質を評価するのと同じ方法で、ナイキは世界中の工場の抜き打ち検査を実施して、世界基準を満たしているかを確認している[131]。

　パタゴニアは、双方向のWebサイト「フットプリントクロニクル」を通して、「製品がデザインされてから届けられるまで」[132]の、環境にネガティブな影響の跡をたどることで、透明性のステップをさらに進めた。サイトでは、パタゴニアの環境面の問題にスポットを当て、改善しようとし続けていることを強調している。「私たちがビジネスとして行っていること、またはパタゴニアとして行ったことの全てが、環境に傷跡を残していることは十分に認識しています。今までのところ、持続可能なビジネスというものはありませんが、毎日私たちは自分たちの足跡（フットプリント）を照らし、被害が少なくなるようにしています」[133]。こうした自己批判の透明性は、ステークホルダーの信頼を構築するのに役立つだろう。

　企業がCSR活動の報告やCSRの新しい取り組みをする際に、メディアに好意的な報道をしてもらう上で、透明性は重要である。最近、「サステナブルレポートを出版しました。それで、どこに報道されるのでしょうか？」というタイトルを付けたブログがフライシュマン・ヒラードのWebサイトに投稿された。高名なPRとマーケティング・コミュニケーションのコンサルティング会社は以下のようなアドバイスをした。①ストーリーを飾り立てるな、②真実であれ、③詳しく述べよ。ブログでは『フォーチュン』誌のサステナビリティ担当記者のマーク・ガンサーのコメントを引用して、次の考察をシェアしている。「サステナビリティレポートは今やほとんど毎日届きます。企業のレポートはたくさんの中から目立つことが必要です。理想的には、将来を考慮しているとか、非常に透明性が高いとか、失敗や挫折したことについて、達成したことや誇らしい点と同じくらい正直に伝えようとしているなど、何らかの方法でもっと高いレベルを求めることです」[134]。ネタを探すジャーナリストや懐疑的な消費者は、今やインターネットを通じて企業の事業への取り組みについてかつてな

いほど詳しく調べているし、NGOの批判的な声は拡散しているが、自分たちを、誤りを犯しがちなもの——そしてより良い決定ができるもの——として位置づけ、彼らの心をつかめば、成功できるのだ。今日の消費者は情報通であり、問題を明らかにすることが、解決のためにまず必要なステップだということを十分に認識している[135]。

3-4. 評価して実行：CSRの報告

　成果を測定すること——CSRに取り組んで結果を出しているという動かぬ証拠を示すこと——は、より多くのステークホルダーが企業の主張や現実の行動に注意を払うようになればなるほど、一層重要になるだろう。

　こうした評価を意識する環境の中で、企業にはっきりと明快なCSR報告を求める動きは増え続けるだろう。2010年には5200のCSRレポートが発行されており、1992年にわずか27レポートだったことに比べると飛躍的に増えた[136]。ヨーロッパは最も多く、2位で同点であるアジアや北・中央アメリカの3倍のCSRレポートが作られている[137]。

　2013年のKPMG調査によると、250の大企業の93％がCSRの取り組みをさまざまな程度で報告している。調査の対象となった4000社のうち、71％が企業責任について公表しており、2011年に比べて7ポイントの増加となっている[138]。どうすればCSRレポートは効果的になるのか。まず、CSRの取り組みについての質的・量的な証拠を示し、企業のあらゆる種類のステークホルダーにアピールするべきである。CSRレポートで他に重要なことは、良いことと同じように悪いことも、改善の余地があることを認識しながら公表すること（難解なレポートに真実を埋めてしまうのではなく）、クリエイティブで興味をそそるように事実を伝えること、レポートの作成に従業員や他のステークホルダーも関与すること、である[139]。

　スターバックスは、環境保護主義者やコーヒー生産者から研究者や取締役までが関与する機会としてCSRレポートを活用し、現実の問題に直結したわかりやすい内容にするようにしている[140]。ビデオでストーリーを語るなど、なる

べくクリエイティブな構成にすることは、企業が自社のCSR報告を人間味のあるものにする上で効果的な方法である。

　最後に、アニュアルレポート（年次財務報告書）の監査のような、外部の中立的な第三者からの保証意見は、CSRレポートの信頼性を高める。しかし、2009年にはそうした外部保証が入っているCSRレポートは25％だけだった[141]。

　CSRの取り組みを定量化することは、とても難しい挑戦であるかもしれない。責任ある行動には漠然とした余波がついてきて、何年もかけて増えていくからだ。環境へのインパクトは、社会的なインパクトより量的に把握することが容易であるが、企業は、どこでも、そしてどんな方法でも可能である限り測定する努力をするべきである。コロンビアビジネススクール教授のジェフリー・ヒールは、「環境報告書は、一般に公正と認められた会計原則（GAAP）と同じようなフォーマットで標準化することによって改善できるし、それによって会社と会社の比較が可能になり[142]、企業間のCSR競争をあおる」と主張している。GRI（訳注：サステナビリティに関する国際基準を策定するNGO）は、サステナビリティレポートの世界基準をつくり、60ヵ国以上、1000社以上が活用しているが、そのガイドラインは数量化されていない[143]。逸話のようなCSRの成功話を評論家は簡単に無視したり気づかないふりをしたりするが、──明快な数字──数字が明瞭な方法論と説明に裏付けされたでものあれば、文句のつけようがない。

まとめ

　これまでにないほど多くの会社がかなりの予算と人材をCSRへの取り組みに投入しているが、競争力をつけようとしてCSRの無駄打ちをしているようでは、責任感のある会社として他社と差別化されることは難しい。2008年7月、『環境リーダー』誌の記事は、こうした取り組みに「環境疲れ」「環境の騒音」と名付けた[144]。このような状況では、責任（レスポンシビリティ）はもはや選択肢ではない。それは企業がステークホルダーとポジティブな関係を維持し、

継続的に生き残ることを保証するために行わなければならないことだ。次の主要リストのような、思慮に富んだコミュニケーション戦略は、企業のCSRプログラムの成功の原動力となる。

1．社内で始める

　本章を通して、従業員をCSR戦略に参加させることの重要性を強調してきた。ウォルマートは、CSRの取り組みへの従業員の参加が環境計画の成功における重要な要素だとしている。各従業員は、個人が積極的に環境に貢献するために自発的に自分たちの生活を変えるようにと奨励されており、——小型の蛍光灯を使うことから、自転車で仕事に行くことまであり——そうしたことはウォルマートという企業の環境への取り組みについてより個人的に理解するのに役立つし、そうしたメッセージを店内で消費者と共有できる[145]。ウォルマート・カナダでは、バイスプレジデントたちが、社内の7万5000人の一般従業員の中から引き抜かれ、14の「サステナビリティ・バリュー・ネットワーク」チームを作った。それは、温室効果ガスの削減や業務上の無駄を減らすなどの議題について、プロポーザルやアクションプランを提出するチームである[146]。CSR戦略が従業員にしっかりと共鳴することで、高い効率性や、会社への当事者意識やメンバー意識を引き出すことができた。それは利益を追求する以上のことを意味している。

2．友人や敵と協力する

　「友人を近くに、敵はもっと近くに」という格言は、CSRコミュニケーションにおいても当てはまる。NGOの継続的な影響は、企業が自らを攻撃から守り、数百万人という消費者と信頼を獲得するためのパートナーシップを築くことができる。彼らは社会志向の組織に敬意を払っているのだ。例えばマクドナルドは、1990年代初めに環境防衛基金と協力する取り組みを行い、プラスチックや発泡スチロールのパッケージを紙に替えた。本章では、シティ・グループの戦略についても論じた。RANと一緒に最初の重要なステップを上がり、同業

第5章　企業責任（コーポレート・レスポンシビリティ）

者の中で先駆的な環境リーダーのポジションを勝ち取り、その後に他の金融機関もエクエーター原則に調印したのである。

3．良いことと一緒に悪いことも見せる

　透明性の重要さは、CSR戦略の実行においてどんなに強調しても足りないくらいである。情報開示しなかったり、自社の業務上の取り組みが後ろ向きなものであることを軽く考えている会社は、まさに危機に直面している。今日では、NGOやTwitterのアカウントを持っている一般消費者は、啓発され、用心深くなっており、会社のステークホルダーは、会社が積極的に言おうとそうでなかろうと、真実を探しあてるものだ。CSRコミュニケーションにおいて、透明性とは明瞭であることであり、曖昧で長ったらしい文で真実をぼかさないことである。過失や失敗を認めることが第一であり、それを是正するために必要なステップである。会社がCSRイニシアティブを実行することに挑戦していることを正直に論じれば、欠点を隠蔽したり歪曲したりしようとする会社よりも、ステークホルダーは許して信頼するだろう。明瞭であることの意味は、評価尺度を用いること、CSRの取り組みをできる限り定量化すること、そしてこれが重要なことだが、方法論を説明することである。ステークホルダーは、会社のCSR戦略が何であり、成果をどうやって測るのか理解することができれば、感謝し、協力するだろう。

4．敵対者に一歩先んじる

　企業はインフルエンサー、評論家、そして全てのステークホルダーのことをよく把握しておくべきである。実際の意見を評価し、CSRクライシスが起きる前に、潜在的なトラブルの種を知っておくためだ。こうしたモニタリングをすることで、会社が自身のストーリーを語り、レピュテーションを高く保つことが可能になる。BPの北米株主マーケティング担当部長のメアリー・ジェーン・クロックの言葉は、以下の通りである。「エンゲージメントはブランド認知を上げ、主要ステークホルダーからの貴重な本音や展望を提供し、影響力を発揮

するルートや事実を伝えるための機会を与えてくれる。SRI（社会的責任投資）関係者は、その情報をメディアや第三者から受け取るのではなく、会社から受け取ることができる」[147]。

5．言動を一致させる

今日のステークホルダーは、自社のCSRへの取り組みを誇張したり、約束通りに実行しないような、自己を美化する企業を許さない。企業がCSRへの取り組みを通して称賛を勝ち得ようとすればするほど、ステークホルダーはますます、空虚な美辞麗句と誠実な成果の違いを知り、理解するようになる。また、会社は責任を持つための自社の取り組みに満足しているとは、決して表明しないように気を付けるべきだ。事業環境——そして企業の社会・環境・ガバナンス課題の交点——が常に流動的であるように、CSR戦略は絶えず再編成されなければならない[148]。デヴィッド・ダグラス（サン・マイクロシステムズの環境担当のバイスプレジデント）は、こう説明している。「自分の会社ができることを全てやったと信じている、というメッセージを送ることは、大きな間違いだ。社会的価値とビジネスの価値を創造するようなビジネスプラクティスを発展させようとするなら、常に改善の余地がある。改善の余地がないかのようなことを言ってしまえば、あなたの会社のCSRプログラム全体の信頼性が問われることになるだろう」[149]。

第6章

メディア・リレーションズ

　コーポレート・コミュニケーションの中で最も重要な機能の1つは、メディア・リレーションズである。メディアはステークホルダーであり、また投資家や従業員、顧客、コミュニティ・メンバーが企業情報を受け取り、企業イメージを形成する手段でもある。例えば、消費者は特定の企業についてニュース番組の『デイトラインNBC』を見ていたり、ビジネス週刊誌の『ブルームバーグ・ビジネスウィーク』や経済紙の『ウォール・ストリート・ジャーナル・オンライン』の記事を読んでいたりするのだ。近年、デジタル通信プラットフォームの普及に伴い、一般市民を含む企業の重要なステークホルダーに情報を拡散する主体としてのメディアの役割は劇的に変化している。今日、ほぼ全ての企業には、伝統的メディアと新しいメディアの両方に対応する、何らかのメディア担当部署がある。その部署は一人の外部コンサルタントが担当している場合もあれば、多くの専門家集団が担当している場合もある。

　本章では、メディア・リレーションズの専門家は何をしているのか、そして企業は拡大した「メディア」の構成員に対してどのようにアプローチするべきか、について見ていく。また、メディアとは何か、企業はメディアとの関係構築を通じてどのようにコミュニケーションを取っているか、今日の変化するビジネス環境において成功するメディア・リレーションズ・プログラムのあり方とは何かについて検討する。

1. ニュースメディアの進化

　ニュースメディアは社会のあらゆるところに存在する。かつて新聞やラジオが独占していたニュースは、1940年代後半から1950年代初めにかけて登場したテレビと1990年代以降に急成長したインターネットによって、より視覚的なものとなった。

　かつて新聞が報じていた重要なニュース速報は、新しくより速報性の高いテレビが報じるようになった。新聞はかつて『タイム』や『ニューズウィーク』などの週刊誌が扱った分析記事を掲載するようになり、週刊誌は『ライフ・マガジン』や『サタデー・イブニング・ポスト』など歴史のある月刊誌が扱った特集を掲載し、写真中心の報道を展開するようになった。

　かつて「プレス」と呼ばれていたメディアはその後拡大し、アメリカ社会の重要な一部となった。合衆国憲法修正第1条は表現の自由を保障しており、メディアは銃規制やスカートの裾丈、中絶、企業の賃金といった、さまざまなテーマにおいてアメリカにおける世論の形成を支えてきた。また、メディアは政治家に対して、仕事にもプライベートでも説明責任を求める。一方で政治家たちは、メディアが遠い世界のことに思われがちな政治を一般市民にとって身近なものにしてくれていると主張する。

　近年、ブログやソーシャルメディア・ネットワーク、バーチャル・ワールド、Wikiなどのデジタル通信プラットフォームの台頭と普及に伴い、一般市民はメディアの一部となった 。インターネットは誰もがジャーナリストのように活動することを可能にし、「市民ジャーナリズム」という言葉も誕生した。これらのステークホルダーは、後述するようにさまざまなビジネスや政治家、世界的な政治イベントに大きな影響を与える可能性がある。

　多くのアメリカ人は何であろうとも、発言し報道できる表現の自由を強く支持してきたが、産業界はメディアに対してむしろ敵対的な関係にあった。この敵対関係は企業が20世紀初頭に経験した秘密主義に由来している。当時、多くの会社はメディア対応に慣れておらず、メディアの存在を軽視した。しかし

その後、株式会社に対して定期的な情報開示を求める法律の制定、1964年に名誉毀損訴訟でメディア側による悪意の証明を原告企業に求めた最高裁の判決、産業界に対する人々の関心の高まり（第1章参照）、さらには産業界に対するメディアの関心の高まりといったことにより、企業はメディア対策を見直さざるを得なくなった。

　特に、企業に対する一般市民とメディアの関心の高まりは、産業界とそのメディア対策に大きな影響を与えた。メディアが人々の関心を高めたのか、それとも単に人々の関心の高まりに反応していただけなのか、判断するのは難しいが、確かなことは、1970年代のある段階で産業を巡る報道が変化し始めたことだ。以後、企業はより公共的な存在になっていった。

　このような変化が生じた一因は、産業が人々の生活に対して非常に大きな影響を与えうるという認識が広まったことにある。1970年代は世界経済に影響を与えた石油危機や深刻な環境汚染で注目を集めたラブ・キャナル事件、子ども向けのテレビ番組における不適切広告の問題などが、ウォーターゲート事件（訳注：ニクソン米大統領が失脚した政治スキャンダル）やベトナム戦争など、同時期に発生していた他の問題と関連付けられた。企業は生活に多大な影響を及ぼす存在であるにもかかわらず、政治家が有権者に対して負うような説明責任を果たしていないことに人々は、気づき始めた。産業界に対して説明責任を果たすように求める団体も誕生していった。

　企業のリーダーたちは何十年間も説明責任を問われない状態を維持し、それに慣れていたため、時代が変化したことを容易には認めなかった。現在でもメディアを通してコミュニケーションすることの重要性を認めず、ソーシャルメディアの利用に対して慎重な、古い体質の企業人はいる。しかし、石油やガス、金融サービス、製薬まで、あらゆる業界は何らかの形で人々の批判の対象となってきた。そして多くの会社は、危機が発生した際にメディアとの良好な関係を築いておらず、効果的なオンライン・コミュニケーション戦略を持っていないと状況は悪化するということを、身をもって経験してきた。

　24時間365日のニュースサイクルや、拡大するメディアにも会社は適応しな

ければならなくなった。メディア自身も、かつては産業界とステークホルダーの間の重要な情報交換のパイプ役であったが、現在は情報の流通において、他のメディアばかりではなく企業やステークホルダーとも競い合う関係になった。コンテンツを制作する能力は新たなデジタル・コミュニケーション手段によって民主化され、企業のメディア・リレーションズを根底から再定義している。この新しい状況は、メディアに挑戦状を突きつけているばかりではない。記者にプレスリリースを配り、記者によって解釈され、ステークホルダーに情報を伝達してもらう関係に依存していた産業界に対して、ステークホルダーへの一方的なモノローグではなく、双方向的な対話を通して直接的に関わることを強いているのだ。

1-1. メディアにおける企業報道の成長

　1970年代になるまで、ビジネスニュースは新聞の最後の方にある（主に株式相場で構成された）数ページといくつかのビジネス雑誌にしか掲載されていなかった。テレビでは全国放送でも地方局の放送でもニュースで取り上げられることはなかった。しかし、人々の関心が変化するにつれて新聞のビジネス欄は注目され、拡大し始めた。企業に対する読者や視聴者の関心が高まるにつれて、メディアも応えなければならなくなった。

　『ニューヨーク・タイムズ』が「ビジネス・デイ」という独立したビジネス情報を毎日掲載する紙面を開設したのとほぼ同じ頃、『ウォール・ストリート・ジャーナル』は米国で一番売れる新聞となった。ビジネス雑誌は黒字になり始め、テレビネットワークや地方局はビジネスニュースのコーナーを設置し始めた。

　今日、あまりにもたくさんビジネスニュース専門の雑誌やWebサイトが存在するため、メディアによって網羅されたことのない話題を見つけることはほぼ不可能である。近年では企業や株式市場、ビジネスパーソンに関する話題がテレビやラジオのトップニュースで扱われることも珍しくなくなった。CNBCやフォックス・ビジネス・ネットワークなどビジネス専門の24時間放送ネット

ワークが複数存在し、テレビのニュースチャンネルがビジネス情報を扱い、さらにはインターネット上で無数にビジネス関連の記事が掲載される現在、企業関係の報道を無視することはほぼ不可能である。

また、数十年前と比べて今日のビジネスニュースは刺激的になってきている。1950〜60年代の診療所の待合室にあった大判の『フォーチュン』は会社が自身の視点を伝える退屈な雑誌だった。しかし『フォーチュン』は経営者らが過去の成功者の格言を読むことができる唯一のメディアであったため、人気があった。今日、同誌はより広い読者層に向けて特集を組んでいる。多くの読者を惹きつけるため、『フォーブス』はトップクラスのエンターテイナーたちの収入を記事にし、ブルームバーグ社の雑誌『ビジネスウィーク』はビジネススクールや企業取締役のランキングを扱った定番の特集記事を組むのだ。

ビジネスニュースが増加した一方で、メディア産業の統合が進んだ。1983年にはアメリカのニュースメディアの大半を50社が支配していたが、2012年までに6社が「マスメディア」の90％を所有し運営するようになった[1]。統合を進めた親会社は子会社となったメディア企業（例えばコムキャスト社の子会社となったNBCユニバーサル・ネットワーク）の収益性を重視するため、報道の内容にも経済的な判断が持ち込まれることになった。また、ルパート・マードックのニューズ・コーポレーションなど、メディア複合企業は政治的な意図をもって報道をしていると批判されてきた。ニューズ・コーポレーションのフォックス・ニュースの場合、かつてはさまざまな政治的立場を有する幅広い視聴者層をターゲットとして公平な報道を目指してきたが、その後、特定政党に偏った報道を行うようになったと批判されている。現在、フォックス・ニュースの視聴者数は他の3つの競合する局（CNN、MSNBC、HLN）の合計よりも多く、アメリカで最も視聴されているケーブル・ニュース・ネットワークとなった[2]。

今日の企業幹部はメディアが会社そのものよりも不祥事を取り上げる可能性が高いことを認識している。一般に、会社やそのCEOに関するニュースが悪ければ悪いほど、短くてもメディア（および人々の）の注目を集める重要なニ

ュースになる可能性は高くなる。ピュー・リサーチ・センターが1997年に行った調査では、多くの人が企業の不正を暴く報道がもっと増えてほしいと回答した[3]。2005年までに、企業に対してより高い透明性を求め、メディアに対して企業活動の検証報道の増加を求める動きは、ジャーナリズムそのものをより透明なものとし、読者や視聴者を受動的な参加者ではなくジャーナリズムのパートナーとして位置づける運動へと変化した。しかし人々は産業界に対する信頼を失うと同時に、産業界について報じる伝統的ニュースメディアに対する信頼も失っていった。エネルギー会社のエンロンが破綻した2001年頃を発端に増加した企業スキャンダルを通して、人々は企業の暴露記事をさらに求めるようになった。人々が信頼性や関わりを渇望する時代に、企業の視点を代弁するメディアの伝統的なモデルは時代遅れになっていた。代わりに、透明性と反応の速さを重視するデジタルメディアの影響力が高まった。

　この傾向はエデルマン社による2014年のトラストバロメーター調査でも明らかになった。企業に関する一般的な情報や速報の入手方法について、調査対象者はまず検索エンジンを参照し、その後に紙媒体や放送を参照すると回答した。新しいメディアによるオンラインニュースやブログといった形での報道の台頭は、企業が伝統的メディアと新しいメディアとの関係について、よく考えたアプローチを構築する必要性を高めている。

2. メディアとの良好な関係の構築

　組織はメディア業界とより良い関係を構築するため、特定の人との関係を育むことに時間を割かなければならない。このタスクは広報部の担当者が対応する場合も、外注されたPR会社が対応する場合もある。いずれにしても、企業は歴史的にメディア・リレーションズの「標準的な業務」とされてきたことの落とし穴にはまることは避けなければならない。

　例えば、古い体質の広報担当者は記者の誰かが目を留めて記事を書いてくれることを願って、不特定多数の記者に、プレスリリース（または動画プレスリ

リース）を送る。しかし、この方法はもはや有効ではない。厳しい時間的制約の中で勤務している記者たちは、こうした膨大な数のリリースやPRエージェンシーから届く郵送物、電子メール、ボイスメールといったものをほとんど読んでいない。一般的にジャーナリストは高解像度の画像が添付され、記者向けのサイトへのリンクが記載された担当者の連絡先情報つきの電子メールを受け取ることを好む。PRデイリーが2014年に記者に対して行った調査では、90％が電子メールを好ましいリリースの受信手段に選んだ[4]。ピュー・リサーチ・センターが行ったニュースメディアの現状に関する調査では、ある回答者が自らの情報の受信手段について、「電子メールしか受け付けない。ハードコピーのリリースは100％捨てるか紛失する。巨大なプレスキットを送付することは、世界に対して"私は古い時代に生きています！"と言っているようなものだ」と回答している[5]。ただ、個人宛ではない電子メールは削除されるか、プログラムによって自動的にスパムフォルダに振り分けられてしまう可能性がある。従来の郵便物と同様に、人々は自分宛でないメールや自分に関係ないメールを処分するようになっている。

　これらの問題の原因は、メディア・リレーションズが会社の報道量によって評価されてきたことにある。たとえ社内の専門家の助けや外部のコンサルタントがいようとも、多くの会社は比較的重要ではないメディアでの露出の、全体的なコミュニケーション戦略上の価値について明確にしようとしてこなかった。会社について書いた記事がたくさん掲載されたとしても、そもそもメディア・リレーションズを展開するきっかけであった会社の戦略的コミュニケーション目標（第2章を参照）と結びついていなければ価値はないかもしれない。

　本章で後述するように、これまで広報の効果測定はほとんどの場合アウトプットの量や効率性に注目してきた。広報の専門家の大多数は自らの成功をメディアへの掲載実績によって評価しがちであり、報道が意見や態度に与えた変化や市場にもたらした影響によって評価することは少ない。しかし、変化の兆しはある。会社の幹部が広報とマーケティングの費用対効果（ROI）に関心を向け始めているのだ。企業のコミュニケーション担当役員に対して『PRウィー

ク』とヒル・アンド・ノウルトンが行った企業調査によると、コミュニケーション・チームの69％は幹部と指標を共有しており、半分以上が社内のチームが定期的に効果測定と評価を行っていた[6]。インターブランドやレピュテーション・インスティテュートといった会社はこのようなトレンドの最前線にいる。

　プレスリリースに関する会社への教訓は以下の通りである。確実に多くの人に興味を持ってもらえる話題以外ではプレスリリースの大量送付を控えること。多くの人の注目を得られる一大ニュースであれば、プレスリリース配信サイトに掲載したり、通信社を説得して記事として配信してもらうことでも同様の効果を発揮できる。しかし多くの場合、最も効果的な手段は、特定の話題に対して誰が適切なジャーナリストなのかを検討し、該当する記者に接触する計画を作ることである。インターネット上に情報が溢れている現在、編集者や記者の背景や関心を知らないなどと言い訳することはできない。『ロサンゼルス・タイムズ』の編集者であるチャールズ・フレミングは以下のように語った。「私は一日500通のメールを受け取る。驚くことにその中の多くは、私はおろか私のスタッフですらカバーしたことのないトピックで、私たちの出版物を読んだことがないか、誰がどの記事を担当しているのか知らない企業によって送られてくる。新聞について、私の担当領域について知っていて、かつ新聞をよく読みこの話題については先週既に扱っていたということを理解した上で連絡をしてほしい」[7]。

　多くのPRエージェンシーは、記者の詳細を本人や子どもの誕生日まで含めて公私共に調べたり、記者それぞれに「贈り物」をしたりすることによってメディアとの関係を築いてきた。このような取り組みは時間がかかるため、あまり行っている会社はない。しかし、さまざまな情報源からお知らせが殺到する分野においては、このようなアプローチがベストなのである。PWRニューメディアの2011ジャーナリスト調査はこの点を明確にしている。すなわち、「私の分野や関心、ニーズがわからないなら邪魔をしないでほしい。私と会ったことがないなら、友達のように振る舞わないでほしい。そして何より、優秀であってほしい」[8]。

2-1. 伝統的メディアをターゲットとした調査の実施

　会社による典型的なメディア調査は、まずコーポレート・コミュニケーション部門と協力する上級マネジャーが特定の話題についてどのような目標を持っているかを決定する。ここでは仮に、新しい外国の市場に進出する大企業の事例だとする。マネジャーの目的としては、新しい市場に進出することについて知ってもらうことと、同社がグローバル戦略をどのように転換したのかについて説明することになる。その場合、発進したいのは一時的な、戦術的な話題ではなく、会社全体の変化に関する話題になる。以上のように目標を検討したら、会社はどこに話題を伝えるべきかを検討し始める。

　まず、コーポレート・コミュニケーションの専門家らは、誰が自社や自社の属する産業を報道するのか明らかにするため調査を行う。出版物やラジオ、テレビの記者について調べることは比較的簡単である。なぜなら、記者は特定の領域を一定期間カバーする過程で、会社と直接的・間接的な関係を構築しているからだ。特に新聞や雑誌の記者は関心を示す可能性が高い。もし会社がこれまでの報道を把握しているならば、どの記者がこの話題を最も確実に扱ってくれるか、何よりどの記者がこの戦略的な会社の動きに対して「バランスの取れた報道」（すなわち肯定的な報道）をする可能性が高いか、すぐに判断できるはずである。

　企業はどうやって、情報を提供する前に特定の記者が肯定的な記事を書くかどうか判断することができるのだろうか。この判断をする上で、日頃行っている調査が役に立つのだ。記者が業界の企業記事を執筆するたびに、コーポレート・コミュニケーションの専門家は記者がどのような「角度」から記事を書いたのか判断する必要がある。報道の傾向を分析していれば、例えば自社についての記事を執筆してきた『ウォール・ストリート・ジャーナル』の記者がいたとしても、この記者が最近新しいグローバル戦略の一環として競合他社が異なる市場に進出したことについて記事を執筆していた場合、他社の同じような話題についてまた記事を書くことには関心がない可能性がある、と判断できる。

　このような調査をすることによって、会社は記者に対して余計な情報を発信

せずにすみ、記者たちが最も関心を示しそうなタイミングでのみコミュニケーションをすればよいことになる。以上は完璧なシステムではないが、300人の記者にプレスリリースを配り、誰がどのような角度で報道するかわからないまま4、5人が取り上げてくれることを期待するよりは、良い結果をもたらす可能性が高い。

今日、会社は自社について報道する記者について簡単に情報を集めることができる。コンサルタントは記者の報道についてコンピューターで分析し、業界の人間に知っている記者に関する評価を尋ね、ターゲットとなるジャーナリストについて個人情報を調べることができる。過去のPRの専門家たちはそのような情報を集めるために記者たちと長い時間かけて昼食をとったが、最近は同様の情報をPR会社であるシジョンのPRソフトウェアやブルドッグ・リポーターのメディアプロといったデータベースを通して収集することができるようになった。

会社の批判を誰が報道しているのかを明らかにするとともに、コーポレート・コミュニケーションチームはどのような記者と接しているのかを知る必要がある。CNNのようなテレビ・ネットワークと接する場合、番組のプロデューサーが誰なのかを知るということになる。プロデューサーの過去の作品は本人のソーシャルメディアへの投稿やオンラインのニュースルームで見つけることができる。他にも、アトランタの本部に連絡してそのプロデューサーによる最近の作品2、3本を購入することもできる。『フォーブス』などのビジネス雑誌はレクシスネクシスやファクタビアのような電子データベース上で記事を検索することができる。特に過去2年の間に出版された記事などは会社にとって役に立つ。

コーポレート・コミュニケーションの専門家は、CNNのプロデューサーが制作した過去の番組や『フォーブス』の記者が書いた昔の記事から、何を得ることができるだろうか。人によって文章の書き方は異なり、記事の書き方も異なる。多くの記者は記事によってスタイルを変えるようなことはしない。記者は自分に合ったアプローチや書き方を見つけたら、それに従う傾向が強いのだ。

往々にして、この手の分析をするとジャーナリストが特定の視点から記事を執筆する傾向があることが明らかになる。ある会社について取り上げる『フォーブス』の記者について調査した結果、この記者はストーリーを「転換」させるのが好きなことが判明した。すなわち、彼は他の人が書くのとは反対の視点から書く傾向にあった。もし会社が一般的な論調とは異なる記事を書いてもらいたい場合は、この記者の取材を受けることで会社に有利な報道をしてもらうことができる。

　CNNのプロデューサーの作品を見れば、このプロデューサーのインタビューのやり方やストーリーの編集方法、図表を使う傾向があるといったことを判断するのに役立つ。仮にプロデューサーには敵対的ではなくバランスの取れたインタビューを行う傾向があり、チャートやグラフを使うのが好きだとする。このようなプロデューサーは会社にとって肯定的な番組を作ってくれる可能性が高いため、取材の実現に向けて動くべきだという結論が導き出される。

　コーポレート・コミュニケーション部門は企業に届く全ての問い合わせに対して同様の分析を行うべきである。多くの経営者はこのような分析は時間がかかりすぎると不満を述べるが、このように準備をしてインタビューに対応するメリットは大きい。

2-2. 多様化するメディアのリサーチとエンゲージメント

　上記のように、新しい海外市場への参入を準備している企業がオンラインで影響力のあるメディアを特定しなければいけないと想定する。ブロガーやオンライン・コミュニティ、ソーシャルメディア、市民ジャーナリストなど、多様化したメディアのメンバーを特定することは、より複雑である。新聞や雑誌のジャーナリストと違い、ブロガーは政治からビジネス、エンターテインメントから環境に至るまで、あらゆることについてコメントする。彼らは伝統的メディアの記者が受けるような訓練や、長年にわたって築かれてきた基準、所属組織といったものに縛られない。多くのブロガーは単に言論の自由の権利を行使しているだけだが、ブロガーの中には物事に対して洞察力のある解説を提供し、

多くの読者に対して影響を与える者もいる。例えば、アリアナ・ハフィントンはオンライン空間でのみ存在し活動する帝国を築いた、巨大な影響力のあるメディアの代表者である。彼女の左翼的なオンラインニュースサイト『ハフィントン・ポスト』は、ピューリッツァー賞を受賞した最初のオンラインメディアだ。現在AOLの傘下にある『ハフィントン・ポスト』は、『ニューヨーク・タイムズ』のWebサイトよりも多くの月間ユニーク・ビジター（訳注：サイトを訪問した人の数）を獲得している[9]。「ブロガーはジャーナリストなのか」という問いにこだわるのはもはや時代遅れなのだ。

　どのブロガーがどのステークホルダーに対して影響力を持つのかを理解することは、調査とエンゲージメントの第一歩である。特定の受け手に影響を与えるブロガーを見つける戦略は複数存在するが、ほとんどの場合、オンラインのモニタリングや追跡を伴う。ブログ検索エンジンのテクノラティやグーグル・アラート、コンピートなど、膨大な量のオンライン上のコミュニケーションを把握するために利用できるアプリケーションは絶えず増えている。しかし、受け身になってブロガーが会社を称賛したり批判したりするのを待つのでなく、コーポレート・コミュニケーション担当役員は、ブロガーが記事を書いてくれるよう能動的に促さなければならない。HP（ヒューレットパッカード）など最先端の会社は、サイバースペースを積極的に調査する従業員の集団を抱えることで、ステークホルダーに対して大きな影響力を持つブロガーを特定することに成功してきた（HPは単独で50以上の企業ブログを持っている）。

　HPは早い段階で、ブロガーたちが決して報酬を必要としない、最も優秀な営業部隊であることを学んだ。2008年9月にHPは、当時発売したばかりのHDXドラゴン・コンピューター・システムを宣伝してもらうようブロガーのコミュニティに依頼しただけで、5月のパーソナルコンピューターの販売台数が10％増加したと発表した。懐疑的な人々はすぐに、HPが製品の口コミを広めるためブロガーに報酬を払ったのだろうと考えたが、HPの副社長兼パーソナル・システムズ・グループ担当ゼネラルマネジャーによれば、HPはブロガーに対して一切報酬を支払っていなかった。HPの幹部は単に、テクノロジー

分野に影響力のあるブロガー31名に対して、彼らが読者にプレゼントするための31台の新しいコンピューターシステムを送っただけだった[10]。

　ウェブベースのコミュニケーション・プラットフォームを調査することは、ブロガーやオンラインのコメンテーターと直接つながるもう1つの方法である。オンラインメディアにリーチするためにオンラインツールを効果的に活用している会社の例はたくさんある。例えば、マイクロソフトはジャーナリストがアクセスできる、企業情報やニュース、基本情報、広報の連絡先、イメージ・ギャラリー、動画などを一ヵ所に集めた「プレス・パス」というオンラインニュースルームをメインのWebサイトに構築している。同様に、ゼネラルモーターズのヨーロッパ部門はニュースをアーカイブし、推奨されるブログを集め、マルチメディアのダウンロードを提供し、RSSフィードを統合するソーシャルメディアのニュースルームを開設している。

　ブロガーとの関係構築は、技術力に優れた巨大企業に限った活動ではない。どのような規模の企業でも、影響力のあるブロガーのコミュニティを見つけて関わることができる。コミュニケーション担当役員がまずやるべきことは、特定したブロガーにプレスリリースを送って製品の売り込みをしたい衝動を抑えることだ。デジタル分野に詳しい多くの人がそうであるように、ブロガーは信頼性を維持することを非常に意識している。つまり、彼らと関係を構築したければ、コミュニケーション担当役員は彼らに耳を傾けなければならないのだ。

　新聞や雑誌の記者、テレビプロデューサーと同じように、広報担当はブロガーに連絡する前にブロガーの投稿履歴やコメントスレッドを相当数確認しておく必要がある。コミュニケーション会社のKDペイン・アンド・パートナーズのCEOであるケイティ・ペインは、「ブロガーと関係を築こうとする前に、彼らの過去半年分相当の投稿を読む。ブロガーのトーンや性格を理解するまで読む必要がある」と提案する[11]。このくらい調査することで、担当役員はブロガーの関心事やオーディエンスのブログへの関与の程度を完全に理解することができる。

　ブロガーに対する製品の売り込みは、さまざまな意味で従来型のメディアに

対する売り込みより複雑だ。なぜなら、オンラインメディアはカスタマイズや個人的な関係が非常に重要であり、コミュニケーション担当役員が一般的なプレスリリースや必要な情報を全て揃えたメディア向けの宣伝文句を提供していると、オンラインメディアにおけるブロガーの信頼性を貶める存在として扱われてしまうからだ。

　ブロガーに対するアプローチがそのブロガーのオーディエンスとの関係においても適切であることを確認する以上に、売り込み行為自体も可能な限り簡潔でなければならない。大手広告会社であるWPPの広告担当チーフ・エグゼクティブのサー・マーティン・ソーレルは以下のように述べる。「ブロガーの心を操ることはできない。彼らに対する尊敬とエンゲージメントが重要だ。ブロガーに製品を渡すだけでは不十分だが、ブランドに対して意見を述べてほしいと言って招き入れれば成功するかもしれない。ブロガーを巻き込み、何か価値のあるものを提供することができれば、ブロガーはブランドの熱心な支持者になり、他人に話すようになる」[12]。

2-3. メディアからの問い合わせへの応対

　記者に対する調査を行うことに加えて、会社は問い合わせの処理を通じてメディアとの関係を強化することができる。多くの会社は喜んで広告に何百万ドルも費やすが、メディアからの問い合わせを処理するのに十分な人員をメディア・リレーションズ部に配置することには積極的ではない。

　メディアからの問い合わせに慎重かつ迅速に対応することは、報道で会社がどのように扱われるかに大きな影響を与えるため、問い合わせへの対応をおろそかにするのは重大な過ちである。例えば、時代に追いついていないがために過去数年間、否定的に報じられてきた会社にCNNと『フォーブス』それぞれの記者から電話がかかってきた場合、コミュニケーション・スタッフはどう対応すれば両方の問い合わせをタイムリーかつ会社にとって最善の形で確実に処理することができるだろうか。

　まず、問い合わせの電話は重要な全国メディアからのあらゆる問い合わせに

対応する本部につながるようにする。これは当然のようにも思われるが、往々にして、メディアからの問い合わせの重要性を判断できないアシスタント・スタッフが電話の対応をしている。コーポレート・コミュニケーション部門のメディア・リレーションズの専門家に適切なメッセージを伝達できなかったがために失われたチャンスは少なからず存在する。

次に、電話に対応する人は記者がどのような角度から記事を書こうとしているのか把握しようとするべきだ。上記の例では、CNNの記者はまだその角度を決めていないが、独自報道を誇る『フォーブス』の記者は既に決めている可能性が高い。会社は問い合わせに対応する前に、それがどのような角度なのかを明らかにしておく必要がある。仮に、CNNの記者は高級路線へ転換しつつある業界の動きの一環として会社の活動を取材することが目的だが、『フォーブス』の記者は問い合わせの会話内容から会社の新しいアプローチを肯定的に捉えていない可能性があるという状況を想定する。

電話に対応した社員は既に公になっている情報以外は提供しないよう注意しながら、できるだけ多くの情報を聞き出すように努めなければならない。会話のトーンはできるだけ友好的でなければならず、メディア・リレーションズの専門家は、取材の調整やその他の要望に対応することについて正直に回答しつつ、記者の締め切りについても確認しなければならない。

この問題はしばしば企業とメディアの間で対立を生む。特に、自分の都合を優先してスケジュールを組む上級管理職にとって、都合の悪いタイミングで来るメディアからの問い合わせは迷惑だ。しかし、記者は皆、締め切りを守らなければならない。テレビやラジオの番組か印刷物か、ウェブ上のコンテンツかにかかわらず、記者は特定の日時までに取材内容を提出しなければならないのだ。これらの締め切りは大抵の場合は延期することはできないため、事前に締め切りを把握することで与えられた時間内に対応することが可能になる。締め切りを把握しておくことは、企業側から積極的に話を記者に持ち込む際にも重要である。情報を提供するタイミングを間違えば、締め切りに追われている記者を苛立たせ、会社に対して否定的な印象を持たせてしまうかもしれないか

らだ。

　特に、ニュースがオンラインで飛び交う今日において、メディアからの問い合わせに迅速に対応することの重要性は高まっている。スキャンダルでニューヨーク州知事を辞任したエリオット・スピッツァーや、下院議員を辞職したアンソニー・ワイナー、さらにはタイガー・ウッズなどのスポーツ選手は、テキストメッセージやTwitterの時代において取材を拒否することは、それ自体がコミュニケーションになってしまうことを学んだ。コメントを求められたときや危機発生時のためのオンライン・コミュニケーション戦略がないブランドは、自らのレピュテーションを危険にさらすことになる（クライシス・コミュニケーションの詳細については第10章参照）。

2-4. メディア・インタビューの準備

　調査と分析が完了したら、インタビューを受ける社員は、それが幹部レベルであろうと一般社員であろうと、実際の記者会見の準備をする必要がある。新聞や雑誌の取材でよくあるように、インタビューが電話で行われる場合も、メディア・リレーションズの専門家はインタビューに参加するように計画すべきである。インタビューの準備は、次のように行うのが最も効果的である。

　まず、取材を受ける社員は記者の視点を明確に理解するため、調査段階で収集した過去の記事などを用いた簡単な説明を受ける必要がある。例えば、一般的な論調とは異なる記事を書く傾向のある記者が取材をする場合、その社員は傾向がわかる関連記事を見ておくべきである。

　フォーチュン500企業のあるCEOは、CNNとのインタビューに備えるため、プロデューサーが制作した最新の番組2、3本を見た。そのおかげで、プロデューサーと会った際には、気に入った番組の話題からスタートすることができた。ポジティブな始まりはその後のインタビューの流れを作った。また、プロデューサーが毎回番組で箇条書きのリストを用いていることに気づいたCEOは、自身が会社について伝えたいポイントをまとめたリストを作り、別れる前にプロデューサーに渡した。放送された番組は会社に対して肯定的だった。

CEOはインタビューについて何日間も心配していたが、テレビのスクリーンに箇条書きのリストが表示されたことでとても喜んだ。

　取材対象の社員に記者の背景や角度について説明をしたら、想定される質問をするべきである。想定される質問は、コミュニケーション担当者が以前記者と接したときの経験や記者の過去の記事、または取材のテーマにおいて重要な問題から作成する。もし可能なら、コミュニケーション専門家は社員と一緒にリハーサルをし、想定される質問に対する回答を確認することが望ましい。また、社員はニュースの議題を変えるのは難しいということも理解しておく必要がある。記者がある特定の話を記事や番組にすると判断した以上、インタビューの中で新しいトピックを扱うのは難しいのだ。

　テレビやウェブキャストを用いたインタビューの場合、必ず当日の服装でリハーサルをする必要がある。インタビューの当日は自然のままに、リハーサルをしていないかのように振る舞うべきだが、社員は事前に準備をしておくべきだ。つまり、インタビューの中で記者が何を聞くかにかかわらず、記者にどう答えるべきか考えることを意味する。前述の通り、社員はインタビューの議題を変えることはできないが、対話の流れの中で伝えたい要点を伝えることは可能だ。

　どう答えるべきか考えることに加え、社員はメッセージを表現する上で最も興味深い方法を考えておくべきである。統計や逸話を用いることでアイデアを活き活きと伝えることができる。ただ、何が興味深いかはオーディエンス次第だ。多くの人は記者が自分のオーディエンスだと誤解するが、取材に答える人が本当にメッセージを伝えているのは、記事を読み番組を見る人々だ。広報の専門家や担当役員は、このことを意識してテレビやオンラインのインタビューに対するアプローチを検討すべきである。オーディエンスを理解する必要がある。夜のニュースに出るときと、子どもが生まれたばかりの母親向けのブログのウェブチャットに出るときとでは、トーンや趣旨が異なるのだ。（コミュニケーション戦略、特にステークホルダーの分析は第2章参照）。

　最後に、社員はインタビューの序盤に重要なポイントを可能な限り明確に話

図表6-1　インタビューのヒント

> コミュニケーションの専門家であるメアリー・マンターは、取材を受ける準備をする際に次の助言をしている。
> - 答えは短く留める。10秒のサウンドバイト（訳注：テレビや新聞で引用しやすい短い発言）で考えること。
> - 「ノーコメント」と言ってはいけない。コメントできない理由を説明し、コメント可能になったら記者に連絡することを約束する。
> - 1つ1つの質問をよく聞く。自身の答えを考えること。質問されたことにのみ回答する。
> - 記者の質問を、自分が話したい内容に向かわせるには話の「橋渡し」をする。
> - 逸話や類推、簡単な統計を使って自分の意見を伝える。
> - 取材中は身ぶりを意識する。

出典：Adapted from Mary Munter, "How to Conduct a Successful Media Interview," California Management Review, Summer 1983, pp. 143-150.

せるように準備しなければいけない。質問への回答も可能な限り簡潔にする必要がある。特にテレビでは3、4秒のサウンドバイトが基本になるため、管理職は複雑なメッセージを一般の人々が簡単に理解できるよう簡潔にまとめる訓練を受けなければいけない。ブランズウィック・パブリック・リレーションズのアンドリュー・グラントはスポークスパーソンに対して、「会社のことを、ジャーナリストが昼食の間に聞いて帰り道でタバコの箱の裏に書き込めるくらいの物語に煮詰める」ことをアドバイスする[13]。

2-5. 成果を測定する

　デジタル・プラットフォームを用いた広報キャンペーンは追跡することが容易なので、効果測定に変化をもたらした。まだほとんどの実務家は記事掲載がキャンペーン成功の最も重要な指標であると考えているが、記事掲載に関する知識と洞察が同じくらい重要であることを理解している実務家も多い。この需要を満たすために、幅広い分析サービスと技術が登場した。これらには、比較的安価で基本的な定量分析から、適切な場所で適切な受け手が情報を受け取っているかどうかを依頼者に知らせる、高度にカスタマイズされた調査もある。効果測定には広告価値換算（AVE）やカナダのメディア・リレーションズ・レーティング・システム（MRRP）、社内評価、ベンチマーキング、意見調査、専門メディア評価ツールなどさまざまな方法があり、いずれも結果や費用対効

果の評価に貢献するが、全てのコミュニケーション専門家が採用する標準的な測定システムはない[14]。特にデジタル・キャンペーンには、TwitterやFacebookのオンラインの影響力を測定するクラウトやGoogleアナリティクスなど、さまざまな測定ツールが存在する。デジタル通信プラットフォームが成長するにつれキャンペーンの到達範囲を測定するためのツールも進化する。キャンペーンの効果測定に関する議論はソーシャルメディアとともに継続的に進化している。掲載された記事の量は、必ずしもキャンペーンの成功を意味しない。

　例えば、ベライゾン（訳注：米大手電気通信業者）は、全てのメディア露出を記録し、どこに掲載されたかだけでなく、会社の重要なメッセージがいかに効果的に伝わっているかを調査する。ベライゾンの元メディア・リレーションズ担当ディレクターのナンシー・バヴェックは、「広報部の報酬はベライゾンのメディアスコアを高めることと直接つながっている」と説明している[15]。メディアスコアを高める方法には、単にメディアが会社に関するストーリーを掲載したことだけではなく、その報道がどのステークホルダーに届いたかを明らかにすることがある。

　小売業者大手のKマートも積極的にメディアスコアを追跡している。最近の広告キャンペーンで、Kマートはまずオンラインでそのアイデアをテストすることにした。まずソーシャルメディアをテスト・プラットフォームとして使用した上で、より広範なテレビキャンペーンを実施するかどうかを判断することを試みた。2013年4月、Kマートは配達サービスを紹介するオンライン動画を公開した。動画は「ズボンを送って（ship my pants）」（訳注：「恐れのあまり失禁する」という表現に近い）という言葉遊びを含んでいた。公開後数週間で動画はソーシャルメディアで1万3000回コメントされ、YouTubeで1700万回も閲覧された。Kマートはブランドウォッチが提供するソーシャルメディアの測定基準を使用し、コア・ターゲットであるファミリー層の反応をTwitter上で追跡し、購入意思と感情を測定することができた。調査によると、消費者の反応は極めてポジティブであり、Kマートはその月のうちにテレビCMの放

送を決めたのである。今度は「ガソリン代の大幅な値下げ（Big Gas Savings）」（訳注：どでかい値下げという表現に近い）という言葉遊びを含んでいた[16]。

　このようなメディアの効果測定と分析に加えて、より洗練されたメディア・リレーションズの効果測定に関するアプローチは、以下のことも可能にする[17]。

- 特定のビジネス上の成果に対して、最も価値を生み出すコミュニケーション活動を特定する。
- 組織のさまざまなコミュニケーション業務が、業界平均に対してどれくらい機能しているかを評価する。
- ビジネス上の成果に対して、コミュニケーション部門がトータルでどのくらい価値を生み出したかを明らかにする。
- コミュニケーション業務における戦略的・戦術的意思決定を推進し、レピュテーション上のリスクをヘッジし、合併や役員人事など重要なイベントのマネジメントを行う。
- コミュニケーション活動によって生み出された実際の企業価値を可視化する。

2-6. 現在の関係の維持

　メディア・リレーションズにおける最も重要なことは、メディアとのネットワークの構築と維持である。記事掲載を実現するには、彼らと緊密な関係を構築し維持することが前提条件である。会社は、危機が発生したときや、社会に向けて何かを伝えたいときに、自らの都合でメディアとの関係を簡単に構築したり遮断したりすることはできない。代わりに、会社は自身が関係する特定の業界のしかるべきジャーナリストと長期的な関係を築くために努力する必要がある。これは、一般的に記者たちと仲良くなり、信用と信頼を築くために会うことを意味する。メディア・リレーションズ部門の責任者は業界を担当するジャーナリストと定期的に会い、少なくとも年1回は重要な記者とCEOとの間で面会の機会を設けることが必要である。これらの打ち合わせや面談がより個人的で特別なものになるほど、長期的な良い関係を築く可能性が高くなる。多

くのコミュニケーションの専門家は、重要な編集者やジャーナリストとの関係を構築する上で、直接会う機会を設けることに勝るものはないと考えている。ブロガーについても、会社がブロガーの話を聴き、エンゲージメントを生み出すことに集中できる記者会見や会合の場に積極的に招くべきである。

　企業が強力なメディア・リレーションズを構築した成功例の1つに、英国のディスカウント量販店のマタランがある。同社はジャーナリスト向けの本社ツアーを実施しているが、ツアーでは同社の衣類を試着するだけでなく、驚くべきことに同社の流通ネットワークの分析を行う機会も提供している。ラドゲイト・コミュニケーション社出身で、現在マタランの代表を務めるクリス・リンチは、「私たちはジャーナリストと直接会う機会を作るため、電話による取材は意図的に避けている。電話取材を認めてしまうと、数字だけの話になってしまうからだ」と述べた[18]。このような個別のアプローチをとることによって、マタランはすぐにジャーナリストの間で評判の企業となった。その後も評価され続けたことで、近年、『デイリー・テレグラフ』が主催するナショナル・ホーム・アワードのホーム・リテイラー・オブ・ザ・イヤーを受賞した[19]。

　マタランほど社内を「巻き込んだ」取り組みをしている会社は少なく、多くの会社はメディアのメンバーと会社役員が会うという典型的な機会を活用する。これらのミーティングは、しばしば具体的なアジェンダを持たないため、最も熟練したコミュニケーターを除けば、誰にとっても居心地の悪い場である。企業のメディア・リレーションズ担当者は、人に会ってあいさつすることを楽しみ、会社の主な戦略的事項を理解し、創造力豊かに考えられなければならない。

　このようなミーティングは往々にして、昼食や朝食のタイミングで行われる。これらの機会は、会社で何が起きているのかについて情報を共有する時間として捉え、すぐに報道されることは期待すべきではない。優れたメディア・リレーションズのプロは、会話を通して記者たちが将来的に報道する価値があると考えそうな話題は何かを判断する。そうすれば、露骨な形にならずとも、記者が求めている情報やインタビューを適切なタイミングで提供することができる。

　メディア・リレーションズのプロは、ときには断られることも覚悟しなけれ

ばならない。忙しい記者には昼食の申し出を何度か断られるかもしれないし、昼食が実現しても長電話をされてしまうかもしれない。個人的な人間関係と同様に、メディア・リレーションズのプロも接触する全てのジャーナリストと良好な関係を築けるわけではない。ただし、重要な全国メディアで自社を専門に扱っている唯一のジャーナリストでもない限り、このような居心地の悪さは乗り越えられない問題ではない。性格的に合わないジャーナリストがいたとしても、プロであればそのような課題を乗り越え、自社がそのメディアと良好な関係を築き、メディアに露出する機会が失われないようにしなければならない。

　ある大手ホテルチェーンの幹部は、彼を担当している『ウォール・ストリート・ジャーナル』の記者と特に関係を築く必要があるとは考えていなかった。しかし、業界の主要なニュースにほとんど登場する機会がないまま2年間が過ぎた頃、あるコンサルタントが彼にこの記者と関係を作ることを勧めた。ホテルチェーンがその記者を必要としていたのと同様に、記者もホテルチェーンの協力を必要としていた。記者は喜んでこれまでの扱いについて埋め合わせをした。この幹部の心構えが原因で同社は2年もの間、報道される機会を失っていたのだ。

3. 成功するメディア・リレーションズ・プログラムの構築

　成功するメディア・リレーションズ・プログラムを作るためには、何をしたら良いのだろうか。第一に、組織はその努力のために資源を割り当てなければならない。これは必ずしも莫大な予算を意味するのではなく、幹部の時間だけでも十分な価値のあるものだ。

　ビールのサミュエル・アダムスを製造するジム・コック社は、社外コンサルタントの助けを借りて優れたメディア・リレーションズを展開し、全国的な広告展開をするために必要なコストに比べればわずかな費用で、自社のビールを全国的な注目の的にしたのである。より最近の、もっと小規模な事例としては、2人の姉妹が設立した、同性愛者をターゲットとしたグリーティング・カード

の会社によるメディアとの関係構築が挙げられる。姉妹は新聞を読むことで自分たちのメッセージを伝えてくれるジャーナリストを探してアプローチした結果、『ニューヨーク・タイムズ』と『ウォール・ストリート・ジャーナル』に記事が掲載された。これらはいずれもメディア・リレーションズの努力が売上という最終的な目標に直結した事例である。

多くの大企業にとってメディア・リレーションズには多くの人材と外部コンサルタントの利用が伴う。以下では、最低限必要なことについて述べる。

3-1. 戦略にコミュニケーションのプロを巻き込む

レピュテーション・マネジメントの時代において、多くの企業は戦略の作成にあたってコミュニケーションを検討する必要があることを認識した。2013年のコミュニケーションとPRの一般原則に関する調査によれば、調査対象となったコミュニケーション担当役員の40％以上は、会社全体に関わる戦略構築において積極的な役割を担っていると答えた。60％は自らの提案は上級管理職によって真剣に受け止められていると回答した。会社は最も上級のコーポレート・コミュニケーション担当役員を意思決定過程に関与させなければならない。いったん決定が下されると、コミュニケーション上の問題が発生しうるという理由で経営者に戦略からの撤退を求めることは難しくなってしまう。

トップマネジメント会議で行われる議論では、コミュニケーションの視点が常に採用されるわけではないが、コミュニケーション担当役員を参加させることで、少なくとも全役員が個々の状況と意思決定のメリットとデメリットを理解することができるようになる。意思決定過程に携わっているコミュニケーションの専門家も、メディアに提示すべきアイデアをより理解することができる。

3-2. 社員の育成

コンサルタントやPR会社を使うことが有益な場合もあるが、ほとんどの会社は社内でメディア・リレーションズのスタッフを育成することを選択している。会社は社内スタッフを活用し、適切なツールに投資してメディア分析調査

を実施することにより、月に数千ドルを節約することができる。また、多くの場合、ブランドにとっての最良のコミュニケーターは社員だ。ブランドについて、仕事上で直接得た知識は外部委託することが難しい。

しかし、多くの会社にとっての問題は、専門スタッフを雇うほどメディア・リレーションズが重要だと考えていないことだ。「誰でもコミュニケーションはできる」という不幸な思い込みをもって、弁護士やエグゼクティブ・アシスタント、ときには会計士がコミュニケーション業務を任されることがある。企業は、メディアとの関係を構築することは専門技術であり、その仕事に適した性格や背景を持つ個人の方が的確に業務をこなせることを認識する必要がある。

3-3. 戦略的な外部コンサルタントの採用

予算や資源の規模にかかわらず、多くの会社にとってメディア・リレーションズを外部委託することは、広報担当の社員を採用することよりも理にかなっている。メディア・リレーションズの外注を検討する会社には、特定分野に特化したコンサルタントから、社内にデジタルの業務にも対応できる社員を抱えるエデルマンといったグローバルなPR会社まで、豊富なオプションがある。外部のエージェンシーを雇う主な理由の1つは、PRの専門家が特定の分野でメディアに影響を与えることができるからだ。彼らは、特定のジャーナリストや編集者との関係を維持することに特化しており、メディアと常に対話している。

多くの会社はメディア・リレーションズ戦略の一部のみを外部委託している。例えば、検索エンジン最適化（SEO）、ソーシャルメディア効果測定、コンテンツ制作など、デジタルメディア関係の業務を外部委託していることが多い。最も経験豊富なプレスリリースのライターであっても、短いカジュアルなTwitterのトーンを捉えることは難しい。ソーシャルメディアの影響を受けてメディア・リレーションズが進化するにつれて、メディアを統合するキャンペーンが普及し、Facebookアカウントを管理するチームからビデオ制作プロダクションまで、さまざまな種類の外部のエージェンシーの専門知識や技術が必要となる。

4. オンラインメディア戦略の策定

　最近まで、企業の欠陥を明らかにする主な手段は、新聞記事や『60ミニッツ』のようなテレビ番組の報道だった。そのため、十分に管理されたメディア・リレーションズ・プログラムを持つ会社は、自身の側からのストーリーを人々に伝える上で、ある程度の力を持っていた。しかし、この20年間で普及したワイヤレス通信とインターネットは個人の手に莫大な力を与えることになった。ワシントンに本拠を置く、消費者保護協会の前常務理事であるパトリシア・ステューダヴァントは、「インターネットは消費者にとって新しい、非常に有効な武器だ。インターネットが普及する前は、多くの時間やお金がないと、特定の問題に人々の注目を集めることができなかった。今は一瞬で世界に向けて情報を発信することができる」と説明している[20]。第10章で詳しく見るが、ダンキンドーナツに不満を抱いた一人の顧客が、同社を攻撃するWebサイトを立ち上げて会社に危機をもたらした。同様の出来事が小売業最大手のウォルマートにも大規模なレベルで発生した。同社の評判を貶めるための目的で作られた無数のサイトやブログである。デジタル通信プラットフォームは、消費者が企業から企業メッセージと評判をコントロールする力を奪ったのだ。

　このように、デジタル時代は、以前は組織メディアの手に集中していた権力を個人に拡大し、ビジネスに多くの影響をもたらすようになった。したがって、会社のメディア戦略は、この新しい情報流通の側面に対処するための戦術を増やす必要がある。例えば、ステークホルダーが意見、懸念、苦情を共有するためのフォーラムを設立し、ブログを含むさまざまなメディア・チャネルで流通する、会社に関する情報を積極的に監視することが挙げられる。

　デジタル通信プラットフォームは未知のリスクをもたらすだけでなく、新しい、より創造的かつ効果的な方法でメッセージを伝達する素晴らしい機会を提供する。メディア・リレーションズは全く異なるものへと変化した。ブランドに関するメッセージの多くが、会社から一方的にメディアへ、そしてメディアから株主へ提供された時代から、消費者が直接作り出したコンテンツから提供

される時代になった。現場に居合わせた一般人によるSNSやモバイル端末を使った投稿の増加により、会社に関するコミュニケーションの多くが、実際には主流メディアだけでなく個人によって生み出されるようになったのだ。強力なオンラインチャネルとオフラインチャネルによる統合的メディア・キャンペーンを策定することで、企業は認知度とブランド・アウェアネスを高めることができる。フォーチュン・グローバル100企業の84％以上が広範なマーケティング活動の一環としてソーシャルメディアとブログを利用し、77％が積極的にTwitterで投稿し、70％がFacebookページを持っている[21]。

　新しいメディア・リレーションズの環境において、コンテンツへの露出をコントロールしているのはジャーナリストや編集者、広告主だけではなく、顧客も同様にコントロールできることを先進的な会社は理解している。世界最大のPR会社のプレジデント兼CEOのリチャード・エデルマンは、現在の環境について以下のように語っている。「潜在的な顧客との関係を構築したい会社は、読者の考えを尊重する必要がある。つまり、何かを売ろうとする前に意味のあるコミュニケーションを行っておくということだ。適切に行われれば関係の構築はいずれ売上につながるという理解の下、有益で娯楽性のある情報の共有を第一の目的とすることだ」。

　レッド・ブルのような統合マーケティングを初期から採用していた会社は、この点をよく理解し、売ることではなく物語を伝えることにフォーカスした創造力溢れるコンテンツを作成した。2014年のGAP調査では、コミュニケーションチームの60％以上が物語口調のストーリー・テリング技術を使用して、外部の視聴者を巻き込んでいると報告している。多くの会社は自身のストーリーテリングをさらに進め、スタント・マーケティングとして知られる手法を用いている。レッド・ブルの「ストラトス・キャンペーン」は、近年で最もセンセーショナルなスタント・マーケティングの1つである。2012年、レッド・ブルは世界チャンピオンのスカイダイバー、フェリックス・バウムガートナーのスポンサーとなり、高度24マイルの成層圏から飛び降りて、音速を超える様子をオンラインでライブ配信した。何百万人もの人がこのダイブを見た。レ

ッド・ブルはエデルマンがコミュニケーション・マーケティングの新しいパラダイムと呼ぶ興味深く説得力のあるストーリーを提供したが、そのコンセプトは消費、感情、共有のために構築され、データとインサイトによって支えられていた[22]。

　過去10年間で最もよく統合されたメディア・キャンペーンの1つは、ダヴ（訳注：大手トイレタリー製品メーカー）のリアル・ビューティー・キャンペーンである。2004年に始まったこのキャンペーンは、トロントで開催された写真展「比較を越えて：リアル・ビューティーと女性フォトグラファー」から発展した。イベントはダヴとオグルヴィ・アンド・メイサーが企画し、67名の女性写真家の作品を紹介した。これは、女性が美をどのように考えているかを理解するための、ダヴのブランド提案の始まりとなった。この展覧会に続いてダヴは、一般的な美しさの基準からは外れた、実在の女性を採用した一連の広告を展開した。広告は、広告を見た人に女性の見た目を判断させ、ダヴのマイクロサイトで投票するよう呼び掛けた。ダヴはまた、キャンペーンの背後にある発想の基礎となり、信頼性を与えた、女性と美に関する調査報告書を執筆した。世界中の女性を対象に行った調査の結果、自分を美しいと回答した人はわずか2％だったのだ。ダヴはキャンペーンを通して「美のステレオタイプに対して疑問を呈し、美に関するディスカッションに女性を招き入れる」というミッションを立ち上げた。

　10年を経てもリアルビューティー・キャンペーンは最も話題になる現代マーケティングの成功事例の1つである。キャンペーンは、屋外広告からテレビ広告、オンラインビデオへと広がった。例えば、ダヴは2013年に女性が自分の見た目について法医学スケッチアーティストに説明する様子を撮影した、「リアルビューティー・スケッチ」というタイトルのYouTubeビデオを公開した。この動画は6000万回以上再生され、最も再生された広告動画となった。ダヴはそのマーケティング活動と共に、メンター・プログラムとしてダヴ・セルフ・エスティーム・プロジェクトを設立した。主要なパートナー（ガールスカウト・アメリカ連盟、ガールズ・インク、ボーイズ・アンド・ガールズ・ク

ラブ・オブ・アメリカ）と共に、ダヴは「世界中の少女を励まし、刺激し、動機づけする、自尊心を形成する教育プログラム」を展開している。ダヴのキャンペーンはこれまで700万人以上の少女に到達し、2015年までに1500万人に到達するというグローバルな目標を設定している。このキャンペーンの効力は、ブランド価値に沿って展開することで、ダヴを自らのビジョンに近づけることにある。研究を通してキャンペーンは女性の自己認識を実際に変える、新たな興味深いインサイトを明らかにしてきた[23]。

　ソーシャルメディアを活用する会社のもう１つの例は、サウスウエスト航空である。同社は、全社的なコミュニケーション計画の中に完全に統合されたデジタル・コミュニケーション戦略を盛り込むために、多大なリソースを投資してきた。この戦略の１つには、社員投稿型のブログもあり、役員からパイロット、飛行機の整備士まで、あらゆる従業員が投稿することを推奨されている。正直なコンテンツと透明性に対する誓約のおかげで、ブログはサウスウエストの役員が消費者と同様に従業員とコミュニケーションを図り、ステークホルダーとブランドとの関係を強化する方法となっている。このブログに加えて、サウスウエストの幹部はブランデッド・デジタル・プラットフォームの中にYouTubeやFacebook、Twitter、LinkedInを含めている。

　TwitterとFacebookは、顧客やメディアとつながる便利なチャネルであることが証明されているが、他にも多くのものがある。LinkedInは、2003年５月にFacebookの「大人向け」バージョンとしてサービスが開始され、個人的な関係よりもプロフェッショナルな関係に焦点を当て、よりビジネスに関心のある利用者にアピールしてきた。10年以上経過し、LinkedInは200ヵ国以上で２億5000万人以上のユーザーを抱えている。LinkedInはダウンロード可能なアプリケーションを介して、自らの組織や競合他社、業界のニュース関連のウェブの動き全体をフォローすることを可能にする。このアプリケーションは、ユーザーのプロフィールに最も関連性の高いリンク、ニュース記事、メディアソースを自動的に集約し、自分の知り合いが見ているニュースをフォローできるようにしている[24]。

4-1. 企業のメディア・リレーションズ戦略をソーシャル化する

　研究によれば、一般の人は、企業などの伝統的な組織より、消費者の意見をはるかに信頼している。2014年のエデルマン・トラスト・バロメーターによれば、調査対象の62％が「自分のような人」は会社に関する信頼できる情報を橋渡ししていると回答した[25]。この回答は、1990年代から現在までのソーシャルメディアの驚異的な発展を説明することができる。つまり、ブログを含むソーシャルメディアは、一般市民や前述したサウスウエスト航空のように、会社が「所有」し運用することができるからだ。ソーシャルメディアの導入に関する統計は衝撃的である。世界のインターネット・ユーザーの72％はソーシャル・ネットワーキング・サイト上にアカウントを持ち、２億5000万以上のブログが存在する。そしてその迅速さによって、ブロガーたちはどんな会話の分量やトーンにも影響を与えうる[26]。例えば、2008年と2012年のアメリカ大統領選挙では、ヒラリー・クリントン、バラク・オバマ、ジョン・マケイン、ミット・ロムニーが有権者とつながり続けるためにブログを維持し、ブロガーたちが重要な役割を果たした。

　さらに、ソーシャルメディアのサイトは、企業やジャーナリストにとって消費者の視点や懸念を把握する重要なツールである。しかし、全ての企業幹部がこれらのバーチャルなコミュニティに対して親切に接してきたわけではなく、対応を誤った企業はブランドやレピュテーションを傷つけた。インターネットを重要なコミュニケーションのツールとして受け入れなければ、深刻な影響が生じてしまう。前述した消費者らが作った批判的なWebサイトに加え、世界各地の巨大な多国籍企業が、個人による告発に対して自らのブランドを守り真実をメディアに伝えなくてはならない局面に追い込まれたことがある。2014年にケーブルテレビ大手のコムキャストは、憤慨した消費者がカスタマーサービスの録音を音声ファイル共有サービスのサウンドクラウドで公開したことにより、レピュテーションを大きく損ねた。コムキャストのCOO（最高執行責任者）が「聞くに堪えない」と言った20分の通話記録には、コムキャストの代理店職員が解約をしようとしていた２人の消費者と口論をしている様子が記録

されていた。既にアメリカで最も嫌われている会社の1つであったコムキャストにとっては、不幸なタイミングで発生した事件だった[27]。通話記録は600万人近くが再生し、聞いた人の多くは消費者がより良い選択肢を得られるよう、ケーブルテレビ業界の競争の活性化を訴えた。タイム・ワーナー・ケーブルとの合併が検討されていた最中の事件であったため、多くの人は、既に巨大なケーブルテレビ会社をさらに大きくする合併が消費者にとって、さらなる不利益をもたらすのではないかと考えた[28]。

インターネット上に飛び交う情報を活用すれば、会社は消費者のニーズや苦情に関する情報に驚くほどアクセスできる。TwitterやFacebookのようなソーシャルメディアをモニターすることで、会社は消費者のニーズを把握し、会社のレピュテーションや収益にとって最も重要なニーズに対応するための策を構築できる。レピュテーションの戦略家として知られるレズリー・ゲインズ・ロスは以下のように警告する。「企業は自らの評判に対する新たな脅威でいっぱいの環境で活動している。巨大な競合他社との戦いには備えていても、ブログやツイート、テキストメッセージ、オンライン署名活動、Facebook上の抗議サイト、そしてデジタル動画など、驚くべき可能性を秘めた新しいメディアやソーシャル・ネットワーク上の武器を用いる小規模な敵対勢力によって不意を突かれてしまうことがある」[29]。インターネットを積極的に使うことで、インターネット以外ではアクセスできないであろう消費者の態度や感情、反応に関する重要なインサイトを得ることができる。会社はインターネットを、これまで存在しなかった理想的な調査対象として見るべきだ。オンラインモニタリングをしていれば、企業は消費者の感情を捉えて効果的に反応し、膨大な情報の流通にも対応することができる。しかし、インターネットの力に注目するあまり、他の重要なメディアチャネルを無視するようなことがあってはならない。

4-2. 否定的なニュースを効果的に扱う

否定的なニュース報道は報道の歴史と同じくらい古いが、本章で扱ってきたさまざまな理由から、ビジネス環境が変化する中で否定的なニュースが報じら

れる頻度や深刻さが急速に増している。デジタル・コミュニケーション・プラットフォームの台頭によって、メディアを巡る環境が変化した現在、企業のレピュテーションは、数多くの不確定要素によって脅威にさらされている。企業経営者たちは予測しなかった否定的な報道によって他社が苦境に陥る様子を見て、自らのビジネス戦略や対応のメカニズムを変えてきた。

　インターネットが広範囲で利用されている以上、会社は変化し続けるニュースの環境を理解し、否定的な報道の影響を抑える助けになるような、良いレピュテーションを構築し続けなければならない（レピュテーション・マネジメントについては第4章参照）。オンラインでの否定的な報道は業績の悪化につながりうる。多くの会社は社員や外部の専門家に、自社に関する否定的な報道を調べさせているが、検索エンジンのGoogleで無料のアラートを設定したり、サイバーアラート（訳注：ソーシャルメディアのモニタリングサービス）に登録するなど低価格のツールを活用している企業もある。

　ウェブ上の活動を注意深くモニターしていると、会社は否定的なコメントに対して即座に対応することができる。オレオ（訳注：米大手の菓子メーカー）は2013年のスーパーボウルで最も話題になり評価された。停電が発生し34分間試合が中断されたとき、オレオはすかさず「暗闇の中でも牛乳にオレオを浸すことはできる」とTwitterに投稿したのだ。このツイートは1万5000回リツイートされ、オレオのTwitterのフォロワーが8000人増えた。Facebookでは「いいね！」を2万件獲得し、Instagramではフォロワーが3万4000人増えた。あまりにも反響が良かったため、多くのメディア・アナリストは、オレオが数百万ドルもかけて制作したスーパーボウルの広告と比べ、どっちが同社により多くの利益をもたらしたのか考えさせられた。しかし、一見自発的なツイートのように思われたものは、何ヵ月にも及ぶマーケティング計画の結果だった。オレオを所有するモンデリーズ・インターナショナルのバイスプレジデントであるリサ・マンは、このツイートがどんなチャンスも逃さないように反応できるよう注意深く構築してきたソーシャルメディア戦略の成果だと説明した。スーパーボウルの広告枠を購入した上で、「私たちはソーシャルメディアの指令

本部を設けることによってどんな動きにも反応できるようにした」「もちろん停電は予想していなかったが、指令本部にはブランドの担当者やエージェンシーの人がいた」。指令本部にはワイデン＋ケネディ、メディアベスト、ウェーバー・シャンドウィック、そして360iの担当者、すなわちオレオの全てのクリエイティブ・エージェンシーから代表者が集まっていた。オレオの幹部は連絡を受けており、マーケティングのシニアリーダーの間でメールが交換されていた。だからこそ、オレオはリアルタイムで対応することができたのだ[30]。

多くの会社は否定的なニュースを阻止する最善の方法は内部情報がリークしないようにすることだと認識している。会社は機密情報の流出を防ぐためのソーシャルメディアに関するガイドラインや方針を上手く作れるようになってきた。CEOも、最近採用されたLinkedInのアカウントでも、適切なガイダンスを受けていなければ投稿をきっかけにニュースを作ってしまいかねない。イノベーションを続けるIBMは、ソーシャルメディア・プラットフォームに関するガイドラインを最も初期に導入した会社の1つだ。2005年の春、IBMはWiki（訳注：複数のユーザーが共同で編集できるWebコンテンツ管理システム）を作成し、社員にブログの執筆に関する適切な規制について助言を求めた。このWikiはIBMが繰り返し行ってきたブログ執筆ポリシーの見直しの最初の取り組みであり、現在それは社員によって執筆されたIBMの包括的な「ソーシャル・コンピューティング・ガイドライン」へと進化した[31]。

会社に関する否定的なニュースが流通していることに気づいた場合、それがブログ上での否定的な攻撃であろうと新聞に投稿された論説であろうと、コミュニケーション部門はニュースがもたらしうる潜在的な脅威を即座に評価しなくてはならない。苦情を投稿したのは誰なのか、主張は正当なものなのか。投稿者は個人として発言しているのか、それとも投資家や社員を代表して発言しているのか。個人の発言ではない場合、この苦情はどれほど広い範囲で共有されているのか、攻撃的なWebサイトが設置されたならば、そのサイトへの訪問者は一日何人か、人々は否定的なメッセージに対してどのように反応しているのか、もし否定的な記事が新聞に掲載された場合、その新聞の発行部数はど

のくらいなのか。

　これらの質問に答えることができたら、会社のタスクフォースや常設の危機管理チームは、上級管理職を含め、対策を検討するべきである。法的措置の可能性については、企業弁護士に相談をする必要がある。弁護士は新聞記事やWebサイト、ブログが名誉毀損に当たるのか、発言者を裁判で訴えることができるのかを判断する。

まとめ

　情報の発信に関する新しい技術やメカニズムが開発されるにつれて、メディア・リレーションズの機能は、やたらと情報を発進していた旧式のモデルから、自らのメッセージを迅速かつ正直に、適切なメディアに対して発信することを支えるプロフェッショナル集団のモデルへと発展し続けている。

　今日、会社は多くのステークホルダーによって絶え間なく監視されている。瞬間的な情報発信に対する要求の高まりは、社会からの監視を伴い、新しい技術革新が起きるたびにその圧力は高まっている。管理職はこのような要求に応じるべく、あらゆるステークホルダーのことを意識しつつ、ステークホルダーに対して情報を発信するメディアに対応する準備をしなくてはならない。メッセージを慎重に構築し適切なメディアチャネルを用いることによって、会社はこの強力な「情報を伝えてくれるステークホルダー」、すなわちメディアを活用し、最良のメッセージが拡散され受け止められるようにすることができる。

第7章
インターナル・コミュニケーション

　長年にわたってマネジャーたちは「お客さま対応」に注力してきた。しかし最近では、ビジネスの成功にとって、従業員が他のステークホルダーよりも重要であることを認識し、従業員に対して同じような配慮をするようになった。人事コンサルティング会社のタワーズ・ワトソンが、グローバル企業50社について3年間の従業員データを分析し、従業員のエンゲージメントが高い企業と低い企業を分けた結果、両者の間には平均営業利益率において大きな差が見られた。従業員のエンゲージメントが低い企業の平均営業利益率が10％をわずかに下回っていたのに対し、エンゲージメントが高い企業の1年間の平均営業利益率はその3倍近い27％だった[1]。人事コンサルティング会社のエイオン・ヒューイットも、従業員のエンゲージメントの高さと財務業績の間に強い相関関係を示す調査結果を明らかにしており、従業員エンゲージメントに注目している会社の方が、より高い売上成長率（＋6ポイント）、営業利益率（＋4ポイント）、総株主利益（＋6ポイント）であり、さらにはより高い生産性と低い離職率、低い採用コストを達成したと報告している[2]。エデルマンの従業員エンゲージメント調査の責任者は、「インターナル・コミュニケーションの将来は、顧客中心主義ではなく従業員中心主義であり、従業員は顧客のように扱われ、新製品やサービス、アイデアの最初のテスト市場となるでしょう」と述べている[3]。

　本章では、組織がインターナル・コミュニケーションを通して従業員との関係をどのように強化することができるのかについて検討する。21世紀のイン

ターナル・コミュニケーションは、メモやメール、出版物、放送に留まらず、価値観に基づいた企業文化を構築し、組織的変化を導く可能性を持つものだ。まず、変化するビジネス環境がより強力なインターナル・コミュニケーション機能に対する需要をどのように作り出したのかについて見ていく。次に、計画と人員構成によってインターナル・コミュニケーションをどう組織するか、さまざまなコミュニケーション・チャネルを使用した強力なプログラムの実施方法を検討する。最後に、インターナル・コミュニケーションにおける経営者の役割について考察する。

1. インターナル・コミュニケーションと環境変化

　第1章で述べたように、ビジネス環境は過去50年間で劇的に変化した。現在の従業員は、数十年前とは価値観やニーズの面で大きく異なる。多くは立派な教育を受けており、両親に比べてより多くのものを自らのキャリアに期待し、自らの働く会社についてもっと理解したがっている。特にミレニアル世代は独特で、雇用主に対して倫理的かつ社会的な責任を果たすことを求めている[4]。

　今日の職場は大きく変化している。人員削減、労働時間の延長、業務負担の増加、そしてさらなるパフォーマンスの重視が当たり前になっている。近年では外国への業務のアウトソーシングが増え、多くの従業員が恐怖や妄想、怒りを抱くようになった。また、最近の不況やリーマン・ブラザーズ、ベアー・スターンズといった大企業の倒産によって、多くの従業員は企業や上級管理職に対してシニカルで疑い深くなった。多くの従業員は、給与支払いの凍結や福利厚生の削減、人員削減を心配している。加えて、高い失業率と仕事を失ってから次の仕事が見つかるまでの空白期間（2009年は平均15営業日だったが現在は23営業日）はさらなるストレスの原因となっている[5]。これらによって従業員は上級管理職がどのように、そしてどのような内容を自分たちとコミュニケーションしているのか、自分たちが会社と同じ方向を向いてエンゲージしていると感じられるのかについて、より批判的に考えるようになった。

　ますます複雑化し、競争が激化する今日のビジネス環境は、従業員に対して

第7章　インターナル・コミュニケーション

より大きなプレッシャーとなっており、インターナル・コミュニケーションにおいてもさらなる努力が求められている。インターナル・コミュニケーションに長年取り組んでいるリック・ホドソンは、「職場には不安が広がっている。インターナル・コミュニケーション・プログラムが縮小したり消えたりすると、噂やゴシップが広まる。従業員から情報を隠せば、彼らもあなたから考えや気持ちを隠すようになる」と述べている[6]。

　モバイル大手のテレフォニカは、今日の厳しい環境下で従業員と双方向の対話を維持することの重要性を理解している会社の1つだ。大きく成長しているにもかかわらず離職率が高い業界において、テレフォニカは従業員の満足度を顧客の満足度と同じくらい優先している。従業員は同社の全体的なレピュテーションを決定する上で大きな役割を果たしている、と考えているからだ。コミュニケーション兼レピュテーション担当ディレクターのニコラ・グリーンは、以下のように述べている。「ソーシャルメディアを用いて議論やアイデアの共有、理解に努めているが、定期的に対面式のフォーラムも好んでやっている。また、私たちのような会社が通常持っているようなインターナル・コミュニケーション・チャネルもある。非常に活発にニュースやブログを掲載する活き活きとしたイントラネット（私たちは過度に使用しないよう努力しているが）、メールやチームブリーフィング、独自に放送している毎月のテレビ番組、スマートフォンからアクセスできるポッドキャスト、小売店のための新聞などがあり、関連業界の人ならアクセスし、誰とでも話すことができる」[7]。

　現在の従業員は、組織の変化を促す職場での会話への参加を一層望んでいる。この会話への参加を認めることは、職種や職責にかかわらず、企業のあらゆるレベルの従業員を巻き込み、真のコミュニティ感覚を育てるために不可欠である。このような従業員の変化に対し、コミュニケーションは双方向的でなくてはならない。彼らは意見を求められ、時間をとってフィードバックをした場合、上級管理職がそれを聞いて対応することを期待する。コンサルティング会社のザ・カンファレンス・ボードとマッキンゼー・アンド・カンパニーが行った最近の調査によると、米国に本社を置く500社を超える人材派遣会社にとって、

社員のエンゲージメントは、企業が直面している人的資本に関する最も重要な5つの優先事項の1つに挙げられている[8]。

　多くの会社ではほとんどの場合、上級管理職が意思決定に下位レベルの従業員を関与させることはない。この過ちは従業員が疎外され、評価されていないと感じ、会社内における変化に抵抗することにつながる。アメリカ心理学会（APA）の労働者調査によると、ほぼ4人に1人が雇用主を信用しておらず、雇用主がオープンで隠し事をしないと回答した人は半分に留まった[9]。

　従業員に情報を提供し、意見を聞けば、彼らは仕事に対して前向きになり、会社のビジョンを身近に感じ、組織の利益を共有するようになることをマネジャーは理解すべきだ。エデルマンのCSR実践担当副社長のマーク・グランディは、「最終的には構造と文化の問題だ。従業員が会社を信じて物事をきちんと実行するようになれば、あなたは大いに信用してもらうことができる」と述べている[10]。

　APAの調査によれば、労働者の27％は、1年以内に他で職を探す意向があるという。有能な人材を巡る競争が激化するにつれて、有力なインターナル・コミュニケーションは企業の従業員の獲得と維持、そして全体的な成功にとって重要な役割を果たすのである[11]。

2. インターナル・コミュニケーションを組織化する

　会社のインターナル・コミュニケーションの有効性を評価する最良の方法は、会社に対する従業員の態度を確認することだ。この評価はインターナル・コミュニケーション監査を通じて行うことができる。監査結果に基づいて、コミュニケーションのプロフェッショナルは、組織に適したプログラムを設計することができる。

　例えば、広報の業界誌『PRウィーク』の2013従業員コミュニケーション・キャンペーンの受賞者であるシティ（訳注：大手金融グループ）は、創立200周年記念に向けて、PR会社のルーダー・フィンと地域コーディネーターらと

図表7-1　持続可能なエンゲージメントをもたらす要因トップ5

重点分野／従業員にとって重要な態度と行動	
リーダーシップ	・事業を効果的に成長させる ・従業員の福利に誠実な関心を示す ・組織の核となる価値観に基づいて一貫して行動する ・従業員の信用と信頼を得る
ストレス、バランス、仕事量	・耐えられる範囲でのストレス ・仕事とプライベートの健全なバランス ・仕事を適切にこなすために必要な人数が勤務している ・柔軟な仕事の調整
目標と目的	・従業員が以下を理解している 　・企業のビジネス目標 　・目標達成のために必要なステップ 　・自分たちの仕事がどのように目標達成に貢献しているか
監督	・従業員のスキルに適した業務を割り当てる ・発言と行動が一致している ・職員がパフォーマンスを向上させるために指導する ・従業員に対して敬意と思いやりをもって接する
企業イメージ	・一般市民から高く評価されている ・事業活動における正直さと誠実さを示す

出典：Towers Watson, 2012 Used with permission.

協働し、同社のさまざまなステークホルダーを特定し、理解することに2年を費やした。このチームは、プログラムをより良くプロモーションするために既存のコミュニケーション・チャネルを改良し、より深い交流を促すために、キャンペーンのコンテンツを全て掲載したWebサイトなど、新しいプラットフォームを構築した。ルーダー・フィンは、進行中のプログラムの計画と調整を行うために地域の代表らと毎週ミーティングを行い、100以上の国や事業部門にメッセージを送れるような、ツールキットを開発した。シティのシニアリーダーは、定期的に従業員を巻き込んだ。創立200周年記念日に対する従業員の認識は12ヵ月で倍増し、99.75％に達した[12]。包括的なコミュニケーション監査の実施に加えて、従業員の意見に対する定期的な「体温チェック」は、コミュニケーション・チャネルとアプローチが従業員の変化するニーズに対応し続けていることを確認する上で重要である。上級管理職はコミュニケーション監査と定期的な従業員アンケートを公に奨励し、サポートすべきである。さらに、

経営陣は監査および調査の結果に対応するために必要な基盤の管理と資金提供をしなければならない。

　従業員がインターナル・コミュニケーションについて、実際どのように感じているかを知ると、経営陣はそのニーズに対応するため、インターナル・コミュニケーションの基盤を実施ないし調整する詳細な計画を構築することができるようになる。活用できる人材はいるか、監査の結果や目標はどうかによって、経営陣は、外部のコミュニケーション・コンサルタントとの契約を検討することもできる。コミュニケーション監査や定期的な従業員アンケートを行った後、調査結果に基づく目に見える変化をタイムリーに実現できない場合、調査を行っていなかった場合よりも、従業員の士気を低下させてしまう可能性がある。

2-1. インターナル・コミュニケーションはどこに報告すべきか

　過去には、社内のコミュニケーションは人事部門に報告されていた。なぜなら、人事部門は従業員の福利厚生に関するあらゆる物事を扱ってきたからだ。しかし、この機能はコミュニケーション部門によって担われるようになってきている。IABCの2011エンプロイー・エンゲージメント調査によると、回答企業の51%で人事関係のコミュニケーション機能は「企業もしくは組織のコミュニケーションの担当者ないし担当者グループ」が担っていると回答した[13]。

　大企業のコーポレート・コミュニケーション部門と人事部門には、それぞれインターナル・コミュニケーションの担当者がいることが理想的だ。この場合、人事部門の担当者は、福利厚生の説明や新入社員向けの説明など、形式的なコミュニケーションを担当する。コーポレート・コミュニケーション部門の担当者は、給付金の大幅な変更など、従業員に影響を及ぼす重要な発表を担当する。コーポレート・コミュニケーション部門の責任者がコミュニケーション担当副社長に、人事部門の責任者が人事担当副社長に報告をするのであれば、もう一方の副社長にも報告をする関係にあるべきだ。会社によっては人事に関連した日常業務において、コミュニケーションする人をコーポレート・コミュニケーション部門に位置づけることによって、コーポレート・コミュニケーションと

人事関連のコミュニケーションの戦略と実践に連続性を持たせている。このようなアプローチも各部門の目標が実現され、これら2つの重要な領域の間のコミュニケーションが行われることを確実にする上で役立つ。

　複数の事業拠点を持つ大企業では、各部門にインターナル・コミュニケーション担当者がおり、部門管理担当者および企業全体のコミュニケーション部門に共同で報告することが多い。理想的には、各部門はそれぞれの分野の従業員に高いレベルのメッセージを伝えるため、各従業員の特定のニーズやニュアンスを理解した上で、コミュニケーションの内容とトーンを判断した最善の取り組みを共有することが求められる。しかし、チャネルは部門によって異なる可能性がある。例えば、部門によってはボイスメールの文化があるのに対し、他の部門は電子メールにもっと注目しているかもしれない。大企業では、従業員のオンライン接続にも大きな違いがあるかもしれない。工場やコールセンターの従業員はメールへのアクセスができないのに対して、オフィスで働く従業員たちは、社内であろうと社外であろうと、仕事をする上で完全にメールに依存しているかもしれない。

　インターナル・コミュニケーションについてサポートを受けるため、社外に目を向ける会社もある。例えば、ジェットブルーは業界の中で唯一組合に参加していないエアラインとしての立場を守るため、PR会社のMWWグループにサポートを求めた。ジェットブルーとMWWグループは、ジェットブルーのパイロットが、航空操縦士協会（訳注：全米最大のパイロット労働組合）に加入するか否かを判断する選挙で、加入を否決させるために協力した。投票権を持つパイロットらを対象に、両社はパイロットとその家族を6週間という短い期間で巻き込むことに注力した。コミュニケーション活動はパイロットらに対して、何が問題なのかについて教育し、協会への加入について反対票を投じるよう動機づけることに焦点を当てた。両社はパイロットらとコミュニケーションするため、情報をビジュアル化し、ポスターや乗務員の控室のスクリーン画面で掲示し、はがきに印刷して自宅に送付した。カギとなる戦術は、毎日アップデートされ、スマートフォンに対応したWebサイトだった。また、両社は

COOが難しい問題に回答する様子などの動画も作成した。結局、選挙では有権者の97％が投票し、ジェットブルーは17ポイント差で勝利した[14]（訳注：2012年の選挙ではジェットブルーが勝利してパイロット協会に加盟しなかったが、2014年に再び選挙を行ってジェットブルーが敗れ、パイロットらは加盟することになった）。インターナル・コミュニケーションに対する重要性が知られるにつれて、PR会社やコンサルティング会社はインターナル・コミュニケーションの領域でサービスを開発し、会社も彼らにサポートを求めるようになってきた。

インターナル・コミュニケーションが組織内にどのように位置づけられていても、外部コンサルタントを活用していてもいなくても、社内と社外に対して発信するメッセージは統合されていなくてはならない。そうすることで、会社に関する重要なニュースが発表されたとき、社員が最後にニュースを知ることになるといった事態を避けられるのだ。

会社に関するニュースが報道されたりネットに掲載されたりする前に会社側の見解を伝えることによって、従業員はチームの一員として逐次情報を共有されていると感じることができる。この戦略は伝えるべきメッセージをより良くコントロールすることを可能にし、メディアの気まぐれな報道に振り回されることがなくなる。

従業員らに、会社に関するニュースについて、タイムリーかつ戦略的な更新情報を提供することで、従業員がより会社とつながっていて情報を与えられていると感じるようにすることに加えて、会社は従業員が複数のステークホルダー・グループに所属していることを認識しなければならない。ファイザーのワールドワイド・ポリシーおよびパブリック・アフェアーズ担当バイスプレジデントのデヴィッド・バブラスカは、「従業員は株主であり、リクルーター、顧客、コミュニティのメンバーでもある。内部のステークホルダーは外部のステークホルダーよりも、企業にとってビジネス上重要である場合があり、良い関係を構築しなければ良い結果は生まれない」と述べている[15]。

一部の企業では、「インターナル・コミュニケーション」を古いものとみな

し、将来は社内向けと社外向けのコミュニケーションが同じように扱われるべきものだと考えている。 エデルマンで従業員エンゲージメント・プラクティスの委員長を務めるクリス・ハネガンは、「現在、もう既に社内向けと社外向けのコミュニケーションに区別はない。会社は社員向けのあらゆる情報が外部のソーシャルメディアに流出しうること、そして会社に関するあらゆる報道は従業員によって綿密にチェックされていると想定しなければならない」と述べている[16]。メモやその他のコミュニケーションはマウスの操作1つで外部にリークできるので、社内向けにメッセージを発信する者たちは、その内容が記者や投資家など外部のオーディエンスに共有されてしまう可能性を常に想定しなければならない。このリスクをマネジメントできれば肯定的な結果をもたらすことができる。ハネガンは会社が、「従業員向けに情報が伝わるよう戦略的に報道を活用することや、逆に、会社に関する報道の中に従業員の声を反映させるために、内部の物語や情報をメディアにリークすることについて、より良く理解するようになるだろう」と述べている[17]。従業員が社内向けに発信された情報をソーシャルメディアで外部に共有することを認めている会社は既にあり、この傾向は今後強まっていくだろう。

3. 効果的なインターナル・コミュニケーション・プログラムの実施

　インターナル・コミュニケーション・プログラムの目標が確立され、担当部門が決定すると、プログラムの実行準備が整う。小規模な組織では、インターナル・コミュニケーションは全従業員の仕事でもある。なぜなら、従業員との理想的なコミュニケーションとは、1対1のコミュニケーションや少人数グループでのミーティングだからだ。

　より大規模な組織であっても、インターナル・コミュニケーションにおけるこの親密さが正式なプログラムを構築するための出発点となる。ここでは、個人的な1対1のメカニズムから、メッセージを広範囲かつ瞬時に配布するためにテクノロジーを使用するプログラムまで、効果的なインターナル・コミュニ

ケーション・プログラムを行うための主要な手法を検討する。

　メッセージごとにどのようなコミュニケーション・チャネルの組み合わせが最適かを、タイミングや従業員から予測される反応によって決めるのはインターナル・コミュニケーションの担当者の仕事である。コミュニケーション・チャネルの選択はプロジェクトの成功を左右し、従業員の士気にも大きな影響を与える可能性がある。

3-1. トップダウンとボトムアップのコミュニケーション

　多くの大企業は、人間味や感情のない組織と見られており、従業員から経営者へのボトムアップのコミュニケーションがない場合は、特にその傾向が強くなる。上級管理職が他の従業員から物理的にも心理的にも離れている場合、効果的なコミュニケーションはできない。情報を伝える上で会社全体向けのメールに頼りすぎるのは、経営者をさらに「顔の見えにくい」存在にしてしまう。

　会社は重要なニュースを発表する際に、各監督者を巻き込むべきである。IABCは、従業員エンゲージメント調査で、組織内で従業員のエンゲージメントを44％増加させた最大の要因は、プログラムの監督者であることに気づいた[18]。

　監督者が直属の部下にニュースを提供するために必要な情報やツール、継続的なサポートを提供するのは、インターナル・コミュニケーションの担当者の仕事である。さらに、経営者は、全ての従業員が安心して誠実なフィードバックを共有することのできる環境を作るように努力しなければならない。最近のマッキンゼーの報告によると、従業員と経営者の間の重要なコミュニケーション上のリンクである、中間管理職の27％が「自分の見解が上級管理職の見解と異なる場合、困難な決定について発言することは、自らのキャリアに対するリスクを高める」と回答した[19]。ロバート・S・カプラン（ハーバード・ビジネス・スクールのマネジメント教授、ゴールドマン・サックスの元副会長）は、これまで以上にオープンな文化の重要性が増していることについて指摘し、今日のビジネス環境では、「上級管理職にとって外部の変化を認識することは難しい場合があり、変化の最前線にいる従業員は、自らの考えを報告するに足る

十分な情報や権限を持っていないと考えてしまうかもしれない」と記した。カプランによれば、重要な戦略的な問いについて、従業員から貴重なインプットを得る仕組みを作ることができると、CEOや他の役員は認識する必要がある[20]。効果的なインターナル・コミュニケーションは会社全体に対話を生み出すことができ、参加意識を育むことによって、大企業であっても従業員は企業を身近に感じるようになる。

　従業員とコミュニケーションする最善の方法は、従業員と上司との間の非公式な対話だ。従業員は上司から報復されることを恐れずに質問やアドバイスをできるよう、自分のポジションに安心感を抱いていなければならない。世界最大のコンサルティング会社であるアクセンチュアでは、幹部が採用の最終面接に参加することによって、上級管理職の関与が雇用の前に始まる。採用されると新しい従業員にはそれぞれキャリアカウンセラーが割り当てられ、会社にいる間中、指導を受ける。従業員は分野に応じてコミュニティ・グループに参加することもできる。ダブリンからシカゴオフィスに移籍したニール・ハーディマンは、「オフィスのフロアを歩くときはドアをノックして、ただ挨拶をした。そうすることでシカゴのオフィス内で素晴らしい接点を得ることができた」と述べている[21]。

　アメリカ最大の車両管理会社の1つであるエムケイは、四半期ごとのタウンホール・ミーティング（訳注：社員を集めて自由に意見を言える場）や部門委員会を通じて従業員との対話を続けている。買収の可能性や業績予想など、会社の最も機密性の高い情報に触れることで、従業員は会社に対する当事者意識を感じることができる[22]。

　経営者との会話は、従業員自身が組織変更の触媒として役立っているという気持ちを強める。ピーター・センジは古代中国の哲学者である老子の次の言葉を紹介している[23]。

　　邪悪な指導者は人々から恐れられ、良い指導者は人々から尊敬され、偉大な指導者は人々に「私たちはそれを自分でやった」と言わせる人だ。

従業員を尊重し、従業員と対話することは効果的なインターナル・コミュニケーション・プログラムの基礎となる。エムケイのCEOのグレッグ・テパスは、従業員からのフィードバックを奨励し、情報が幹部まで届くようにしている。テパスによれば、「全員がこれらの共通の目的に向かって活動し、その理由や方法を理解すれば、より多くのことを一緒に実現することができる」[24]。現在のビジネス環境においては、組織に対する信頼が失われレピュテーションに注目が集まっており、従業員から話を聞くことはブランドの信頼性と信用を維持するための重要な一歩になる。ウェーバー・シャンドウィックで企業検証の委員長を務めるミチョ・スプリングは、「従業員とのエンゲージメントは会社に、企業の声を人間的なものにするための最善の手段を提供する。それは、今日の環境においては戦略的な必須事項ともいえるだろう」[25]。

3-2. フェイス・トゥ・フェイス・ミーティングの時間を作る

　従業員が上級管理職に対して確実にアクセスできるようにする１つの方法は定期的な面談を多くの従業員と行うことである。このようなミーティングは頻繁に（少なくとも四半期ごとに）開催し、経営者が会社の成果や重要な事業に関する進捗状況を共有し、前述した従業員からのフィードバックへの対応を表明する場でなければならない。最も重要なのは、公の場で従業員が経営陣に対して質問できる場であることだ。もし規模や地理的な理由で直接ミーティングに参加できない従業員がいるような場合は、ビデオや電話を通して参加できるようにすべきだ。

　このような面談で取り上げる議題は少数に留めなくてはならない。会社で起きていること全てを取り上げるよりも、経営者は事前に従業員に対して調査し、従業員にとって何が最も重要なのかを明らかにすべきである。そうすることで、従業員にとって重要な議題の１つか２つを中心として、経営者が共有したいメッセージを盛り込んだプレゼンテーションを作ることができる。しばしば、経営者は重要な告知事項があるときだけしかミーティングを開催せず、意味のあ

る対話が行われる可能性を減らしてしまう。

　ミーティングでは動員数を増やしたり従業員を鼓舞したりするために、創造力を発揮することもできる。コカ・コーラ・サウス・パシフィックは2009年に導入し、「Live Positively 世界をプラスに回そう」という行動原則を仕事と生活に取り込むために設置したグローバルなサステナビリティ指針を補う実験的なお祭り風の日を設けた[26]。GEは環境のサステナビリティ指針を補うため、自社がどうすればもっとエネルギーを効率的に使えるかについて検証する、宝探しイベントを開催した[27]。

　確かに大規模なイベントは一度に多くの従業員にリーチする有効な手段だが、経営者は小規模なグループ単位での従業員との会合の重要性を見落とすべきではない。重要で自発的なフィードバックや意見を求める場合は、大人数よりも少人数の方が従業員は意見を言いやすいことがある。少人数のグループは特定の課題を解決する上でも都合が良い。会社は対面コミュニケーションの有用性や価値を徐々に認識し始めている。2012年当時、苦境に陥っていたインターネット大手ヤフーのCEOに就任したマリッサ・メイヤーは、全従業員に対して同社のオフィスで働くように命令したことで、大きく報道された。メイヤーはその目的について、「最高の職場になるためにはコミュニケーションと協力が重要で、だからこそ隣り合って働かなくてはいけないし、私たちはオフィスの中にいなくてはならない。即興のチームミーティングで優れた決断を下したり、アイデアが生まれたりすることもある」と述べている。彼女の決断については賛否両論あったが、メイヤーの決定は、会社の方向性を伝える最も優れた方法は未だに直接会うことだ、という多くの企業のリーダーたちが抱いている認識を反映している[28]。

3-3. オンラインでのコミュニケーションとモニタリング

　従業員とのコミュニケーションを促進する重要なデジタルチャネルの１つは社内イントラネットである。1990年代後半に導入されたイントラネットは、会社が従業員に対して、イベントや主な経営上の取り組みに関する重要なニュ

ースを、迅速かつ広範に届ける新しい手段となった。多くの会社のイントラネットは、従業員が集まって会社に関する考えを共有する場であり、インタラクティブに信頼関係を構築できる。従業員エンゲージメントが低いと報告する会社が多い中（2014年のタワーズ・ワトソン・グローバル労働力調査では、従業員の4分の1以上がエンゲージメントはないと報告）、会社はエンゲージメントを推進する方法を見つけることが不可欠となっている。デジタル・コミュニケーション・プラットフォームは、インターナル・コミュニケーションやタレントマネジメント（訳注：人材を活用・育成する取り組みのこと）を強化する最も優れた方法の1つとして浮上したが、多くの問題も抱えている。職務怠慢な従業員や機密情報の流出によってオンライン上で批判にさらされたことのある会社であれば、ウェブ・テクノロジーが従業員のエンゲージメントを高めてまとまりのある企業文化を構築することができる一方、適切に管理しなければ、不満を抱いた従業員を企業ブランドやレピュテーションに対する脅威に変えてしまうことを知っている。

　ダウ・ケミカル・カンパニーのダウ・アドバンスト・マテリアルズ部門は、2009年のローム・アンド・ハース社の買収や、いくつかの事業の統合に関するコミュニケーションを必要としていた。コミュニケーションチームは、「エンパワード・トゥ・デリバー（訳注：実現する力を与えられた）」という標語のもとに従業員教育とエンゲージメントのキャンペーンを作成した。このキャンペーンは会社のイントラネットの主要部分を構成した、顧客向けニュースサイトのようなスタイルの社内サイトを中心として展開されていた。このサイトには、マルチメディアや記事、オンデマンドのビデオ、ビジネスおよび消費者のニュース、基礎的な情報や更新情報、さらには長い特集記事が含まれていた。従業員は、さまざまな種類のニュースから、必要なときに必要な情報を入手することができた[29]。

　イントラネット技術は非常に強力だが、経営者のメッセージの影響力を弱めずにコミュニケーションを促すためには慎重に使用する必要がある。電子メールやボイスメールが溢れる中、従業員たちは膨大な量の情報にさらされている。

従業員に対して効果的にメッセージを伝えるためには、そのメッセージに意味があり、興味を抱けるものでなくてはならない。ウェルモント・ヘルス・システムのイントラネットは「全ての従業員に同じ情報を伝える」方針だったが、社内でデザインを改めて従業員とのエンゲージメントを作り出す、「個々の従業員やグループに向けたユニークなニュース」を含むようにした[30]。

　従業員にメッセージが確実に伝わり、情報が簡単に見つけられるようにするために、会社はかなりの投資をする必要がある。ポータルの技術は、従業員がオンラインで情報を発見し、管理することを容易にするものとして頻繁に使用されるようになった。ポータル技術は重要なイントラネット上のページや見出し、アプリケーションへのリンクをGoogleやYahoo!と同じように１つの画面に統合する。例えば、国際通貨基金（IMF）は従業員が迅速に情報にアクセスできるようデザインを合理化している[31]。

　会社のイントラネットは、ダイナミックかつエンゲージメントを促すものにするため、そして従業員が最新情報を入手する場とするために、定期的に更新しなければならない。理想的には、イントラネットは従業員の仕事の中に組み込まれており、従業員が一日を通して繰り返しチェックするものであるべきだ。最近のIABCの研究財団とバック・コンサルタント社による従業員エンゲージメント調査によると、組織が従業員のエンゲージメントを高めるために最も頻繁に使用しているツールはイントラネットである、と75％が回答した[32]。

　若い世代が職場に加わるにつれて、ソーシャルメディアも社内でのコミュニケーションを促しコミュニティを構築するために不可欠なツールになりつつある。サン・マイクロシステムズ社はWikiやブログ、Facebookファンページ、さらには人気の仮想空間ゲーム、セカンドライフの中の６つの島も用いて、組織内にコミュニティを作ってきた[33]。時間がたつにつれて、会社はこのような従業員が普段使用するコミュニケーションツールを取り入れていくことになる。また、企業は従業員がオンラインで素直に意見を述べられるようにすることで必然的にコントロールを失うものの、それがもはや利益をもたらさないリスクではないということも徐々に理解してきている。従業員、特にミレニアル世代

の従業員は、オンラインでコミュニケーションすることで力を与えられていると感じ、安心する。ブログを執筆する従業員が増えるにつれて、役員も企業のブランドとレピュテーションを守るため、企業のブログ・ポリシーを導入した。IBMは2005年に、最も早い段階で従業員のブログについてガイドラインを導入した。現在、IBMのガイドラインは「IBMソーシャル・コンピューティング・ガイドライン」として改訂・改名され、ブログだけでなくソーシャルメディアにも対応するようになった[34]。

　透明性の低いソーシャルメディア・ガイドラインを採用している会社は、その報いを受けてきた。金融のような規制の厳しい業界でソーシャルメディアは法的な地雷原であり、企業のレピュテーションにとって脅威となりうる。従業員によるツイートや投稿、書き込みを記録として残さなければ、企業は法的責任を問われかねない。衣料品小売業社フランチェスカの元CFO、ジーン・モーフィスはこれらのリスクがどれほど現実的かを学んだ。2012年、理事会が生産的な形で終わった後、モーフィスは、「理事会。良い数字＝ハッピー・ボード」とツイートした。しかし彼にとって不運なことに、公式な売上はまだ全ての投資家に公開されておらず、彼のTwitterのフォロワーはインサイダー情報に触れたことになり、SEC（米国証券取引委員会）違反となった。彼はまもなく解雇された[35]。「神聖」な投資銀行ゴールドマン・サックスも、会社に対して不満を持つ入社11年目の社員が、『ニューヨーク・タイムズ』のオンライン版に、同社を「今まで見た中で最も有毒で破壊的」と表現した文書を投稿し辞職したことで、困難な状況に陥った。文書はすぐに拡散し、ゴールドマン・サックスは評判を落とし、株価はすぐに3.4％下落、21.5億ドルの損失となった[36]。

　オンライン・コミュニケーションチャネルは便利だが、情報流出を防止するためにモニタリングしなければならない。また後述するように、それらは経営者と従業員との間のパーソナルで対面のコミュニケーションの代わりとして用いるべきではない。

3-4. 従業員指向の社内報の制作

　オンライン・コミュニケーションに加えて、多くの企業は紙媒体を通して情報を共有している。従業員に対して情報を「プッシュ」するメールやデータ版のニュースの方が、受動的な「プル」型のイントラネットやWebサイトより好まれてはいる。しかし、インターナル・コミュニケーションに関する最近の調査によると、従業員の75％は紙媒体のデジタル版への移行に反対している[37]。残念なことに、多くの社内報は面白くない。どうすれば毎月の社内報を従業員にとってもっと興味を持てるものにできるだろうか。

　従業員の注目を集めるという意味で、社内報が全国メディアやローカルメディアと競合していることを会社は認識すべきだ。今日の従業員は洗練された情報消費者であり、ボウリングのスコアリストや「今月の従業員紹介」の写真を見るより、『USAトゥデイ』や『ハフィントン・ポスト』のようなものに興味を持っている。理想的には、社内報は、従業員を周囲の出来事だけでなく、広い範囲の情報とつなげるべきだ。つまり、会社全体の重要な出来事や成果を議論し、会社の全体的な方向性や戦略について明確に伝えるべきなのである。

　社内報を作ることは、ジャーナリスト経験者が担当することが理想的である。従業員が会社や業界で起きている本当のことについて、読みたくなるような形式で受け取っているのかどうか、広報担当役員やCEOも確認すべきである。

　社内報を通して従業員にリーチするもう１つの方法は、雑誌を職場ではなく自宅に送ることである。他の方法に比べて費用はかかるが、会社が家族の一部になることに貢献する。これは従業員やその家族にとっても誇りに思えることだ。国際ビジネスコンサルタントのポール・レベスクは、あるクライアントについて次のような示唆的な話をしている[38]。

　私のあるクライアントのために働いている施設管理人が、雨や雪の日にスリップ事故をなくす賢い方法を思いついた。この方法と管理人の写真が社内報に掲載された。この会社は誌面上で紹介した従業員の子どもたちに、「あなたのお父さんの写真は２ページ目に掲載されています」といった、パーソナルなメモを添えて

社内報を送っていた。数週間後、経営陣はスタッフミーティングを開催し、品質改善プログラムについて意見を求めた。そこでこの管理人は立ち上がり、こう述べた。「社内報が自宅に届いた日、帰宅したら2人の子どもたちが私を英雄のように扱ってくれた。子どもたちに誇りに思ってもらえたことがこの会社で30年働いてきて一番嬉しいことだった。このようなことがマネジメントの"品質向上"に該当するならば、自分は何でも貢献する準備があることを知ってほしい」。

何よりも、全ての出版物は、オンラインでも印刷媒体でも、従業員に影響を与えることについて誠実に伝えなければならない。目的は、従業員にチームの一員であり、会社やその業界における最前線にいると感じてもらうことにある。出版物のトーンにはリアリティも必要だ。誠実さを欠いた、プロパガンダのような内容であれば、多くの従業員は見抜いてしまう。

これらの発行物に掲載されるメッセージは業界や会社によって異なるが、従業員が興味を持っている話題と、従業員が経営者から聞くべき話題との間で、経営陣は適切なバランスを取らなければならない。また、従業員が大学の同窓会誌のように次号の発行を楽しみにするような内容でなくてはならない。同窓会誌のスタイルやトーンは社内発行物にとって良い参考になる。

従業員に直接影響を与える重要な出来事に応じて、他の発行物もしばしば作成される。例えば、健康保険や退職給付の分野では特別な発行物が必要である。企業が医療費給付の減額を準備している場合、実際の変更が起こる数ヵ月前に従業員とのコミュニケーションを開始し、従業員が納得するようにしなければならない。このような状況でコーポレート・コミュニケーション担当者は、時間をかけてどのようにコミュニケーションするかという広報戦略を策定するために人事部門と連携する可能性がある。新入社員が前向きに、かつ違和感なく入社できるようにするためにも、特別な出版物や資料を用意する必要がある。

今日では多くの社内報がデジタル化されており、従業員はさまざまな動画や追加情報へのリンクを通して、ニュースを受け取り読む機会がある。経営陣はまた、メモや手紙を使用して従業員に経営上の継承や新しい組織編成、重要な

取引や契約などの社内の変更について伝えることができる。これらの書面上のコミュニケーションは、従業員が特別なことだと感じない程度で、しかし経営陣の声を聞かなくなるほど頻繁でない程度に用いるべきだ。買収や合併など大きな出来事のある場合は、もちろん従業員は社外のステークホルダーと同時に情報を伝えられる必要がある。

　買収や合併といったニュースを社内と社外に発信するタイミングは、ほぼ同時でなければならない。なぜなら、会社がメディアや顧客に対して公式発表をする前に、従業員が社外のステークホルダーに対して重要な情報を勝手に伝えた場合、大きな損害をもたらす可能性があるからだ。同様に、本章でも述べてきた通り、従業員が社内で連絡を受ける前に外部から会社に関する重要なニュースを得た場合、社員の士気や信頼を損ねてしまう。

3-5. 視覚的にコミュニケーションする

　ニュースを得るために、テレビなど伝統的な手段に加えて、ネット動画やソーシャルメディア、Webサイトなどを参考にする人が増えている。同様に、イントラネットの利用が増える中で、従業員は情報を得るにあたってより視覚的な要素を重視するようになっている。その結果、多くの会社は、従業員も関与できる基礎的なウェブキャストやマルチメディア・プレゼンテーションといった強力なメディアを通して、従業員と連絡する方法を発展させてきた。

　大企業のほとんどは、本格的なテレビスタジオを所有してプロのスタッフを抱え、衛星放送の機能を持っている。このような高度なシステムは、視覚的な方法で従業員とコミュニケーションをとる最良のシステムである。もし独自のスタジオを所有していなくても、必要に応じて外部の業者に依頼すればこれらのサービスを提供してもらえる。

　これらのスタジオは「映像社内報」を作るために利用されている。従業員が遠隔地で利用でき、本社から1000マイル離れていても、組織の一員と感じることができる。企業は従業員がイントラネット上で視聴できる番組を頻繁に発信するようになってきている。メールを利用できない従業員は、カフェテリア

などに集まって大人数でウェブキャストを視聴することができ、共同体としての体験は従業員間の対話も活性化できる。

　ウェブキャストは、ブログや動画、写真、音声を用いることができる。例えばウォルマートは、長年にわたり発行していた社内報『ウォルマート・ワールド』に同社従業員の声を反映し、現在は従業員による、従業員のための社内向けの記事や議論、写真、ビデオを掲載するマルチチャネル・プラットフォームのWebサイトとなった。同社はこのWebサイトとともに、社員の貢献を称えるFacebookページやライフスタイルのコンテンツや創業者サム・ウォルトンの言葉を投稿するPinterest（訳注：画像をブックマークとして集めるツール）のページ、さらにはモバイルアプリケーション、ビデオ・ストーリーテリングなども活用した。キャンペーンを開始した1年後、出版物の広告収入は60％増加した（訳注：この社内報には広告が入っており、同社には140万人の社員がいる）[39]。大手通信事業者ベライゾンは、持続可能性の改善に関するアイデアを生み出すキャンペーンの一環として、社内向けWebサイトを作成し、ウェブキャストや電子メールを用いて従業員に連絡、社内向けビデオチャネルのVZグリーンTVを作成した。

　経営陣は、このようなコミュニケーションの出費を軽薄で無駄なものではなく、従業員と会社の距離を縮めて役員を人間的なものにするための投資として見るべきである。しばしば個性が失われがちな電子メールに対して、これらを用いたコミュニケーションは時間や出張費をかけずに会社のリーダーのメッセージや企業のビジョンを人間味をもって伝えることができる。このようなコンテンツ制作は、上手くできれば従業員の士気を大いに高め、将来ずっと残る記録映像となる。

　視覚的コミュニケーションは、常にハイテクでなくても良い。例えば、大手日用品メーカーのコルゲート・パーモリーブのメネン工場では、そこら中にあるホワイトボードに故障や生産目標、病欠、誕生日、休暇日程、各ラインが生産するユニット数などの詳細が記入されていた。ある掲示板ではレーシングカーを用いて各ラインの相対的な生産性を示すことで、成果を視覚的に表現する

とともに、従業員の動機や誇りの源となっていた。ベライゾンはローテクの掲示板に対してハイテクなひねりを加えた。従業員が確実に最新のメッセージを受け取るよう、コンテンツを毎月更新した[40]。

3-6. インターナル・ブランディングに焦点を当てる

　本章では、戦略と方向性に関する明確かつ双方向のコミュニケーションの重要性について論じてきた。インターナル・ブランディングもまた、士気を高め、従業員が自分の仕事にエンゲージする職場を作り出すために重要である。コミュニケーションの担当者は、従業員に対して新しい広告キャンペーンに関する情報を提供することはあっても、一般の人に納得させようとしているアイデアを従業員に納得させることの必要性をほとんど認識していない。

　インターナル・ブランディングは、合併や経営陣の変更といった変化の時期において特に重要である。ダウ・ジョーンズが2012年に新しいCEOを採用したとき、優先事項は企業の制度化された製品事業の改革、デジタル・ジャーナリズムのプラットフォームの強化、そして顧客サービス志向の文化の構築だった。新しいCEOのレックス・フェンウィックは、グローバル・コミュニケーションのトップであるポーラ・キーヴとともに従業員を巻き込み、フェンウィックのビジョンを実現するため、新しいイントラネットやTwitterの初級講座、一連のイベントを含むインターナル・コミュニケーションの改善策を実施した[41]。

　社内監査の結果、従業員が企業のビジョンとの接点を見い出せないときや、従業員の士気が低いときが、インターナル・ブランディングのキャンペーンを実施する機会となる。社内向けと社外向けのマーケティング・メッセージが一致しないとき、顧客体験は損なわれ、会社にとっても負の影響が出る。例えば、ある医療機関は、顧客の福利厚生を最優先事項として掲げていると宣伝しながら、従業員には最優先事項を経費削減だと伝えていた。

　インターナル・ブランディング・キャンペーンは、経営陣の変更や合併、危機、従業員の士気低下だけをきっかけとして行われるわけではない。新しい広

告やリブランディング（訳注：ブランドの再構築）・キャンペーンを実施するときも、インターナル・ブランディングを検討する良い機会である。アメリカン航空が2013年に行ったリブランディングは、新しい視覚的アイデンティティを導入しただけでなく、企業文化の改革を試みた。象徴的なアメリカン航空のブランドの外部的な変更は、社内でも受け入れられなければならないという点において、戦略的に複雑なものだった。同社は、ウェーバー・シャンドウィックとインターパブリック・グループの協力を得て、メディアと従業員向けに整備用格納庫で新デザインを施した試作機を披露するイベントを開催してその魅力を強調するなど、従業員向けのコミュニケーションも詳細に計画した[42]。

重要な記念日や新しいオフィス環境も、インターナル・ブランディングを展開する良い機会である。バイエル・ヘルスケアは4つのオフィスを統合して2400人を1つのビルに移動させ、個室やブースで仕切られたオフィスから完全にオープンなオフィスに変更した。インターナル・ブランディングのチームは新しいイントラネットやビデオの導入、対面ミーティング、オープニング当日の式典、新しいオフィス・備品の導入などを伴うキャンペーンを展開した。コミュニケーションチームは社内で誇りを育み、メディアでも話題になることで、より一体感のある文化を生み出すことに貢献した[43]。

ただし、従業員が会社のブランド・プロミス（訳注：ブランドが保証している品質や価値）や主要な顧客に対して提供するべきものについて理解していても、それを納得しないと企業の力になれない。外向けのブランディング・キャンペーンが顧客と企業との間で感情的なつながりを作ることを目指すように、インターナル・ブランディングも従業員との感情的なつながりを作ることが目的となる。この重要な分野に注目すれば、従業員の士気を向上させ、最終的には企業にとって良い結果をもたらすだろう。

4. インターナル・コミュニケーションにおける経営陣の役割

本章で紹介してきた事例には、CEOや他の幹部がインターナル・コミュニ

ケーションに関与しているという共通の特徴がある。その関与は非常に重要である。なぜならこれらの人物は「企業文化の担い手」でありビジョンを体現する存在であり、組織戦略に関するコミュニケーションは全て彼らから発信されるからだ。株取引をするフロアにおけるJPモルガン（訳注：世界有数の銀行持株会社の創始者）のデスクが伝統的にそうであったように、CEOや役員は自ら、他の従業員と同じデスクやブースで働くことによって仲間意識を醸成し、従業員と直接に関わり、従業員全体との間で共有された文化や責任の感覚を構築しようとするケースが増えている[44]。役員が目に見える場所にいることは、透明性の文化を作ることにつながり、それは今日のビジネス環境において重要なことだ。最新のAPA（アメリカ心理学会）の職場調査によると、3人に1人の従業員は、雇用者が自分たちに対していつも誠実で正直だとは考えておらず、このことは経営者にとって警鐘となる[45]。

企業の戦略的カウンセリングおよびPRを担う会社のザ・ディーレンシュナイダー・グループの創設者ロバート・ディーレンシュナイダーは、21世紀の企業が求めるリーダーのタイプについて以下のように説明している[46]。

　今、必要とされるのは、従来とは異なるタイプのCEOだ。それは権力者の装いを捨てて、取締役会と新しくダイナミックな関係を築き、中間管理職から第一線で働く従業員まで、従業員の創造的な可能性を引き出す新しい方法を見つける人物である。これは、変化を嫌う経営者に対して、大きな態度変化を求めることになる。彼らはプライベートジェットから降りて他の人と一緒に飛ぶ必要があるのだ。CEOらを甘やかし現場から遠ざけてしまう多数の取り巻きたちから離れ、工場の現場や売り場カウンターの裏、事務所のブースにいる従業員と実際に時間を過ごすべきだ。

物理的にそこにいることと交流することが、重要な出発点である。しかし上級管理職は、自分たちのメッセージを全従業員に確実に伝え、何よりも理解されるために、インターナル・コミュニケーションの担当者と密接に協力する必

要がある。「理解される」という側面は重要だが、しばしば見過ごされている。インターナル・コミュニケーション戦略を専門とする独立コンサルティング会社シェパード・アソシエイツのCEOドナルド・シェパードは、以下のように述べている。「『自社がこうなりたい』というビジョンを持つことはできる。それは結構なことだが、ミシガンやインドのような遠隔地の工場で働く従業員もそのビジョンがどう自分に関係し、その実現のために何を変えなければいけないのかを理解する必要がある。それはマクロレベルでは実現できない」[47]。

　個々の従業員が、自分にとって戦略的目標や取り組みはどのような意味を持つのかを理解する、ミクロレベルの理解を実現するために、インターナル・コミュニケーションの担当者は最前線の管理職と協力し、さまざまな従業員に対してそれぞれ意味のあるメッセージを作らなければならない。スターバックスのインターナル・コミュニケーション・チームは、バリスタたちが企業の文化やビジョンをより密接に感じられるよう、企業のミッションに関する主要なメッセージや情報を伝達するWebサイトを立ち上げた。まず本社の従業員と共有し、それから会社の各階層を通して62ヵ国で働く20万人のバリスタと共有した[48]。従業員やバリスタは各店舗、そして何より日々の仕事に経営陣の「ビジョン」を反映する大きな可能性があるのだ。

まとめ

　ここ数年間で「歩き回ることによる経営」といった経営哲学を巡る議論は同じ結論にたどり着いた。つまり、経営陣はデスクから離れてスマートフォンを置き、外に出て会社のために働く人を知る必要があるということだ。「その場しのぎの修正」や他の方法では、従業員との交流という基本的な必要性を満たすことはできない。

　従業員とのコミュニケーションを可能にする高度な技術には、メールやイントラネット、ブログ、ソーシャルメディア、遠隔地のオフィスとつながる衛星ミーティングなどいろいろあるが、インターナル・コミュニケーションの最も

重要なことは、経営者が従業員に対して基本的な責任を持つことである。その責任とは、従業員が言いたいことを聴き、従業員がどんな人間なのかを理解することである。私たちは、アプトン・シンクレアの『ザ・ジャングル』から現代のアメリカ企業まで、長い道のりを歩んできた。今日の従業員は、ハイテクで洗練されたコミュニケーションを求めているが、経営陣との個人的な関係も求めている。この事実を理解することが、効果的なインターナル・コミュニケーション・プログラムの基礎となる。

第8章

インベスター・リレーションズ

　会社は株主価値を最大化しようとするために、その経過を投資家に伝え続けなくてはならない。そのため、インベスター・リレーションズ（IR）はコーポレート・コミュニケーションの重要な機能の1つである。決算や業績予想を説明することはインベスター・リレーションズの重要な役割だが、ジム・コリンズとジェリー・ポラスが著書『ビジョナリー・カンパニー／時代を超える生存の原則』の中で述べているように[1]、今日の企業は「数字の先」に進む必要があるのだ。

　　ビジョナリー・カンパニーは数多くの目的を追求する。お金を稼ぐことはその中の1つだが、最大の目的ではない。確かに彼らは利益を追求するが、それと同じくらいコアとなるイデオロギー、すなわち利益の追求を超えたコア・バリューや目的意識によって導かれているのだ。にもかかわらず、ビジョナリー・カンパニーは純粋に利益を追求する会社と比べてより多く稼いでいる。

　したがって、インベスター・リレーションズの専門家はできるだけ頻繁にコミュニケーションと企業の戦略や「ビジョン」を結びつける必要がある。インベスター・リレーションズは、これまで広報やメディア・リレーションズの専門家が担ってきた業務に関わる機会が増え、同じようなステークホルダーとコミュニケーションするようになってきた。すなわちIRの専門家には財務に関する確かな知識に加えて、優れたコミュニケーション技術が求められるのだ。

本章はこの重要な業務を検証するため、まずインベスター・リレーションズの概要と歴史についてみていく。次に、インベスター・リレーションズの目標を確認し、IRのフレームワークを提示する。ステークホルダーとして重要な投資家グループについて、IRがどのように彼らにリーチできるかを議論した上で、組織の中にIRの業務がどのように位置づけられるのかを確認し、最後に変化するビジネス環境におけるインベスター・リレーションズについて議論する。

1. インベスター・リレーションズの概要

　全米IR協会（NIRI）は、インベスター・リレーションズを「企業の証券が公正な価値評価を受けることを最終目標とするものであり、企業と金融コミュニティやその他のステークホルダーとの間に最も効果的な双方向コミュニケーションを実現するため、財務活動やコミュニケーション、マーケティング、そして証券関係法の下でのコンプライアンス活動を統合した、戦略的な経営責務」と定義している[2]。多くの実務家や学者が、「現代のインベスター・リレーションズの専門家は投資家が会社の有価証券報告書や四半期報告書には興味がなく、会社のビジネスやその価値を理解しようとしていることを認識している。このような理解を深めるため、会社は株主とのコミュニケーションを法定開示から非財務情報の開示にまで拡大する必要がある」と強調している[3]。

　これらの説明が示すように、インベスター・リレーションズとは、金融に関する規律であると同時に、コーポレート・コミュニケーション機能である。過去10年間のビジネスおよび規制環境の変化は、企業が決算や業績を誰にどうやって、どの程度伝えるかについて影響を及ぼしてきた。

　投資家は、会社の財務情報と非財務情報についてわかりやすい説明を求めている。アーンスト・アンド・ヤング（訳注：世界4大監査法人の1つ）のビジネス・イノベーション・センターが実施した有名な調査によれば、アナリストや投資家は投資判断をする際に、従業員の質や革新性、経営の信頼性、企業戦略の実施といった幅広い非財務的指標を参考にしている[4]。実際、コンサルテ

ィング会社のマッキンゼーによれば、業界トップクラスの会社は基本的な財務報告の先を見ており、アナリストや投資家との良好なコミュニケーションを維持するためには、「焦点を短期的なパフォーマンスから、会社の長期にわたる健全な経営を導く要素や将来のビジネス環境に対する期待、長期的な目標に向ける」ことを伴う[5]。

会社がこれら全ての面で自らを明確かつ魅力的に示すためにも、IRの専門家は財務に関する深い知識と確かなコミュニケーション能力の両方を兼ね備えていなければならない。IR機能が会社の戦略とビジョンに結びつくためには、上級管理職へのアクセスも必要である。このように組織されたIR部門は、良いときも悪いときも投資家に安心をもたらすことができる。

1-1. インベスター・リレーションズの進化

20世紀初め、企業秘密は会社にとって大きな課題だった。いかなる種類の開示も、企業の利益にとって潜在的に有害であると考えられていた。この認識は1930年代、上場企業に、米証券取引委員会（SEC）への定期的な情報開示を要求する2つの連邦証券取引に関する法律が制定されたことで変わった。1933年の証券法および1934年の証券取引法の制定によって、新しい定期的な報告責任が求められるようになったにもかかわらず、企業は義務付けられた情報開示にしか関心を示さず、インベスター・リレーションズの業務をほとんど必要としなかった。

インベスター・リレーションズが現在のような規律に基づいて行われるようになったのは、1950年代からだ。10年後、全米IR協会がIR機能を公式に認めた。全米IR協会は、企業経営者、投資家、金融界とのコミュニケーションを担当する執行役員およびIRコンサルタントの専門家集団として設立された。それとほぼ同時期に、現在はインターパブリック・グループの一部門でシカゴを本拠とするフィナンシャル・リレーションズ・ボード社（FRB）が、クライアントと投資家との関係構築を支援する業界初のPR会社として誕生した。

そのFRB社は1970年代までに長期的な財務目標と戦略を説明した投資情報

の配信を先駆けて導入した。この革新的サービスが開始される以前、会社の代表者は地元の株式ブローカーやアナリストたちにプレゼンテーションを行うことで潜在的投資家に情報を伝えていた。

　1970年代に進展した規制改革は、IRを巡る状況を変えた。1974年に従業員退職所得保証法が制定されたことにより、年金基金管理者は受益者の利益のために行動する法的な責任を負うことになり、投資先企業に対する要求をより厳しくした。例えば、投資先企業の業績が予想より悪いときには、その理由に関する詳細な報告書を求めたのである。

　1980年代には州ならびに地域の法律により、年金基金はポートフォリオに占める株式の配分を増やすことが可能となった。その配分は1982年の22％から1989年には36％に上昇し、機関投資家は企業のIR部門にとってさらに重要なステークホルダーとなった。同時に、インフレにより多くの個人投資家が株式市場から逃げ出し、1980年代末には機関投資家が全取引量の85％を占めた。

　電話会議が始まったのは1980年代で、一度に何百もの機関投資家のために行われた。その後、多くの会社では四半期ごとの電話会議が一般的に行われるようになった。1990年代に入ると、インターネットが会社の財務情報を多数の投資家に伝達する手段となった。企業はWebサイトにインベスター・リレーションズのコーナーを設置し、ニュースリリースや年次報告書、有価証券報告書、四半期報告書、株価チャートを掲載し始めた。今日、インターネットはインベスター・リレーションズにとって最も重要なチャネルの１つとなっている。インターネットはコスト、スピード、リーチという観点で他のチャネルに比べて優れており、その重要性は増し続けている。企業は情報を発信するためにダウンロード可能なオンラインチャートやデータ、ウェブキャスト、アプリケーションなど新しい方法を用いている。2011年、マイクロソフトは最も優秀なインベスター・リレーションズのWebサイトに贈られるIRマガジン・アワードを受賞した[6]。同社のWebサイトには視覚的な年次報告書、最近の出来事に関する動画、ブログ記事、エクセルシートにダウンロードできるインタラクティブで詳細な財務データ、そして頻繁に更新される多くのニュースが含まれて

いた[7]。

　IRの専門家は、電話会議やWebキャストといった大規模なコミュニケーションを行う一方、大手の機関投資家や証券会社のアナリストと、最高財務責任者（CFO）や最高経営責任者（CEO）との間の定期的なプライベート・ミーティングを開催し続けた。これらの会議では、アナリストが具体的な質問をし、経営陣から自社の収益モデルと予測について回答を得ることができた。

　こうした活動は、個人投資家を大規模な機関投資家と平等な競争の場に置くように定めた法律の制定に伴って変化した。1990年代は個人投資家が株式市場に戻り始めたが、個人投資家は機関投資家と同様の企業情報へアクセスできていないのではないかという懸念が深まった。この問題は、機関投資家だけに公開されていた四半期ごとの電話会議の直後に株価の乱降下や取引の増加が発生していることを指摘した2つの研究によって明らかになった[8]。

　これに対応して2000年後半、米証券取引委員会（SEC）は、特定の投資家（機関投資家やアナリスト）に対して一般に公開されていない「非公開の重要事実」の開示を禁止する、一般的に「レギュレーションFD」と呼ばれる公平な情報開示に関する規則を可決した。この規則の採択によって、電話会議は全ての投資家に対して即時に公開されるようになった。個人投資家はそれまで参加できなかったフォーラムに参加し、経営幹部から直接、会社の業績や戦略について聞くことができるようになった。会社が一部の投資家に対して他の投資家よりも先に収益予測に関する情報を提供する「選択的情報開示」をできなくなったことにより、公開された電話会議で行われる説明のトーンは以前に比べてフォーマルで調整されたものとなった。レギュレーションFDのその他の影響については本章で後述する。

　過去50年を通して、インベスター・リレーションズは上級管理職によって敬意と関心を獲得し、不可欠なコーポレート・コミュニケーション業務であると認識されるようになった。米国で株式公開している大手企業の大半は全米IR協会の会員で、中小企業の会員も増えている。全米IR協会は2011年までに株式時価総額9兆ドルの上場企業1600社を代表する3300名以上の会員を有し

ている[9]。

　2007年中頃から、インベスター・リレーションズは、米国とグローバリゼーションが進む国際経済のビジネスにとって重要性を増している。サブプライム住宅ローン危機などによって始まった世界的不況によって、北米、欧州、アジアの市場は驚異的な勢いで低迷した。米国で始まった乱気流は世界へ急速に広がり、投資家や金融アナリストを混乱に陥れた。米国内外の株式市場は低迷し、格付け機関のS&P（スタンダード・アンド・プアーズ）によれば、2008年1月に世界株式市場は5.2兆ドルの損失を被った[10]。

　2007年10月から始まった大不況は17ヵ月後の2009年3月に終わり、S&P500の総損失は56.4％に達した。 2007年2月、市場は1997年以来の最低水準に落ちた[11]。その記憶は経営者たちに影響を与え続けている。地域市場がグローバル経済に合流し、グローバリゼーションが進み、一国の不況が世界各地でドミノ現象のように景気後退をもたらすようになってきたことにより、インベスター・リレーションズの重要性は高まっている。投資家は過去に比べて、より多くのコミュニケーションや透明性、会社へのアクセスを求めているため、投資を呼び込もうとする企業はこれらの要件を満たすIRプログラムを作成する必要がある。次の項目では、組織がどのようにこれらを達成することができるかについて検証する。

2. インベスター・リレーションズを管理するための枠組み

　企業はどのように投資家を惹きつけ、維持しているのだろうか。2013年にニューヨーク証券取引所の、株式の売買高を時価総額で割った年間の株式売買回転率は80％だったことを考えると、IR担当役員（インベスター・リレーションズ・オフィサー＝IRO）が直面する課題の難しさを理解することができるだろう[12]。以下では、インベスター・リレーションズの主な目的について説明し、IRプログラムの成功のための枠組みを示す。

2-1. インベスター・リレーションズの目的

　IRプログラムの構成は企業の規模や事業の複雑さ、株主構成などで異なるが、いかなるプログラムにおいても目的は投資家の資金を巡って自社に有利に競争できるように会社を位置づけることである。この目的を達成するため、企業は以下のことに焦点を当てる必要がある。

（1）**投資家、アナリストやメディアなどの仲介者に対して企業のビジョンや戦略、可能性を説明する**。IRの専門家の最も重要な任務の1つは、投資家に対して会社の業績や業績見通しに関するメッセージをできるだけ理解しやすいように提供することである。この節ではさまざまな投資家について後述する。

（2）**期待される株価が業績見通しや業界の見通し、経済に対して適切であることを確認する**。IR担当役員は、投資家の組織に対する懸念や期待を理解し、経営陣に伝えることによって市場が組織に対して抱いている期待を組織の上層部も理解できるようにする必要がある。経営陣が市場の期待に応えることができないと考えている場合は理由を説明し、期待を適切にマネジメントするためのコミュニケーション計画をインベスター・リレーションズ部門と協力して策定するべきである。反対に、会社の潜在力が株価に反映されていない、すなわち株価が過小評価されていると経営陣が判断した場合、投資家がその潜在力を認識し、株価が適切な水準に到達するためのIR戦略を策定すべきである。

（3）**ボラティリティ（株価変動率）を最小限にする**。相互会社や年金会社、保険会社といった機関投資家の専門家243名に対して行った調査によると、企業のインベスター・リレーションズ活動は、その会社の株価変動の最大25％を説明する可能性があるという。さらに調査対象者の82％は、優れたインベスター・リレーションズは企業の評価に影響を与えると考えており、優れたIRは10％の株価プレミアムを生み出し、不十分なIRは株価を中央値で15％下げると回答した[13]。この目標を達成するには株式

の長期保有者が中心となるように株主構成を最適化することが必要である。安定した株価を維持する会社は通常、資本コストが低いので、新しい株式をより安く発行することができる。IR担当役員は長期的に株価を安定させる戦略的な目標に加えて、しばしば短期的に株価に悪影響を与える可能性のある市場のニュースや出来事に対応する必要がある。いくつかの例を本章で紹介する。

次に、これらの目的を達成する方法を見る。**図表8-1**はインベスター・リレーションズが投資家と直接的・間接的にどのようにコミュニケーションするかを示している。間接的なコミュニケーションは、アナリストやメディア、格付け機関などの仲介業者を通じて行われる。これらのステークホルダーとのコミュニケーションは、株価や株価のボラティリティ（変動率）、そして企業の資本コストとレピュテーションに影響を与える。

図表8-1　インベスター・リレーションズのフレームワーク

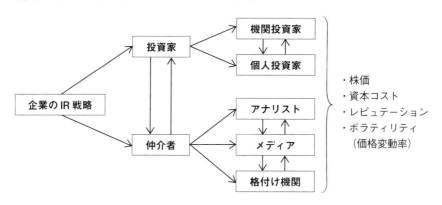

出典：Adapted from Markus Will and Anna-Lisa Wolters, "Interdependencies of Financial Communications and Corporate Reputation," Proceedings of the 5th International Conference on Corporate Reputation, Identity, and Competitiveness, Paris, France, May 17-19, 2001. p. 14.

2-2. 投資家の分類

　会社のIR戦略は、個人投資家（個人株主）と機関投資家（年金ファンド、投資信託、保険会社、寄付基金、銀行）の両方に対処すべきである。しかし、これらのステークホルダーは、IR部門に対する要求がそれぞれ異なり、異なるコミュニケーション・チャネルの利用を求める。例えば、個人は機関投資家と比較して高度な知識がないため、機関投資家ほど詳細な情報はほとんど必要としないが、株式分割などの事項に関してはきめ細かいサポートを必要としている。さらに、機関投資家は個人と比べて会社に対して大規模で集中した共同出資の機会を提供するので、彼らのメッセージはより効果的で市場への影響力（取引量および価格変動）も大きい。

（1）機関投資家

　2010年末の時点で、機関投資家は米国の株式市場の67％を所有していた[14]。機関投資家が保有する米国株式の割合は高まっており、市場関係者の間では、これが市場の乱降下や、個人投資家と高度な機関投資家の間の情報の不平等性に影響を与えるのではないかと懸念されている。しかし最新の研究は、機関投資家が全体の何割を所有しているかよりも、特定の株式に対する所有権の集中と株式の売買高が重要であるであると示唆している[15]。機関投資家が保有する上位1000社の米国企業の割合は過去最高だが、そのような投資家が株式を保有する平均期間は急激に短くなっている。ニューヨーク証券取引所の場合、1970年代には約7年間だったのが、現在はわずか7〜9ヵ月である[16]。個々の株式の価格や市場全体の株価の乱降下に及ぼす機関投資家の影響に関する議論は続いているが、このタイプの投資家の重要性は明らかである。

　IR部門は、機関投資家の複数のカテゴリーを識別し、ターゲットにすることができる。例えば、機関投資家はポートフォリオの売上高（高、中、低）と投資スタイル（グロース型、バリュー型、インカム投資、インデックス投資）に基づいて分類することができる。投資家を同様の特性を持つ小口のステークホルダーに分類することで、IRは適切なターゲット・ユーザーにメッセージ

を効率的に伝えることができる。例えば、インデックスファンドのマネジャーは、インデックスのウエイトからポートフォリオ保有額を変更する裁量権を持たないため、彼らに会社のビジョンと見通しを説明することにあまり効果はない。

IRの専門家（またはそのエージェンシー）は、データベースを活用して機関投資家の株式保有や回転率、および基本ポートフォリオ特性に関する情報を収集し、ポートフォリオ特性に、会社の株価収益率（PER）、利回り、時価総額、および業種分類のいずれが緊密に対応しているのかを知ることができる。例えば、株価純資産倍率（訳注：PBR＝株価が会社の持つ資産価値の何倍買われているかを表す）が低い企業の場合、「バリュー」型投資（訳注：株価が割安な銘柄に投資するスタイル）を専門とする投資信託マネジャーへの説明が中心になるかもしれない。中小企業は同様に小型株専門のマネジャーを対象とするが、より大きな時価総額を目指している場合は、中型株専門マネジャーの間での認知を高めることもできるかもしれない。このような調査をすることによって、会社は関係のない投資家とのコミュニケーションに多くの時間を費やさなくてすむ。

投資基準によって、会社の特性に合致する機関投資家を特定できれば、その投資家らが長期的な投資に関心を持つようになる計画を立案すべきである。IR担当役員は、日々の電話連絡やアナリストとの１対１のミーティングなど、さまざまな方法でこれらの機関投資家にアクセスできる。その会社が関係を持ちたい大規模で影響力のある機関投資家の代表者との会合では、CEOやCFOが関与することが多い。

多数の機関投資家にアクセスするもう１つの方法は、公式な集会である。例えばCEOは、アナリストや証券会社の集会、業界の集会、自社の属するセグメント（小型株、ハイテク企業など）を対象とする集会に頻繁に対応している。会社はまた、ニューヨークやボストンなどの金融の中心地で独自のミーティングを開催し、自社の株式を所有しているか購入を検討している機関投資家を招待している。

（2）個人投資家

　アメリカ人全体のほぼ半数（52％）は、株式を個人的または信託で所有している[17]。機関投資家と同様に、個人投資家は一枚岩のステークホルダー集団ではない。彼らは、株式を直接または投資信託、会社の株式プラン、または確定拠出年金（401k）を通じて所有している。積極的に証券取引を行って一日の間に売買差益を生み出したり、退職後の貯蓄のためにバイ＆ホールド戦略（訳注：長期的に証券を保有し続ける戦略）を採用したりもしている。

　金融機関と比較して個人投資家の預かり資産は小さく、取引量も少ない。さらに前述のように、機関投資家とは異なる種類の情報を必要とする傾向がある。

　第2章では、会社のステークホルダー間の区別が曖昧になってきていることについて言及した。例えば、個人投資家が会社の従業員で、401kプログラムや自社株の形のボーナス報酬、またはストックオプションを通して、会社の株式を保有する場合もある。従業員は報道で自社の財務実績について読むとき、その情報が社内で聞いている内容と一致することを期待している。したがって会社は、経営陣の従業員に対するメッセージと矛盾する報道に関する従業員の懸念に対応する準備が必要である。

　個人投資家に訴求することは、機関投資家と接触することよりも困難である。なぜなら、個人投資家は数が多く特定することが困難だからだ。会社が個人投資家とのコミュニケーションに使用するチャネルには、投資家グループごとに、例えば現在の株主、従業員、顧客、サプライヤーなどへのダイレクトメール、個人に対して株式を薦めるブローカー、メディアや広告を通じて獲得する認知度の高さなどがある（財務広告の詳細については、第4章を参照）。

　近年、デジタル・プラットフォームは、投資家に対して会社のリアルタイムな情報を提供する有力なチャネルであることが明らかになっている。2013年に行われた米投資信託協会の調査によると、投資信託を所有している米国の世帯の92％がインターネットを利用し、54％がオンラインで投資に関する情報を入手していた[18]。

　インターネットは機関投資家だけでなく個人にも利用されてきた。ポートフ

235

ォリオ管理者やアナリストは、インターネットを使用して会社の財務に関する基本情報を入手し、最新のプレスリリースを見ることができる。しかし、会社のIR担当役員やCFOとの関係がない個人にとって、インターネットはこれまでと比較にならないほどの会社情報へのアクセスを可能にした。インターネットはオンデマンドのビデオやウェブキャスト、その場でのプレゼンテーションなどを通して、かつて大規模な機関投資家だけが利用できた直接的な体験に似たものを提供するようになったのである。

2-3. 仲介者

　投資家は、投資先の会社以外の情報源を通じてその会社のことを知ることが多い。特に、メディアとアナリストのコミュニティは重要な情報源である。企業は彼らに対して、四半期の成果を説明する電話会議や年次決算報告を発表する記者会見、会社の発展と戦略について話すためのフェイス・トゥ・フェイス・ミーティングを通じて情報を提供している。レポーターとアナリストは、しばしば経営陣に対して探りを入れるような厳しい質問をし、その回答を投資家に対して公開する。したがって経営陣は、日々投資家に直接伝えているメッセージと一致する、誠実な回答をしなければならない。

（1）メディア

　私たちは第6章で、産業界が新聞や雑誌、テレビ、ネットの各メディアによって報道されるようになってきたことについて見てきた。全国ネットの経済番組のキャスターは、定期的に番組内で企業の収益発表を議論し、株式調査アナリストを招いて注目している会社の動向についてコメントを求めている。

　ビジネスに関する報道は、会社の株価に劇的な影響を及ぼす可能性がある。例えば、2013年4月にAP通信社の公式Twitterアカウントがハッキングされ、約200万人のフォロワーに次のツイートが送信された。「速報：ホワイトハウスで爆発が2件発生、バラク・オバマが負傷」。わずか60秒後にダウ平均株価は急激に、つかの間ではあるが150ポイント下落した。そのツイートが偽りで

あると判明するまでの2分間、わずか120秒で、偽りのツイートが株式市場の価値を1360億ドル消失させたのである[19]。

　また世界的な事例として、南アフリカのビールメーカーSABミラーがある。SABは、新興市場で買収したビール業者を管理する能力に関して、長年、投資家の間で絶大な評判を維持してきた。しかし、2002年にミラーを56億ドルで買収してSABミラーを設立した1年後、その株価は急落し始めた。この急激な下落の背景にある理由を理解するため、経営幹部は会社の財務記事を分析し、原因を突き止めるためにエコー・リサーチ社に協力を依頼した。幹部は、SABミラーの株の動きに対する報道とアナリストの解説を比較したエコーの調査結果に基づき、株の変動に最も影響を及ぼしたジャーナリストとアナリストを検証した。さらに、株価の低迷に最も影響を与えている要因は、ミラーの継続的かつ一貫した業績不振であることを明らかにした。この情報を基に、SABミラーの役員は、投資家の信頼を回復するため、コミュニケーション戦略を再構築した。それ以来10年間にわたって株価は常に上昇し、3倍に上がった。メディア報道とインベスター・リレーションズが財務実績に大きな影響を与えることを証明したのだ[20]。

　確かに、IR部門と緊密な関係を持つ、強力なメディア・リレーションズ部門を持つことは、企業のインベスター・リレーションズ活動に有益である。メディアへのアクセスを最大化し、各グループがメディアに送るメッセージの一貫性を確保することになるからだ。

　さらに、投資家を惹きつけたい知名度の低い会社にとって、適切な形で報道されることは、IR戦略の重要な要素となる。金融メディアの影響力が高まる中、一部のIRやPRのコンサルティング会社は、クライアントが戦略的にメディアを選ぶための「金融メディア・リレーションズ」プログラムを提供している。

　次に見るように、メディアは著名なアナリストの視点を一般投資家に伝え、アナリストというもう1つの非常に影響力のある仲介者に声を与える。

（2）セルサイド・アナリスト

　IRは「バイサイド」と「セルサイド」のアナリストを通じて金融界の標的を定める。バイサイド・アナリストは通常、資金の管理会社（投資信託や年金基金など）のために働き、機関投資家の投資ポートフォリオのために会社の研究をする。彼らは、分析の際にセルサイドの調査を使用することもあるが、多くは会社訪問や会社の財務評価などによって独自調査を行う。したがって、インベスター・リレーションズの枠組みを提供するという目的のためにバイサイド・アナリストは機関投資家に所属し、仲介者ではないものとみなす。

　しかし、セルサイド・アナリストは、特定の業界の株式をカバーし、「買い」、「売り」、または「保持」の提案をする詳細な調査レポートを作成する。この研究はJPモルガン・チェースなど投資銀行の顧客や、チャールズ・シュワブなどの個人向け証券会社に提供される。つまりセルサイド・アナリストは、会社と現在のそして潜在的な投資家との間の仲介業者ということになる。UCLAで会計学教授を務めるマイケル・ブレナンの調査によれば、有力なIRは投資家とセルサイド・アナリストの両方から同社への関心を高めることができるという。また、ブレナンの調査によれば、セルサイド・アナリストは、市場の流動性を高め、取引量を増やし、会社に影響を与えるニュースへの株価の反応を緩和することを通じて、株の取引に良い影響を与えることができる[21]。

　1990年代後半と2000年のネット・バブル崩壊により、セルサイド・アナリストは、著しく不振な株に対して「買い」を推奨し続けてきたことについて批判を受けた。メディアは、セルサイド・アナリストが投資銀行の利益のために働くので利益相反が生じることを問題視した。伝統的に、調査チームが調べる会社は重要な投資銀行の顧客であり、評価を下げられたら、法人としての仕事の依頼先を変えたり、アナリストによる取材などを通じた情報収集に制限を加えたりできるからだ。

　インターネットビジネスが繁栄し、株価が上昇し続けるように見える中で、これらのセルサイド・アナリストの多くは、有名人のような地位を享受していた。メリルリンチのエンターテインメント業界担当のアナリストのジェシカ・

リーフ・コーエンは「数十億ドルもの市場価値を即座に追加または減額することができた」と語った[22]。メディアでビジネスニュースが注目される中、アナリストの存在は誰もが知るようになった。

このように注目されるようになったのは、アナリストの提案が大きな影響を与えたことを意味した。ザックス・インベストメント・リサーチによると、1985年から2000年の間に、3人以上のアナリストによってレポートされた株式は、レポートされなかった株式と比べてその後6ヵ月間を通して株価が37％上回った[23]。しかし、1996年から2003年までの期間を見ると、独立系の証券会社（投資銀行業務のない証券会社）による買い推奨は、投資銀行のアナリストによる買い推奨のパフォーマンスを8％上回った。そしてNASDAQ市場がピークを過ぎると、投資銀行のアナリストによる買い推奨のパフォーマンスは独立系に対して17％下回るようになった[24]。

2000年初めにネット・バブルが崩壊したときも、多くのアナリストは自身が所属する投資銀行とレポートを執筆する会社との関係を維持するため、株式が急落している会社であっても非常に高い評価を与え続けていた。これらのアナリストを信頼できるアドバイザーとみなしていた投資家は裏切られ、だまされたと感じた。これらの「スターアナリスト」に対する報道は、ドットコム経済の全盛期と同じくらい多く、アナリストに対する見方は完全に変わったのである。『バニティフェア』誌は、彼らを「もはや市場の客観的オブザーバーではなく、固有の利益相反問題を抱えたインサイダーとなったスターアナリストである」と書いた[25]。かつて「ネットの女王」と呼ばれていたメアリー・ミーカーは、『フォーチュン』誌の表紙に「ウォールストリートを再び信用することはできるのか」というタイトルと共に登場した[26]。

バブル崩壊はアナリスト規制の時代をもたらし、セルサイド・アナリストとのコミュニケーションの状況を変えた。

2000年10月、SECの提案したレギュレーションFDが発効した。それまで、企業は、機関投資家と同じチャネルを通じて、アナリストと連絡を取り合っていた。CEOやCFOとの1対1のミーティングやランチは一般的だった。IRの

専門家は、日常的にアナリストに電話し、特定の質問への回答や、彼らの予測モデルへのフィードバックに多大な時間を費やした。レギュレーションFDは、このような企業幹部が非公開情報を証券アナリストと共有する慣習を排除するため、情報を同時に一般公開することを求めた。幹部は財務上、業務上の重要情報を自社が取引関係にある投資銀行のアナリストに提供していると疑われてきた。レギュレーションFDの結果、アナリストの収益モデルに対して、事実関係の修正以上の個別のフィードバックを会社が自由に提供することはできなくなり、アナリスト業界に大いなる失望をもたらすことになった[27]。アナリストモデルの修正は長い間慣習として行われており、アナリストが会社の業績予測をする際に活用した重要なメカニズムだった。多くの会社は、アナリストが作成した収益モデルに対して個別のフィードバックを提供するのではなく、会社自身がモデルを作成し、アナリストに提供することで新しいルールに対応した。

2003年4月、米証券取引委員会、ニューヨーク証券取引所（NYSE）、全米証券業協会（NASD）、ニューヨーク州検察長官は、米国最大級の投資銀行10行との14億ドルにおよぶアナリスト・レポートに関する包括的和解を発表した。包括的和解は、投資銀行がリサーチ・アナリストの仕事に不適切な影響を与えているという証拠を発見した、ニューヨーク州検察官による長期にわたる捜査の成果だった。この和解は、投資銀行のために働くセルサイド・アナリストの仕事に内在する利益相反を排除しようとした。そして、この和解は米国で最大規模の投資銀行10社に対する罰金14億ドルをはじめ、リサーチおよびレポートの判断が独立していることを保証するための構造的な変更と、企業の投資銀行業務とリサーチ部門間の不適切な交流の禁止を求めた。特にアナリストの報酬は、直接的または間接的に投資銀行業務の収益に基づくことができなくなり、リサーチ・アナリストは提案資料の作成やロードショー（訳注：会社の財務担当役員が数日間にわたって海外などの投資家を訪問すること）など投資銀行の営業活動に参加することができなくなった[28]。

レギュレーションFDの施行および包括的和解後、IR環境は一部変わった。銘柄のリサーチに対する厳しい規制のため、投資会社はこれまでと同じくらい

多くの銘柄に対するリサーチを維持することがさらに困難になり、コストも増えた。主要なブローカーとディーラーは、大型株に関するリサーチに集中するようになった。NASDAQ上場全企業の40％は、2人もしくはそれ以下のアナリストが担当している[29]。規制の結果、アナリストが少なくなり、そのために上場会社が投資家集団とコミュニケーションするためのチャネルが少なくなっている。

　和解はまた、アナリストのレポートがあまり楽観的でなくなっていることを意味している。和解前の2000年には、好景気の中でS&P500銘柄の95％が「売り推奨」のレーティングを持たず、また2つ以上の売り推奨のレーティングを持つ銘柄もなかった[30]。しかし、セントルイスのワシントン大学の研究によれば、和解以降、アナリストは予測や提案を発表する際にはより慎重になっているという[31]。リサーチと投資銀行業務の両方を行っている投資銀行のアナリストは、「強い買い」推奨銘柄数を包括的和解以前は37％で行っていたのに対し、和解以後は21％になった。「買い」推奨銘柄数は和解以前、40.6％だったのに対し、以後は32.2％に減った。伝統的に悪いニュースとして市場に受け止められていた「保持」の推奨は、和解以前は19.9％、以後は43.3％で行うようになった。

　確実なのは、アナリストとアナリストがカバーする会社の関係は戦略的に扱わなければ緊張をはらんだものになることである。ウェルズ・ファーゴ証券で長年アナリストを務めるタッド・ラファウンティンの例を見てみよう。彼は2005年7月に、会社役員が電話に応対せず、事業を分析するのに適切な情報を提供しないとして、大手半導体メーカーであるアルテラのレポートをしないと発表した。この銘柄に対して「売り」の推奨をしていたラファウンテンによれば、同社は彼の否定的な意見に抗議した。アルテラを担当していた31名のアナリストの一人であるラファウンテンは、アルテラのインベスター・リレーションズ担当バイスプレジデントのスコット・ワイリーとCFOのネイサン・サルキシャンから、彼の調査に「協力することは株主の利益にはならなかった」と言われた[32]。

　この問題に対するメディアの報道は迅速かつ否定的で、多くの人がこの動き

を、意見を操作しようする試みだと見ていた。数日後、アルテラは謝罪に追い込まれ、「あとから考えれば、情報提供を断る判断をしたことは誤りであり、ラファウンテン氏をはじめ、当社の投資家およびそのコミュニティの皆さまに謝罪する」との声明を出した[33]。

明らかに、アナリスト・レポートには単純な買いか保有推奨以上のものが含まれている。レポートの格付けの客観性に対する信頼性が近年大きく損なわれたにもかかわらず、レポートに含まれる企業に関するその他の情報は、機関投資家によって投資判断をする際に参考にされている。アナリストは依然として会社のIR戦略の重要な仲介者なのだ。また、IR担当役員は、アナリストと戦略的にコミュニケーションをとり、アナリストからの格下げに対応できるようなコミュニケーション計画を立てて備えるべきである。

（3）格付け機関

米国には、マグロウヒルのスタンダード＆プアーズ（S&P）、ムーディーズ・インベスターズ・サービス、フィッチ・レーティングといった格付け機関がある。これらの機関は、バイサイドとセルサイドのアナリストとほぼ同じ手法を用いて会社を分析するが、特に信用力に重点を置いている。これらの機関が会社に割り当てる格付けは、会社の債務履行能力の評価を反映している。この格付けが次に、会社の負債コスト（借り入れおよび社債金利）を決める。

これらの機関は、格付け情報窓口と公表された報告書を通じて、一般に評価を提供する。最高の格付けはAAA（S&P、フィッチ）とAaa（ムーディーズ）、最も低い格付けはD（S&P）とC（ムーディーズ）であり、これは既存の貸付契約の債務不履行にある企業を表す。BBB/Baa以上と評価された会社は「投資適格」とみなされ、それより下の会社は投資に適していないか、「高利回り」とみなされる。また、投資適格債よりも低い格付けの債券は、否定的な意味を込めてジャンクボンドと呼ばれる。格付け機関は評価が低いほど債務不履行に陥る可能性が高いと予測するため、そのような評価を受けた会社は負債による資本を調達するコストが高くなる。

債務格付けは会社の資本コスト以外にも影響をもたらす。上院政府活動委員会議長のジョセフ・リーバーマン上院議員は次のように述べている[34]。

> 信用格付け機関は、資本と流動性、すなわちアメリカ実業界と資本主義経済の原動力へのカギを握っている。格付けは会社が資金を借りる能力に影響し、また年金基金や公社債投資信託が会社の債券に投資できるかに影響し、さらには株価にも影響を及ぼす。良い評価と低い評価の違いは、成功と失敗、繁栄と不幸の違いを意味する。

債務格付けが会社に与える影響の例として、最近では2007年のサブプライム住宅ローンの崩壊を主な原因として始まった信用危機の犠牲になった債券保険会社がある。2008年1月30日、フィッチ・レーティングスは、資本不足が13億ドルに達した債券保険会社FGICの格付けをAAAからAAに引き下げた。同業種のアンバック・フィナンシャル・グループは、フィッチの要件を満たすために必要な10億ドルを調達しようと試み、断念した結果格下げされた。アンバックの株価は、最高値だった96.10ドル（2007年5月18日）から52週間での最安値4.50ドル（2008年1月17日）まで下落した。2008年2月、バークシャー・ハサウェイのウォーレン・バフェット会長は、混乱を巻き起こしている業界を支援するために、最高8000億ドルの地方債による再保険の提供を申し出た。しかし、2010年11月、アンバックは連邦倒産法第11章の下で破産保護を申請した。アンバックは2013年初めに破産から復活したが、最も安値のときは1株当たり0.08ドル前後で取引されていた[35]。

信用格付けアナリストは、会社との関係については株式アナリストと似ているが、会社の債務構造をより重視する点で異なる。さらに、多くのバイサイドとセルサイドのアナリストは、特に債務負担が重い資本集約型企業に対する、全体的な会社評価の一環として、信用アナリストの調査と格付けに依存している。

大手格付け機関の格付けアナリストは、2001年に株式アナリストが非難を浴びたのと同じ理由で、2008年の債務危機の後に非難を浴びた。認識された

利益相反や社債、政府債を危機が訪れてしばらく時間がたつまで格下げをしなかったため、格付け会社は投資家らの間で信用を失ってしまった[36]。格付け機関は信用危機で起きたさまざまなことに対して批判を受け、直接的な責任を負った。その結果、彼らは訴訟や捜査、世論やメディアからの批判に直面してきた。法務省は2012年初めまでに、格付け機関が2008年の金融危機でどのような役割を果たしていたか調査を進めていた[37]。特にスタンダード・アンド・プアーズは、2008年までに不動産担保証券を過大評価したのかについて判断を下す、重要な詐欺訴訟に関わっている。これらの機関に対する規制はまだ行われているが、2000年代初めに株式のセルサイドのリサーチ部門が経験したのと同じような変革を経験すると予想される。

3. インベスター・リレーションズ・プログラムの開発

主要なステークホルダーである投資家について整理したところで、次に、IR業務の構造について、社内スタッフやエージェンシーへの委任、その組み合わせといった形でどのようにコミュニケーションしているかについて見ていく。この項では、IRを会社内の重要な機能とするような活動を詳しく見ることとする。

3-1. IRは組織内にどのように、そしてどこに位置づけられるか

会社のIR業務は、完全に社内で行う形から、完全に外部に委託する形まで、さまざまな方法で構成することができる。社内のIRチームは一般的に小さく、最近のコーン・フェリー調査では、企業のIR部門の平均人数は1〜2名である。より小規模な組織では、CFOがIRを直接担当し日常的なレポート作成業務の一部をエージェンシーに依頼することもある[38]。

会社がエージェンシーを採用する場合、ケクスト＆カンパニー、アベルナシー・マグレゴル、フィナンシャル・リレーションズ・ボードなど、IR業務を専門とするエージェンシー、またはフライシュマン・ヒラードやバーソン・マ

ーステラといった、IRに特化した有力なグループを抱えるフルサービス型PR会社を選択することができる。エージェンシーは、レポート作成やアナリスト会議の準備から、破産や訴訟コミュニケーション、M&A、株式公開などのハイエンドサービスまで、さまざまなIRのプロジェクトや活動を支援できる。過去10年間、エージェンシーは完全にレギュレーションFDを理解したうえで、企業の開示方針を支援することにも集中してきた。レギュレーションFDには、機関投資家と個人投資家の間の平等な競争の場を創出するという目標がある。しかし同時に、会社に全ての重要情報を明示し、全てのステークホルダーに同時に開示するという負担を負わせる。

　社内とエージェンシーとの間の責任分担は、会社の規模やIR目標などのいくつかの要素によって決まる。どのような分担があるにしても、IRの担当者はCEOやCFOなどの上級管理職と話ができなければならない。社内のIR専門家はこのような状況にあり、IR担当役員の大多数（82％）がCEOまたはCFOに直接レポートしている[39]。

　IRとメディア・リレーションズなどの領域が重なり合うケースが増えている中、一部の組織ではIR部門とコーポレート・コミュニケーション部門は連携するか、同じグループに属している。レギュレーションFDの登場により、多くの会社はこれらの分野を組み合わせることや、誤った選択的開示を避けるために少なくとも両部門が緊密に関係することのメリットを検討した[40]。しかし、会社がIRとコーポレート・コミュニケーションとのより緊密なパートナーシップに賛同しても、企業の組織にはまだ浸透していない。最近の調査によると、IR担当役員がコミュニケーション部門の最高責任者に直接レポートしているのは、フォーチュン500企業の5％未満にすぎない[41]。

3-2. IR活用で価値を高める

　前述のように、インベスター・リレーションズの業務は、会社の株式および債務に関するマーケティングの役割を担っている。年次報告書および四半期報告書を作成・配布し、株主の問い合わせに答え、証券アナリストに情報を送る

だけではない。IRは、組織内で積極的かつ反応的な役割を果たしている。

　積極的な活動としては、IRは社債を売り込める投資家をターゲットとして、市場に対して定期的な情報の更新と業績の説明を行う。積極的なコミュニケーションは、従来のアナリストに対する電話を超えて、アナリストやポートフォリオ管理者のための「現地視察」などの活動を含む。会社役員との工場見学会やミーティングやランチは、投資家や潜在的な投資家に会社と経営陣の真の姿を伝えることができる。

　IROはまた、特定の社内または社外の出来事に応じて、コミュニケーション戦略を策定する。合併や買収、事業の一部売却といった自社の出来事では、CEOやCFOと協議し、その出来事に関するコミュニケーション戦略を策定し、予想される質問や懸念に対する回答を作成する時間がある。しかし、予期せぬ危機（第10章参照）などの出来事は、より迅速なダメージ・コントロールが必要である。

　ドラッグストア・チェーンCVSの前社長であるチャールズ・C・コナウェイは、「企業には、自身のメッセージを伝えるための、ターゲットを明確に特定したインベスター・リレーションズ・プログラムがなければ、問題に巻き込まれるだろう」と述べている[42]。CVSは1995年に再編した結果、1年間で株主が一変した。この不安定さを解決するため、CVSはIRプログラムを強化し、新しい成長プロファイルに合わせて、長期的な機関投資家を積極的に採用し始めた[43]。2004年、CVSはWebマーケティング協会からインタラクティブ・インベスター・リレーションズ・アワードを受賞したのである。

　IR資源が豊富な会社は、最も影響力のある株主を特定し、その動機付けを理解し、経営陣がさまざまなイベントや発表が株価にどのような影響を与えるのか、より正確に予測できる調査を行うことができる。米国および欧州の大手上場会社の株価の２年間の変化に関する調査では、会社の株価は最大100の現在または潜在的な株主によって大きな影響を受けることを示している[44]。これらの投資家を特定して、プロファイルを作成し、それぞれがどのように決定を下し、どのように動機付けされているかを詳細に示すことで、会社は特定の発

表による株価への潜在的影響へのシナリオ分析を、より正確に行うことができる。必要ならば、経営陣は主要株主の要望に沿うように計画を修正し、株価への悪影響を最小限に抑えることができる。

　しかしながら、経営陣は短期的な投資家の要求に振り回されないように注意する必要がある。1980年代と1990年代の強気相場は、投資コミュニティにおける短期的な方向付けの主な原因だった。ベイン＆カンパニーの役員であるダレル・K・リグビーは、ドットコム・ブームの絶頂期にこうコメントしている。「私は最近、非常に多くの上級管理職が短期的なニュースを配信したり行動したりしているのを見て、恐ろしさを感じていた。彼らは目先のことしか考えていない。彼らは45歳か50歳で金持ちになってリタイアすることを重視し、その後の組織のことなど考えていない」[45]。企業戦略の中には投資家やアナリストが短期的に期待している収益をもたらさないものもあるかもしれないが、もし会社がその戦略は長期的に正しいと信じているのであれば、経営陣は投資家たちに対してその理由を明確に説明しなければならない。実際、ドイツ医薬品・医療機器メーカーであるメルクの前CEOは、「CEOは株主価値の最大化と短期的な成果に重点を置きすぎている」と述べている[46]。

　2004年にヒューレット・パッカード（HP）とコンパックの合併が発表された日にHPの株価の19％、コンパックの株価が約10％下落した。全米IR協会の前代表であるルー・トンプソンは、強力なIR活動があれば少しは軽減できたはずだと述べた。トンプソンは、コンパックとHPが合併に関する市場の懐疑的な見方に気づいていたら、両社は投資家が株式を売却することによって双方の株価に損害が出る前に、この懸念について声明を出すことができたと主張した[47]。

　危機が発生したり、市場がマイナスに反応するような構造変化が会社に起きたときには、既に投資家は損失を出している。なぜなら株価は即座に反応して下落しているからだ。株主は周りと同様に売るか、回復することを期待して株を保有し続けることができる。株主が売らないようにするため、会社は株価が下向きになってきたら迅速かつ正直に投資家とのコミュニケーションをとれるよう備えておく必要がある。

経営陣は、課題とその原因を特定し、何よりも課題に対処するための戦略を策定する必要がある。このようなダメージ・コントロールの状況では、チャネル選択がカギとなる。ウェブキャストやCEOやCFOとの電話会議は、会社のWebサイトにアップされたプレスリリースよりもはるかに重要である。

　同様に、会社の業績がそれほど成果を上げていない場合、IRの専門家は状況に対して経営陣が何をしているかについて、アナリストや投資家に積極的に伝えるべきである。そのような誠実さは会社にとって間違いなく利益となる。トーマス・ギャベットは以下のように述べている[48]。

　　情報はリスクを低減する。株式市場では、会社に関連する周知の情報を盛り込んで特定の株価に到達する。未知の要素には、株価を高めるものもあれば下げるものもある。会社について知られていない領域は、通常、株価の方程式においてマイナスになる。

4. インベスター・リレーションズと環境の変化

　本章ではここまで、デジタル・コミュニケーションの増加やステークホルダーの影響力が高まっていることなど、ビジネス環境を劇的に変化させている原因について言及してきた。特にデジタル・プラットフォームは、インベスター・リレーションズを含む組織内のコーポレート・コミュニケーションの各業務統合を促進した。

　2003年、全米IR協会は、統合に対する要求の高まりを反映して、IRの定義を更新した。1996年の定義ではIRを「マーケティング活動」と呼んでいたのに対し、新しい定義では「財務活動やコミュニケーション、マーケティング、そして証券関係法の下でのコンプライアンス活動を統合した、戦略的な経営責務」としている。この定義では、進化するビジネス環境においては、コーポレート機能が連携してステークホルダーのエンパワーメントを管理することが必要である、という理論と一致している[49]。IR業務は投資家・株主およびアナリ

248

ストなどのステークホルダーを管理するが、デジタル・コミュニケーションへも対応している。むしろ、調査によれば、株主はより頻繁にオンラインの情報を利用し、機関投資家が企業経営の監視を強化するにつれて株主アクティビズム（訳注：株主が投資先企業に対してガバナンス改善などを求めるあらゆる行動）は活発化している。現代のIR機能は、事業の背景にかかわらず、ブランドが財務的にも価値があることを株主に再確認させるために、デジタル・チャネルを活用している。

　投資家グループのデジタルメディアとソーシャルメディアの使用に関する、最近のブランズウィックの調査によると、オンラインでのエンゲージメントはますます投資行動を促していることがわかった[50]。半分近く（49％）の投資家とアナリストがブログを読み、4人に1人がブログ記事に基づいて投資決定を行っていた[51]。フォーチュン500企業のほとんど全てが、株価やチャート、ニュースリリース、ウェブキャスト、会社の財務諸表を、投資家向けの専用Webサイトに載せている。投資家にとっては、特にマーケットが乱高下し不確実なときに、情報を瞬時に得ることができるのが安心につながる。業績に関するウェブキャストも非常に人気がある。これらのイベントにより、参加者はトップ企業の幹部がどのように行動するのかを直接目の当たりにすることができ、現在のおよび潜在的な投資家のために2次元の世界に留まりがちな上級管理職を活き活きと示すことができる。

　ウェブベースのIRはますます普及しており、外部の制作会社やエージェンシーが会社の効果的なサイト構築を支援している。ジェフリー・パーカー（投資情報会社ファースト・コールを設立）とロバート・アルダーは、「"インターネット時間"の概念は企業に対して全てをより良く、より安く、より早く、より迅速に行うようにさせるプレッシャーを生み出した」という認識の下で、1997年コーポレート・コミュニケーション・ブロードキャスト・ネットワーク（CCBN）を設立した[52]。2004年にトムソン・ロイターに買収されたが、それによってロイターは、コーポレート・コミュニケーション市場におけるIRサービスを強化した。シェアホルダー・ドットコム社は、1990年代にWeb

サイト・ホスティング、ウェブキャスト、メール配信などのオンラインIRサービスを提供するために誕生した。現在NASDAQの傘下にある同社には1万社以上の法人顧客がある[53]。

インターネットは、会社に関する情報を、ほぼリアルタイムで幅広い視聴者に提供することによって、さらに透明性を高めている。この透明性は、現在のビジネス環境において特に評価されている。改訂された財務報告のガイドラインと規制は、透明性の基準を大幅に高め、投資家は会社の活動を緊密かつ批判的に見守っている（サーベンス・オクスリー法とそのビジネスにおける透明性の必要性に対して及ぼす影響の詳細については、第9章を参照）。

歴史的な倒産トップ20は、3件以外の全てが2000年から2009年の間に起きていることを考えると、投資家は以前なら想像もできない企業の出来事を、短期間で目撃したことになる。

アメリカで最も称賛された企業は、投資家の不安の影響を感じている。例えばゼネラル・エレクトリックは、2009年には株価が10ドルにまで下落した。財務部門のGEキャピタルが米証券取引委員会から利益情報を十分に提供していないという理由で批判され、透明性を高めるための報告変更を強いられたときである[54]。株主による発言は、企業経営陣が財務行動に対してより多くの監視を受けるにつれて、増加している。最近の全米IR協会の調査によると、上場企業の半数以上がアクティビスト（物言う株主）、すなわち投資先企業に対して積極的な役割を主張する投資家を抱えていることが判明した。株主のアクティビズムは、過去20年の間、企業スキャンダルとともに急増してきた。2012年の米国のアクティビズムの動向に関する分析によると、新しいキャンペーンの数が全体的に増加するだけでなく、大企業をターゲットとして活動することについてアクティビストたちの意欲が高まっている。

現在の環境は、情報共有を支援するデジタル・プラットフォームの成長と相まって、この特定のステークホルダー・グループがますます強力になっていることを意味する。タイム・ワーナーは、2006年にアクティビストのカール・アイカーンが、同社を4つの上場企業に分割し、200億ドル相当の自社株買い

をすることで株主価値を高めるように同社に圧力をかけたことで、この認識を新たにした。最近、アイカーン自身がインサイダー取引で批判されたが、彼の影響力は依然として強いままである。

インベスター・リレーションズは、不確実性や不信を背景に、会社にとってさらに重要となっている。業績が明白かつ完全に開示されれば、会社は投資家資本の競争において有力な地位を確保することができる。

まとめ

　年次総会の企画と実施、米証券取引委員会に提出する資料の作成から、投資家に向けた会社の株式のマーケティングまで、多くの活動がIR機能の下にある。これらの活動は、他のコミュニケーション活動と同様に取り組まなくてはならない。すなわち、会社の目的に沿っているだけでなく、あらゆるステークホルダーに対する徹底した分析を伴うコミュニケーション戦略に従うべきである。そうすることで、適切なメッセージを構築し、伝達することができるのだ。しかし、株価や会社の資本コストへのIRの直接的影響を定量化するのは難しい。今日の株式市場は会社がコントロールできない多くの要因に影響を受けており、IRの成功や失敗を評価する際は漠然とした指標として株価を用いることはあるものの、株価だけで評価することはできない。しかし、今まで見てきた事例は、IRが今日の市場において必要とされるコミュニケーション業務だという、単純明快な結論の根拠を示している。

　社内のIR部門であろうと、社外のエージェンシーと契約していようと、またはその2つの組み合わせであろうと、会社が効果的なインベスター・リレーションズ業務を展開しなければ、現在の投資家たちに対応することはできない。このアドバイスを見過ごせば、この重要な機能を担う人材へ投資するよりもはるかに大きな対価を支払うことになる。

第9章

ガバメント・リレーションズ

　米国の政府と産業界は敵対的な関係になりがちである。なぜなら、産業界は民間領域への政府の関与を最小限に抑えようとし、またワシントン（＝政府）は企業の領域に対して権力を行使することで全ての市民のニーズを管理しようとしているからだ。

　政府は主に規制を通じて産業活動に影響を与える。もともと、政府規制は市場競争を管理していた。政府による最初の規制は、鉄道や電気通信の分野に適用された。なぜなら、これらの分野は参入障壁が高く、消費者に不利益をもたらす独占市場が出現したからだ。このような場合、規制はアダム・スミスの「神の見えざる手」に代わって市民を高い価格設定や粗悪なサービス、差別から守った。

　しかし、政府の独占企業に対する規制は、大企業が大きな政治的、社会的影響力を行使することを妨げていない。エクソン・モービルやコカ・コーラ、ボーイング、マイクロソフトなどの大手グローバル企業の優位性は、選挙区や政治的境界線を超えている。実際、米国で最も政治的に活発な組織は、国内または多国籍企業および事業者団体である[1]。巨大企業は多額の献金を行っているので、多くのアメリカ人は、政府の政治的プロセスの健全性とその産業界を適切に統治する能力に対して皮肉な目で見ている。「ウォール街を占拠せよ（Occupy Wall Street）」の下での活動は、この冷笑的態度の典型的な例である。

　第1章で示したように、国民が、腐敗していると捉えた企業に対する抗議行動は、ますます増加している。反企業キャンペーンは、連邦議会に対する企

業の影響力を制限する法律を支持するボイコットからデモまで含まれる。2008年の秋に起きた金融システムの崩壊と世界的な信用危機に直面し、連邦議会は2010年7月に金融市場における政府の役割を強化する法案を可決した。100年ぶりに、政府はこれまで議会が気づかないふりをしてきた銀行業界に踏み込んだ。

議会が不良資産救済プログラム（訳注：7000億ドルの公的資金を用いた金融安定化政策）の資金の使われ方について銀行の最高経営責任者を問い詰めたとき、政府は反対運動をする人々の側に回ったように見えた。

本章ではまず、政府と産業界の関係を検証する。次に、会社内のガバメント・リレーションズ部門の重要性と、過去数十年間にその業務がどのように展開されてきたかについて見る。今日の産業界がどのように政府関係の業務を管理しているかを確認してから、ワシントンで企業が自社の利益を追求するために用いる政治活動を詳しく見る。

1. 政府が企業を管理し始める：規制の台頭

政府による規制は、100年以上前の州政府による鉄道会社に対する規制から始まった。19世紀半ばまでに、鉄道は他の陸上輸送手段に対して勝利を収めた。鉄道システムは米国全土の人々に移動の機会を提供し、商品を長距離かつ迅速に配送することで産業の発展を促した。しかし、鉄道は国に対して大きな問題も提示した。市場に対する自由放任主義者たちは競争が企業活動を規制すると主張したが、鉄道を規制することにはならず、腐敗が生じた。

鉄道事業に対する連邦政府の規制は1887年の州際通商法の制定と州際通商委員会（ICC）の設立から始まった。その後、1890年にシャーマン独占禁止法という重要な法案が可決された。この法律は、取引の制限や競争を減らす独占行為を防止する法的枠組みを確立し、米国における独占禁止法の主な根拠であり続けている。州際通商委員会とシャーマン独占禁止法に始まり、環境からポルノや食品の品質までさまざまな領域をカバーする何百もの規制によって、政

府は毎年、法案を可決したり、場合によっては新しい政府機関を設置したりして、積極的に企業活動に関与し、政府（および有権者）に私企業が市場のネガティブな外部性（訳注：ある経済主体の意思決定が、他の経済主体の意思決定に影響を及ぼすこと）をもたらさないようにしている。

　産業界に影響を及ぼした過去の法案には、連邦タバコ表示および広告法（1965年）があり、全てのタバコの箱に喫煙の危険性に関する警告を記載することを義務付けた。他にも、大気浄化法改正（1970年）は、空気の質を監視する手続きを定め、従業員退職所得保障法（1974年）は、従業員年金プログラムの新しい連邦基準を設定し、ドッド＝フランク・ウォール街改革・消費者保護法（2010年）は、消費者金融保護局の設立につなげた。

　産業界に最も影響を与えた法律の1つは、2002年のサーベンス・オクスリー（SOX）法で、正式には上場企業会計改革および投資家保護法と呼ばれている。これはエンロン、アーサー・アンダーセン、ワールドコムといった、数々の壊滅的な企業財務スキャンダルの結果として施行された。

　この法律は、古くなった監査要件を審査することで、企業の情報開示の正確性と信頼性を向上し投資家を保護することを目的としていた。また、上場企業の会計監査委員会の設置、監査役の独立、企業責任、厳格化された財務情報開示などの項目についても触れている。さらに、会計業界における最も悪質な慣行のいくつかを排除し、社内の財務管理をテストし、不正行為が発生しないようにすることも義務付けられた[2]。これには低価格で監査サービスを提供することで、より高い利益をもたらすコンサルティング・サービスを購入するよう、会社を促す行為なども含まれている。

　アメリカでは、どのような市場への介入が最も公共の利益をもたらすかを巡るさまざまな見解を反映し、政府の哲学は自由放任主義（より少ない規制）と介入主義（より多い規制）の間で揺れ動いてきた。歴史的に、産業界は新しい規制、特に今までのやり方にさらにコストをかけることを義務付ける法律に抵抗してきた。そうした規制の一例は、環境を汚染する会社が施設をリニューアルする際、「クリーン」な設備に最大限投資することを求める、多くの環境法

の「入手可能な最高の技術」条項である。アメリカの産業界は、規制がアメリカ企業およびその外国企業との競争を阻害していると訴えている。そして、規制法案は、外国の競合他社が負担しないコストを米国企業に負担させており、そのコストが米国製品の価格を押し上げ、外国製の代替品に対する優位性が失われる可能性がある、と主張する。米国の産業界は、特にサーベンス・オクスリー法の遵守に関連した負担のために、大きな影響を受けた。ホワイトハウスの政権交代に伴い、市場への政府の関与の規模や程度は変わるが、そのような変動や規制に反対する議論があるとしても、産業界は常に一定の政府規制に対処しなければならない。

1-1. 規制当局の影響の範囲

長年にわたって、規制当局は高度な組織へと進化してきた。フランクリン・D・ルーズベルトのニューディール政策は、政府に対して産業界を規制する大きな権限を与えた。米国証券取引委員会（SEC）は金融市場を安定化させるため、国家労働関係委員会は労働問題を改善するために創設された。連邦通信委員会（FCC）はラジオ、テレビ、通信を規制し、民間航空局（CAB）は航空会社を規制した。

その後、安全規則の制定権は連邦航空局（FAA）に移管され、2001年9月11日のテロ攻撃の後、国土安全保障の一部としてさらに再編が行われた。最近では、サーベンス・オクスリー法が、議会によって作成された民間部門の非営利法人である上場企業会計監督委員会（PCAOB）の権限を強化した。PCAOBは、上場会社の監査に関して、アメリカの外部監査人に対する大きな権限を有している。これらは、この100年ほどの間に登場した規制当局のほんの一部にすぎない。規制はほとんどの業界を対象としているが、その中での舵取りは複雑になる可能性がある。複数の規制機関の権限が重複していたり、管轄区域を超えて活動する能力を持つ会社が存在するからだ。

政府は、事業の成長のあらゆる段階に関与している。多くの会社はICC、FCC、または食品医薬品局（FDA）といった規制機関から許可を得るまで事

業を開始できない。会社が営業許可を取得したら、同じ規制機関が今度はその製品を検査し、承認しなければならない。消費者製品安全委員会（CPSC）は消費者向けの製品の安全基準の設定に貢献しており、ほとんどの製品は市場に出る前にその「検査」に合格する必要がある。

　どの製品が一般に販売可能かを承認するほか、政府は製品・サービスの価格に影響を与えることができる。農産品、林産物、金属などがその例である。議会で承認された手順に従って、連邦政府機関は、最低価格を設定し、従量に基づく補助金、およびこれらの市場価格を形成する割当制度（訳注：生産量の規制）を設定する。政府はまた、社会の基本的なインフラを提供する運送会社や通信会社、公益事業会社が設定する価格にも大きな影響を及ぼす。

　シャーマン独占禁止法の時代から、米国政府は市場の独占や、競争を阻害する業界慣行を防ぐ取り組みを続けてきた。例えば、ステイプルズとオフィス・デポ（訳注：いずれも大手の米オフィス用品小売業者）の合併を連邦取引委員会（FTC）が拒否した事例だ。FTCは、合併すれば両社が最大の競争相手を失うと主張した。ステイプルズとオフィス・デポの間の直接的な価格競争が失われれば、合併後の会社は顧客に対する価格設定についてかなりの支配権を得るからだ。FTCは、ステイプルズとオフィス・デポの合併が、消費者にとって利益よりも脅威であると見て合併を防いだのである[3]。さらに、FTCがその影響力を行使した案件としては、AT&TがあきらめたTモバイルの買収が挙げられる。法務省とFCCは、両社の合併が、「競争をかなりの程度減らし、競争に伴う技術革新や投資、消費者価格やサービスの恩恵も減らす」として激しく反対していた[4]。その結果、AT&Tはこの買収をあきらめ、代わりにTモバイルに対して400万ドルの合併解約金を支払った[5]。地方でも規制は行われている。例えば、FTCはオハイオ州北西部のプロメディカ（訳注：非営利の健康管理関連事業グループ）とセント・ルーク病院による合併の阻止に成功している[6]。

　次は、産業界が政府の規制に対してどのように反応したのか、特定のビジネスに関連した法案が作成される過程で自らの声が確実に反映されるようにするためどのように議員と協力しているのかについて見ていく。

2. ガバメント・リレーションズの台頭

　産業界は政府によるビジネスへの深い関与に直面し、規制と戦うのではなく、政治的な意思決定を行う重要人物に自らの立場を説明することの方が効果的だと気づいた。企業は、特に政治家が沈静化させたいと考えている消費者団体やコミュニティ・グループからの実質的な反対に直面して、巧みなロビー活動や交渉戦術を用いて自身の利益を保護し始めた。

　ウォールストリート最大の投資銀行の1つであるゴールドマン・サックスは、論争の的になることもあるほど、この業界における政治的に活発な組織の代表例である。この銀行は1989年から2014年の間に4652万6675ドルの政治献金を行い、それは6番目に大きな寄付だった[7]。2008年の選挙は、経済危機の勃発に直面する証券会社がビジネス上も規制上も大きな不確実性を抱えた時期だったが、ゴールドマン・サックスは、2000年と比べて36％増となる602万5681ドルの政治献金を行った。2012年の政治献金は854万5607ドルだった[8]。しかし、金融部門の経済政策と規制について懸念していた証券会社は、ゴールドマン・サックスだけではなかった。

　2013年には、米国政府に対してロビー活動を行う上位5団体のうち4つは業界団体（米国商工会議所や全米不動産業者協会など）であり、1つの問題を専門的に扱うロビイストや法律問題のロビイストより民間企業のロビー活動費の方が大幅に金額が高かった[9]。リストの上位にくるのは金融、保険、不動産業界で、2013年だけでロビー活動に費やした総額は4億8800万ドルだった[10]。GEは過去数十年にわたり最も献金をした企業で、2013年のロビー活動費は1600万ドル以上だった[11]。

　企業と連邦議会とのやりとりの中には影響力の強いロビー活動家や労働組合が多く存在し、政府にさまざまな圧力をかけている。経済史学者のアルフレッド・D・チャンドラーが書いたように、「経営者の目に見える力が、アダム・スミスの言う市場の"神の見えざる手"に取って代わった。（企業は）市場が担っていた機能を手に入れており、経済的な意思決定を行う最も影響力の強いグ

ループとなった」[12]。

　産業界は、ワシントンで自らの利益を追求するために、数多くの戦術を実践している。以下では、会社におけるガバメント・リレーションズ業務の台頭を見ることにする。

2-1. ガバメント・リレーションズ機能が具体化する

　1960年代後半から1970年代初めにかけて、特定の産業に課された政府の規制は、事業コストを大幅に引き上げた。その結果、「アメリカのビジネスリーダーがワシントンで勝つためには、ルールを彼らに有利に改変する必要があり、それがワシントンで勝負することを意味するようになった」[13]。ワシントンで「勝負すること」は会社のガバメント・リレーションズ、あるいはガバメント・アフェアーズ部門の仕事となった。この業務は、法案改正の影響だけでなく、連邦政府のイデオロギーとアジェンダの変化を監視し、新たな傾向を正確に特定することに重点を置いた。政府を深く理解し、規制方針の策定に関与することにより、企業は不利益をもたらす規制から自らを守りつつ、（特に競合他社との関係で）規制がもたらす好機を手にすることができる。

　1980年代以降、ガバメント・リレーションズ部門は他の会社の方法を学び、コンサルタントを雇用し、国民の支持を獲得し、メディアを適切に活用し、提携を結び、政治資金管理団体を設立し、有力なワシントンの内部関係者との関係を確立することによって、より効果的な存在になっていった。ビジネスとマーケティングの技術を政治に適用し、伝統的な組織ツールと高度な技術（例えば、データ化された協会会員名簿、インターネット、デジタルおよび紙のニュースレター）を組み合わせることによって、企業はワシントンの政策立案者に対する影響を強めている。フォーチュン500企業の50％以上が、ワシントンに代表者を置くか、ワシントンにいる弁護士と契約を結んでいる[14]。

　ブリヂストン・ファイアストンやウォルマートなど多くの会社は、ワシントンに誰も置いていないことに伴うコストを思い知るに至った。タイヤの溝の問題に40人以上の死亡が関連付けられ、米運輸省幹線道路交通安全局（NHTSA）

がブリヂストン・ファイアストンに対して何百万本ものタイヤを回収させたとき、同社はワシントンに事務所を持っていなかった。同社は、危機が大々的に報道される中で自社を代表する新しいコンサルタントを探す必要があった。ブリヂストン・ファイアストンはこの過ちから学び、現在、ワシントンには専用のオフィスと数人のコンサルタントを抱えている[15]。

　1990年代、中国が世界貿易機関（WTO）に加盟したとき、ウォルマートの経営幹部は問題を発見した。米国側の交渉担当者は、中国での外国小売業者の店舗数の上限を30店舗に制限することに合意していた。これはウォルマートの事業拡大計画の妨げとなった。ウォルマートはそれまで政治的な関与を敬遠してきたが、労働組合や労働者、弁護士、連邦捜査官から訴えられていたことから、1998年、ワシントンでの存在感を増すために最初のロビイストを雇った。現在、ウォルマートの政治行動委員会（PAC）は、連邦当事者や候補者のための最大の援助組織の１つであり、2012年の選挙期間に220万ドルを献金している[16]。

　パブリック・アフェアーズ基金（FPA）は、パブリック・アフェアーズに関わる幹部の責任を定義するために、2011年に調査を実施した。回答者の70％以上は、自らの業務の範囲として、連邦政府関係、州政府関係、イシュー・マネジメント、業界団体の監督者、地方政府関係、少なくとも１つの政治資金管理団体、連合そして草の根運動／地域の指導者の取り組みが含まれると考えていた。また、回答者の半数近くは自社のCEO、社長、会長に直接報告していた[17]。回答者は、パブリック・アフェアーズがビジネス目標を達成する上で重要であり、34％はパブリック・アフェアーズが長年にわたって非常に重要な戦略的役割を果たしている、また、45％がパブリック・アフェアーズは近年その重要性を増している、と答えている。パブリック・アフェアーズが事業の目標達成に重要ではないと回答したのはわずか２％だった。FPAの統計がガバメント・アフェアーズの幹部の業務を明らかにしたところ、ガバメント・アフェアーズ部門とパブリック・アフェアーズ部門の間の連携が指摘された。この２つの業務はかつては社内で分けられていたが、次第に、コーポレート・コミュニケーションやCSR業務とも連携をとるようになってきたのである[18]。また、

同調査によると、パブリック・アフェアーズ部門の構成員の中央値は専門家7人と事務職員2人で、予算の中央値は200〜350万ドルであることがわかった[19]。

ガバメント・リレーションズを担当する強力な社内チームと共に、現在、多くの企業は「分割統治」型の戦略として特定の業務を外部企業に委託している。2011年に行われた調査では、パブリック・アフェアーズの幹部の39％が2008年から2011年にかけてアウトソーシングが増加したと回答した。一方で、47％は同期間にアウトソーシングは一定の水準を継続したと回答した。外部企業に委託する最大の理由は連邦と州のレベルでのロビイングで、コンサルタントやベンダー（ロビイストとして働く者を含む）のための予算配分の中央値は20％である[20]。ワシントンで登録されているロビイストの数は2000年以降、2倍以上の3万4750人となり、ロビイストが新規顧客に請求する金額は最大で100％増加した。FPAの同調査によると、最近の景気後退の中でも、コスト削減圧力にもかかわらず80％の会社がパブリック・アフェアーズの予算を維持していた[21]。

会社に対して頻繁に政治活動に関するアドバイスや指導をするワシントンの外部ロビーコンサルタントは、月額1万5000ドルから2万5000ドルの料金を請求することができる。カリフォルニア州のコンピューターメーカーであるヒューレット・パッカードは、2004年に契約ロビイストの予算を約2倍に増やして73万4000ドルとし、トップ・ロビイストとしてクイン・ジレスピー＆アソシエイツを加えた。その目標は、共和党の支持する法案を通過させることで、外国子会社からの145億ドルもの巨額の利益を米国に戻す際に発生する税率を大幅に下げるものだった。そのロビー活動は報われた。法案は通過し、ヒューレット・パッカードは何百万ドルもの節税ができた。ヒューレット・パッカードのガバメント・アフェアーズ担当ディレクター、ジョン・D・ハッセルは、「共和党が上院と下院およびホワイトハウスを支配しているという事実を利用しようと試みた。ここには産業界が主張を展開し成功するチャンスがある」と述べている[22]。

コストが大きいため、大部分の会社にとって、全てのガバメント・アフェア

ーズを弁護士に監督してもらうことは非現実的である。例えば、2000年にワシントン事務所を閉鎖したルーセント・テクノロジーズは、外部コンサルタントに依存することは小規模のワシントンオフィスを運営するのと同じくらい高い費用がかかることを知った[23]。

　マイクロソフトは、社内に強力なガバメント・アフェアーズ機能を構築することに成功した。司法省が1998年に同社に対して反トラスト訴訟を提起した後、マイクロソフトは前例のない規模のガバメント・リレーションズの改革を開始した。最終的には、ワシントン在住のガバメント・アフェアーズに精通した担当チームを設けた。それは、ワシントンで活動している他社で一般的な規模の３倍以上に相当する15名を備えている。さらに、全国の主要な州にロビイストを設置した[24]。マイクロソフトはまた、個人からの全国的なサポートを作り出すように仕組まれたWebサイトの制作を含む、従来にない戦略をいくつか実施した。政治監視団体のセンター・フォー・パブリック・インテグリティによれば、マイクロソフトは1998年以降、ロビー活動に１億2300万ドル以上を費やした[25]。同社が契約する20のロビー会社の大部分は、法律および税務問題を取り扱う法律事務所である[26]。

　他のコーポレート・コミュニケーション業務と同様に、会社はガバメント・アフェアーズ・プログラムが既存の政治環境に適切に対応しているかどうかを判断するために、その効果を測定する必要がある。現在、産業界はさまざまな方法で自社の活動を追跡し、評価している。FPAの2011年の調査によると、87％の会社が目標を設定して達成を評価しており、ガバメント・アフェアーズのパフォーマンスを評価する指標として、70％がコストを、68％が内部顧客満足度を、59％が法案を上手く成立・改正できたかを挙げている。また回答者の77％が、設定した目標を達成できたかが最も重要な指標であると述べた[27]。成果に焦点を当てた取り組みは、ガバメント・アフェアーズ・プログラムが戦略的に機能していることを確認する上で役に立つ。

3. ワシントンのマネジメント

　社内にいるガバメント・リレーションズの専門スタッフとシニアリーダーは、会社に影響を及ぼす問題に取り組んでおり、どんな事業戦略においてもワシントンとの関係を維持する上で重要な構成要員である。本節では、会社が自らの立場を進めるために議員とともに用いる特定の活動に注目する。

3-1. 連携を築く

　1970年代には、「産業界の政治的活動」が顕著になった。現在、ガバメント・リレーションズ部門で用いられている方法の多くは、この時期に確立または完成された。特に連携を築くことは、政治的な影響力を行使する一般的な方法として浮上してきた。かつて多くの企業は立法問題に直面したとき、自社の利益のみを守ろうとして、自社の問題が他のグループや組織の問題と一致しうることについて考慮しなかった。会社が困難に直面した際は、同じ問題を業界内の多くの企業が抱えていたとしても、ワシントンと単独で戦う場合が多かったのである。

　少数の業界に影響を与える法律よりも、産業界に広く影響を及ぼす法律の方が多くなったときに、企業がワシントンで単独行動する時代は終わった。消費者や労働者の安全と賃金改革に関する法律は、このような広範に影響を与える規制が増加するきっかけとなった。会社は、すぐに他社と協力して取り組むことのメリットを理解した。ある会社が新しい規制の影響を受けると、その会社は同じような立場にいる他社を探し特別委員会を立ち上げる。これらの委員会で会社はビジネスレベルの支援同盟を築き、その同盟はより多くの議会地区や州で意見を表明するためのチャネルとなった。

　一時的な連携はまだ多いが、会社は既存の業界団体に加盟して財政的・組織的資源をプールし、ワシントンに自分たちの立場を陳情している。例えば、全米家電協会（CEA）はブロードバンド、録音機器、および著作権保護に関する政府の規制を含む問題に関する業界全体の視点を代弁している。また、全米

肉牛生産者協会（NCBA）は畜産業界に影響を及ぼす公共政策に関する、数千人の牧場経営者と牛肉生産者の統一見解を提示する同様の団体である。

　一時的な連携や、公式な業界団体と力を合わせることで、会社は単体で行動するよりも政策形成に影響を及ぼす可能性が高くなる。

3-2. ガバメント・リレーションズにおけるCEOの関与

　大手企業も中小企業も、上級管理職を政治活動に積極的に関与させることで、ガバメント・リレーションズを強化している。彼らは自社のために政策形成に関する議論に参加することの重要性を認識したため、政策について発言するCEOが増えた。この傾向はほとんどの経営幹部にとって驚くことではなかった。AT＆T元会長のジョン・デ・バッツは次のように述べている。「政府と産業界との関係は極めて重要である。この関係に関する自社の責任を最高経営責任者たちがパブリック・アフェアーズの担当者に委任して満足しているとしたら、自らの責任の最も重大な側面の1つを無視していることになる」[28]。

　実際、2011年に調査された115の主要企業の最高経営責任者の98％が、業界団体や経済団体のための広範な政府関係業務などの政治的な活動に参加していた。CEOが参加したその他の活動は、連邦議会議員や規制当局への対応、同社の政治資金管理団体の支持、連邦議員に対する直接のロビー活動、候補者の募金活動イベントへの出席などだった[29]。

　フェデックスの創立者で会長兼最高経営責任者（CEO）を務めるフレデリック・W・スミスは、ガバメント・リレーションズにCEOが関与することの恩恵を実証したひとりである。1973年のフェデックス創立以来、スミスは創意工夫、個人的な提携のネットワーク、そして戦略的な慈善事業への寄付を活用して同社の利益を追求してきた。彼のクリエイティブな政治的働きかけの例としては、複数の小型自社ジェット機をメンテナンスして、連邦議会のメンバーが直前に声をかければ全国どこへでも飛んでいけるようにしておくことから、イェール大学同窓生のジョージ・W・ブッシュとの長年の関係を維持することまで幅広い[30]。テネシー州知事ドン・サンキストの首席補佐官であるウェンデ

ル・ムーアは次のように説明している。「スミスが連邦議会議員とファースト・ネームで呼び合う関係にあるという事実は、同社が大成功してきた大きな理由でもある」[31]。

　フェデックスは、連邦議会におけるCEOの強い存在感に伴う恩恵を享受し続けている。例えば、クリントン政権時代、スミスが中国への公式貿易代表団の一員になった理由は、間違いなくスミスとクリントンが親密な関係にあったからである。米国郵便公社は、2002年にフェデックスと最大70億ドルの価値がある7年間の業務提携を発表した。これはフェデックスの航空機が航空配達ネットワークを提供する代わりに、全国の郵便局1万ヵ所にフェデックスの集荷ボックスを設置する提携で、業界で有利なポジションを獲得したフェデックスにとって大きな成果となった[32]。

3-3. 個人ベースのロビー活動

　ビジネスリーダーは、連邦議会での出来事に対して発言する権利を持つことの重要性を認識したとき、議員と自社の考えを合わせるためにロビー活動団体の支援を求めた（ロビー活動とは、主要議員とのコミュニケーションを通じて、特定の法案を確実に成立しやすくすることを目的としたあらゆる活動である）。過去数十年の間、政府の介入が拡大するとともに、ワシントンの議会、ホワイトハウス、規制当局などに対して企業の見解を示す組織の数も増えた。

　インターネットによって、議員事務所や他の行政関係事務所がデジタルなコミュニケーションをたくさん受け入れるようになった。そのため、事務所訪問や議員、規制当局との会議（公式・非公式）への参加が重要性を増し、ロビイストはさまざまな手段によって連邦議会に対しロビー活動を行っている。長い間、政治資金団体は、選挙の候補者に対して（簡単にではあっても）ロビー活動をする非公式の機会だった。政治家に加えて、スタッフとの関係を育むことは、意思決定に影響を及ぼす効果的な方法である。他の人々は紹介者を通じて活動している。例えば地方のビジネスパーソンは、地方政府を通して連邦議会の代表者に援助を依頼することができる（これらの要請は、地方レベルから連

邦レベルへ移行するにつれて、より重視される可能性がある)。その他のロビー活動には、手紙を書くこと、印刷メディアに論説記事を投稿すること、そして行政機関には政策形成過程でコメントを提供することが挙げられる。

会社は政府職員に会ってもらえるよう、さまざまなデータを用いる。例えば、多くの会社は郡、州、または全国での雇用や経済実績をフォローしている。政府から事業を受注している会社の中には、(雇用を提供する代わりに)自社の代弁者となる政治家の数を増やすため、さまざまな議会地区に多くの事務所を開設しているところもある。

これらの取り組みは、議会に大きな影響を与える可能性がある。米国商工会議所は、その影響力を高めるために、非常に効果的かつ巧みな草の根のキャンペーンを実施している。商工会議所は州および地方の支部に何千人ものメンバーを抱えているため、広い基盤の上で活動することができる。1980年までに、上院議員や代表者と個人的に知り合っている幹部から構成された2700の「連邦議会活動委員会」を設立した。これらの幹部は、ワシントンの事務所からの報告書を通じて情報を受け取り、依頼されたときに連絡を取るように代表者と関係を持ち続けた。2013年の段階で単独のロビー団体としては米国最大で、年間支出額は7400万ドルを超えていた[33]。

この広範に及ぶステークホルダーへのロビー活動は、「1週間以内に(各商工会議所が)各議員の選挙区への法案の影響を調査し、地方の事務所を通じて問題に関する"草の根運動"を動員し、時間内に投票の結果に影響を与える」という素晴らしい成果を実現した[34]。かつてワシントンでは良く見られていなかった商工会議所は現在、5万人のビジネス活動家、300万もの幅広い企業、830の業界団体、そして116の海外にあるアメリカ商工会議所の草の根ネットワークを有する[35]。

会社による政治活動には、パブリック・アフェアーズ担当役員による直接的なロビー活動、立候補者や官僚による事務所への訪問のサポート、候補者の献金活動への関与、政治行動委員会(PAC)への寄付の募集、集会への参加、政治・立法に関する情報の社内報への掲載、草の根活動やグラストップ活動(訳

注：選出された議員と接点のあるオピニオンリーダーなどに焦点を当てた支持獲得のための活動）が含まれる。

マイクロソフトの例に戻ると、この会社のロビー活動は「草の根」Webサイトのキャンペーンがあることによって報われた。2001年、マイクロソフトの著作権違反者に対するロビー活動をしたことで、政府はソフトウェア著作権侵害に対する取り締まりを行った。その年の後半に9月11日のテロ攻撃が発生すると、マイクロソフトはブッシュ政権に対して、「米国のサイバーセキュリティ」を改善するために7000万ドル以上を割り当てるよう説得する運動の先頭に立った[37]。

マイクロソフトや米国商工会議所などの成功事例によって、多くの大企業が個人を対象とするキャンペーンを確立するようになった。「慎重に管理された草の根プログラムは、チーム構築になる。現在および将来の企業活動に影響を及ぼす法律に関する情報提供は、さまざまな立場の多くの従業員が関心を持つだろう。従業員と草の根のプログラムを構築することで、彼らはチームのメンバーになる」[38]。個人をロビー活動に使うことは、会社や従業員が政治に関与するための最も一般的な方法の1つである。ブログも非常に簡単にニッチなグループをターゲットとすることができるため、草の根キャンペーンの重要なツールとなっている。

3-4. 政治行動委員会

政府に関与するもう1つの一般的な方法は、政治行動委員会（PAC＝訳注：政治献金を集めて特定の政治家を当選させる団体）を結成することである。この運動の構想は労働者の団体に由来し、政治運動を支援するために資金を調達し、配分する公式な委員会が作られた。1980年の段階で1200社が独自のPACを有しており、今日では4874のPACが存在する[39]。フォーチュン500企業のうち約58％が現在PACを所有している[40]。ハネウェル、ブルークロス・ブルーシールド（訳注：非営利の健康保険会社）、AT&Tなどの業界リーダーは、2012年には選挙候補者に240万ドルから320万ドルの献金を行っており、最も大き

く活動的なPACを所有している[41]。ウォルマートでは在籍する6万人の国内マネジャーの19％が、毎月平均8.60ドルを賃金から天引きされる形でPACに寄付している[42]。

　資金を適切なところに配分するため、PACの管理者は、個々の選挙候補者と、候補者が支援する活動に関する情報にアクセスする必要がある。これらの情報ニーズを満たすために、ビジネス産業政治行動委員会（BIPAC）が設立された。このグループは候補者に直接貢献するが、その最も重要な役割は、候補者を調査し、接点を見つけることだ。BIPACは週刊でニュースレターをPAC管理者に提供し、BIPACのWebサイトを通じて議会選挙に関する最新情報を提供している。全国組織を活用することで、個々のPACは十分な情報を得て資金を効果的に配分することができる。

　PACは、企業経営者の政治的意識の高まりによって生み出された。雇用主の将来に影響を与える政治的な問題に従業員が関わるようなシンプルな仕組みを提供している。連邦選挙法は、政党の委員会や候補者に対して企業が直接献金することを禁じているため、従業員の関与が重要となってくる。ある幹部は「PACは政治プロセスへの個人の参加をもたらす最も効果的な仕組みの1つで、久しぶりに誕生した」と述べ、別の幹部はさらに「私たちの第一の目標は、人々を政治プロセスに関与させることである。資金調達と資金の配分に充てられているのは我々の時間のわずか5％で、95％が政治教育に費やされている。私たちの行動哲学は、長期的な理解と政治プロセスへの継続的関与である」と述べている[43]。

　センター・フォー・レスポンシブ・ポリティクス（訳注：独立系で非営利の政治資金監視団体）によれば、PACは政治献金全体の27％を占め、企業のPACへの献金は20％を占めている[44]。企業が政治家に提供する資金の額には驚くべきものがある。センター・フォー・レスポンシブ・ポリティクスによれば、労働組合や特定のイデオロギーを支持するグループに比べ、企業グループによる献金ははるかに大きい。2012年の選挙期間では、ロビー活動の総支出額は33億ドルを超え、その大半が企業からの支出だった[45]。ビジネス上の利益で得た

資金が政治的なキャンペーンへと向かうことは、アメリカ国民に疑念を抱かせている。企業が自らの利益を追求するために多額の献金を行うことができることによって、企業の声が議会において不公平なまでに優先されてしまうことを危惧しているのだ。『ブルームバーグ・ビジネスウィーク』とハリス社の調査によれば、米国人の87％が、大企業のワシントンに対する影響力は強すぎると考えている。同調査は、国民の84％が、大企業による選挙運動への寄付はアメリカの政治にあまりにも大きな影響を与えていると信じている、と結論づけた[46]。明らかに、全ての人が企業の政治的支出をポジティブな傾向だとは考えていないのである。

まとめ

　アメリカの産業界とさまざまなレベルの政府との関係は、許認可や安全基準、製品価格をはるかに超えている。現在、民間企業の政治に対する影響と、その逆の政治の民間企業に対する影響は自明のものとなり、一方の変化はもう一方の変化につながると考えられている。中南米と東欧の民主化改革は市場改革と一緒にもたらされた。世界貿易機関（WTO）への中国の受け入れに際し、ジョージ・W・ブッシュ大統領は、「市場における自由の兆候は、民主主義に対する一層の需要をもたらすものだと信じている」と述べた[47]。

　アメリカでは、政府と産業界の各役割を定義する試みは現在も続いている。2002年の夏、ブッシュ大統領は、企業倫理や企業統治に対する信頼が危機に陥ったことにより、ウォール街の指導者たちに、「我々は、アメリカの産業界に新しい秩序の時代をもたらさなければならない」と述べている[48]。連邦議会は、企業がどのように事業を行っているかだけでなく、彼らの活動をどのように公表するかを規制する法案や提案の交渉を急いだ。10年以上を経ても、産業界はサーバンス・オクスリー法を遵守するにはコストが高すぎると主張しており、政府と産業界は依然として妥協点を探るために苦労している。

　技術面では、インターネットは会社のガバメント・アフェアーズに対するア

プローチを大幅に変化させた。会社は、Webモニタリング、テーマ別のWebサイト、および草の根のロビイストのオンライン・ネットワークを活用し、重要な法律をフォローし、独自の連携の範囲を広げることができる[49]。同時に、第１章と第４章で見たように、インターネットによって情報が流れるスピードが速くなり、上級管理職が目の前の危機に備える前に、企業の不正行為や不法行為のニュースが多くのステークホルダーに届いてしまうという可能性をもたらした[50]。

　グローバリゼーションは複雑化し、情報流通は加速し続けている。産業界は、政府と議員との関係を積極的にマネジメントするために、注意と資源を注ぎ込まなくてはいけない。成功している会社は、連邦議会で何が起きているのかを見極めることの重要性を認識している。米国救急車協会会長のロバート・L・ガーナーは、「我々にとって強い存在感を示すことは極めて重要だ。それには金がかかるが、連邦議会で活動するためのコストなのだ」と述べた[51]。ワシントンとの関係を維持する上で重要なガバメント・リレーションズ業務は、完全に内部で行われていようが外部に委託されていようが、会社の総合的なコミュニケーション戦略の中に統合された機能でなくてはならない。

第10章

クライシス・コミュニケーション

　本書で取り上げられている他のトピックスとは異なり、クライシス（危機）は誰にも関係することである。親しい親戚の死、車の盗難、失恋など、全ては個人の生活における危機に成り得る。組織もまた危機に直面している。世界中の企業を対象とした2011年の調査によると、59％の会社が危機を経験している。例えば、東京電力（Tepco）は、2011年3月に日本を襲った地震と津波により、福島第一原子力発電所が稼働停止になるという危機を経験した。これにより放射能が漏れ、周辺地域は強制避難となった。大学や慈善団体、および民間投資グループもまた、2008年12月に危機を経験した。彼らはバーナード・マドフという出資金詐欺者に投資した全資金を失ったことを突然知った[1]（訳注：史上最大の金融詐欺事件で、被害総額は約650億ドルといわれる）。

　30年前、このような出来事は全国的な注目を集めたが、多くは事件が発生した地域に限定されていた。今日では、メディア構造のデジタル化やソーシャル・ネットワーク社会が進展しているため、企業クライシスが発生したら、数分以内に関係者がTwitterやFacebookなどのソーシャル・ネットワークを介して伝えるかもしれない。ニュースは、ブロガーによって、また伝統的メディアのWebサイトによっても報道される。このように、メディア環境が複雑化し、ビジネスにおいてテクノロジーの重要性が高まるなか、危機に対する、より複雑な「対応」の必要性が出てきた。

　本章では、最初に危機の性質について定義する。次に、この25年間に起こった有名な危機について論じる。まずクライシスとは何かを定義し、組織がそ

のような出来事にどうやって備えるかに焦点を当てる。最後に、危機が起こったときの組織の対応方法を提案する。

1. 危機とは何か

　ある温かい夕方、南カリフォルニアでベッドに寝ている状況を想像してみてほしい。突然、ベッドが揺れ、照明器具が揺れ動き、家が震動しているのを感じる。あなたがカリフォルニア出身なら、これは地震の真っ只中であることを知っているが、ニューイングランド出身なら（訳注：地震がほとんど発生しないので）、世界が終わりに近づいていると思うかもしれない。

　また、晴れた日の午後、友人のボートでのんびりとセーリングを楽しんでいる姿を思い浮かべてみてほしい。あなたはあまりにも素敵な時間を過ごしていたので、2時間後まで、海岸から遠く離れて、外洋に流されたことに気づかなかったとしよう。水平線上には嵐のような雲が集まり、太陽は不思議なことに少し早く沈もうとしている。この状況なら誰もが個人として、クライシスに直面していることに同意するだろう。もし地震が「大きなもの」と判明した場合、またはあなたの友人が船の操縦に未熟であり、実際にひどい嵐の中を漂流するとしたら、これらのシナリオは生命を脅かす状況になるかもしれない。

　組織もまた、自然災害の危機に直面している。ハリケーンの猛威は町を覆い、会社の主要設備を局所的に打ちのめす。前述の地震は、3つの大きなスーパーマーケットを瓦礫の山に変えてしまう。津波は沿岸地域を徹底的に破壊し、それをきっかけにしてわずか数ヵ月で地元の観光産業を活動不能にする。嵐で船は海上で打ち壊され、外国の港への荷物をたくさん積んだまま沈む。これらの出来事の全ては大損害を生み、ほとんどは予測することができないが、ある程度は対策をとることができる。

　自然災害は避けることはできないが、ヒューマンエラー、不注意、悪意あるケースなど、最初に計画すれば防げるような危機も多い。本章で説明するタイレノール、ペリエ、ペプシ、そしてインターネットショッピング業者や銀行を

悩ませた悪名高い危機のほとんどは、自然災害ではなく人為的な危機だった。これらの危機は、収益面とレピュテーションの両面で、自然災害よりも壊滅的被害をもたらすかもしれない。

　しかしながら、人間が引き起こすクライシスの全てを一緒に扱うことはできない。第一のタイプは、会社に明らかに非があるような、過失のようなケースである。例えば、2010年のメキシコ湾でBPが490万バレルの原油を海中で掘削していたときの原油漏れは、3ヵ月の間、400種類以上の生物がリスクにさらされ、地元の漁業や観光産業に損害を与え続けた。これは避けることができたクライシスである。金融詐欺や粉飾決算は、人為的クライシスのもう1つの例である。これらは、サーベンス・オクスリー（SOX）法によって精査されることによって増加している。人為的なクライシスによる損害に続いて会社が対応しなければいけない後遺症は、株価の下落や多額の訴訟費用だけではない。最も深刻な課題は、会社のレピュテーションに対する損害と、それに続いて主要なステークホルダーから信頼を失うことである。トヨタは2010年、3つの別々の、しかし関連する事件で900万台の車両をリコールした後、そのレピュテーションは大きな損害を受けた。「トヨタは偉大な会社であり、そうであり続けるだろうが、優れた品質という歴史的概念は永久に失われただろう」とミシガン州アナーバーにあるオートモーティブ・リサーチ会長のデヴィッド・E・コールは、語っている[2]。

　第二のタイプの人為的クライシスでは、会社が被害者になるケースもある。例えば、バークレイズ、ターゲット、シティバンク、eBayや他の大手企業は、オンラインでの情報流出のターゲットにされた（本章の後半で論じる）。こうした状況では、会社は犠牲になる。自然災害が予期せず起きたのと同じである。クライシスにおいて、会社の役割は加害者なのか被害者なのか、その違いは一般人の認識によって決まる。例えば2008年の金融危機は、規制を守らないことによって発生し、不誠実や強欲によって火に油を注いだ。つまり避けることのできたクライシスに対しては、クライシスに陥っている会社に対する一般人の態度はネガティブになりがちであり、3万以上の商業施設を破壊した、

2010年のハイチ地震の被災地のような、組織がコントロールできないようなクライシスとは対照的だ。

　全てのクライシスの状況においては、原因が何であれ、ステークホルダーは最終的な判断をする前に、クライシスに対する組織の「対応」に期待する。会社が上手く対応すれば、タイレノールの悲劇のように、実際には関連する組織の全体的な信頼性を高めることになる。

　したがって、今日では組織のクライシスを定義することは少し複雑であり、クライシスは予測不可能で恐ろしい出来事であるなどと簡単には言えない。このため本章では、クライシスを以下のように定義する。

　　クライシス（危機）とは、自然の力またはヒューマンエラーや、第三者の介入や悪意の結果、起こるかもしれない大惨事である。それには、生命や資産を損ねるような有形の破壊と、組織の信頼性やその他のレピュテーションのダメージなどの無形の破壊がある。後者は、有形の破壊に対するマネジメントの対応、またはヒューマンエラーによる結果である。クライシスは通常、会社にとって重要な実際的または潜在的な財務影響をもたらし、複数の市場において多数のステークホルダーに影響を与える。

1-1. クライシスの特徴

　全てのクライシスはそれぞれ異なるが、共通の特徴がある、とレイ・オールーク（モルガン・スタンレー投資銀行のグローバル・コーポレート・アフェアーズ部門の元マネジング・ディレクター）は言う[3]。それは次の通りである。

（1）**突然の要素**：フィリップモリスのタバコのフィルターから発ガン性物質が見つかったときや、ペプシのダイエット・ペプシ缶から注射針が見つかったという報告を受けたときのような突然さである。
（2）**不十分な情報**：会社はすぐに事実全てをつかんでいるわけではないが、迅速に多くの説明をすべき立場にある。本章の後半のペリエの例は教訓となる。

同社はベンゼンが混入しているというレポートが出た後、何が起こっているのかを把握するのに1週間以上かかった。

（３）**事態の急速な進行**：事態は急激にエスカレートする。エクソンのバルディーズ事件の後、クライシスセンターが起動する前に、アラスカ州やいくつかの環境団体が結集した。

（４）**綿密な精査**：役員は、メディアのスポットライトを浴びるのに準備ができていないことが多い。クライシスは即座にやってくるが、普通は答えや結果を出すのに時間がかかる。2010年のメキシコ湾の原油流出の際、BPの当時のCEOのトニー・ヘイワードにどれだけの時間があったかを考えてみてほしい。

　クライシスが経営陣にとって困難なのは、突然であるために制御不能に陥る可能性があるからだ。想定外の外部の事件で参っているとき、戦略的に考えるのは難しい。さらに、ブログサイトやメディアが炎上するのはクライシスの典型で、そうなると精神的に包囲攻撃を受けているようで、マネジメントが短期的な志向に陥ってしまいがちである。ビジネス全体からクライシスだけに配慮が移ってしまい、全ての意思決定は短期的なフレームとなることを強いられる。インターネットが報道の速度を劇的に変える前でも、クライシス発生時にはこのような状況だった。例えば、1990年代初め、ペリエのベンゼン事件が始まった6日後に、PR会社のバーソン・マーステラが雇われて、同社の3つの別々の説明――どれも真実ではなかった――を取り消さなければならなかった。ペリエのまとまりがないぶっつけ本番の発言は、クライシスがエスカレートする可能性を増しただけだった。パニックが起こると、組織は通常、上手く連携できないものである。

　クライシスに取り組む上での問題の1つは、大規模なクライシスが発生するまで、いかに自分たちが攻撃を受けやすいかを組織が理解したり認識したりしない傾向があることである。準備ができていないと、クライシスが起きたときに、一層深刻になったり、長引いたりする可能性がある。では、この定義を体現するような、過去25年間のいくつかの大きなクライシスを詳しく見てみよう。

2. 過去25年間のクライシス

　ベイビー・ブーマーにとって、彼らの時代のクライシスといえば、ジョン・F・ケネディ大統領の暗殺だった。実際、あのとき生きていた誰もが、ケネディ大統領が撃たれたというニュースが公表されたとき、自分が何をしていたかを覚えているだろう。ジェネレーションX（訳注：アメリカで1960年代初頭から1970年代に生まれた世代）は今日おそらく、1986年のスペースシャトル・チャレンジャーの爆発事故について同じことを感じているだろう。アメリカに近い人々は、ニューヨークで2001年9月11日に起きたテロ事件を新世紀の瞬間として捉えているだろう。これらの事件は、さまざまな理由で人々の記憶に焼き付いた。

　第一に、人々はポジティブなニュースよりもネガティブなニュースの方がよく覚えているし、また心を動かされる傾向がある。アメリカ人は特に、そうしたネガティブなニュースに夢中になるようだ。キー局やケーブルテレビのニュースはこのことを強調する。視聴者はめったに「良い」ニュースを見ることはない。なぜなら視聴者は、プライムタイム（訳注：アメリカで平日20時から23時、日曜19時から23時の視聴率が高くなる時間帯）に放送されるドラマチックな事件に慣れているから、見てくれないというのである。

　第二に、クライシスを連想させるような人間の悲劇は、ほとんど全ての人の琴線に触れる。中国東部で高速で走る列車が衝突して高架橋から転落し、35名が死亡（訳注：2011年7月）、数百人が負傷した。ハリケーン「カトリーナ」がニューオーリンズを破壊し、政府の対応に落ち度があった（訳注：2005年）。コネチカット州のサンディフック小学校で精神錯乱者が銃を乱射し20名の子どもと6名の職員を殺害した（訳注：2012年12月）。こうした事件は、我々全てが何と脆弱であるか、そしてどんなに一瞬の出来事で一般人が罪のない犠牲者になるか、ということを知らしめる。

　第三に、大手企業に関連するクライシスは人々の心に刺さる。多くの大組織はそもそも信用がないからだ。一般大衆は大手石油会社に不信感を抱く傾向が

あり、ＢＰが採掘施設での原油流出の間に行ったことや、ウォルマートの性差別に対する全国的な集団訴訟（個人の従業員に対する最大の公民権集団訴訟だった）にも、それほど驚かなかった。実際、これらの事件は一般人の疑惑を立証したし、人々はこれらの企業がその後に直面した騒動を喜んで受け入れたように見える。ほかの事例では、クライシスは突然のことなので、一般大衆に大きな影響がある。投資銀行のリーマン・ブラザーズを考えてみてほしい。連邦破産法第11条を申請する前は、世界の４大投資銀行の１つだった。サブプライムローン危機の当初に、アメリカ政府がリーマンや他銀行への支援を否定した後、2008年９月15日にリーマンは破産法適用を申請した。当時、リーマンは6910憶ドルの資産を保有していた。これはアメリカ史上最大の倒産で、数千人の仕事と多くの人々の生活に影響を与えた。その他の重大なクライシスを見れば、これらの事件がなぜ人々の心に長く残るのかがより明確にわかるだろう。

2-1. 1982年：J&Jの「タイレノール」リコール

　1980年代初めに起きたジョンソン・エンド・ジョンソン（以下ジョンソン＆ジョンソン）のタイレノールの製品回収は、製品リコールの際のクライシス・マネジメントの「金字塔」として、多くの人々に知られている。クライシスから30年以上が経過したが、そこから学ぶべき教訓は依然として今日的な意味を帯びている。ジョンソン＆ジョンソンのクライシス処理は、迅速で組織的な対応で一般人への配慮を示したことが特徴で、それは「思いやりのある会社」としてレピュテーションを高めることとなった。1982年９月下旬と10月上旬、７名が死亡した。シアン化合物が少量入ったタイレノール・カプセルを服用した後だった。当時、タイレノールは鎮痛剤として大衆薬市場の約40％を占めていた。毒物の服用による死亡が最初に公表されてから数日間で、売上は約90％下がった。

　痛みを緩和するはずだった薬が人を殺したという皮肉により、この出来事は企業クライシス史上で最も記憶に残るものとなった。しかしながら、クライシス・コミュニケーションやマーケティングや心理学の専門家たちは、ジョンソ

ン＆ジョンソンの迅速で配慮のある対応を称賛した。初期対応がこの悲劇を会社の勝利へ変えたのだ。1億ドル以上の損失にもかかわらず、タイレノールはクライシスから蘇り、数年間で前より強力になったのである。

　ジョンソン＆ジョンソンは何をしたのだろうか。第一に、起こったことに「反応した」だけではなかった。その代わりに積極策を打ち出し、対象商品を棚から取り除いた。最終的に、タイレノールの3100万本のボトルが回収された。第二に、長年にわたって築いてきた、医者からメディアまでのステークホルダーの信用を活用し、製品のブランドを守ろうと決意した。第三に同社は、ただ法的なことや財務的側面から事件を見るだけでなく、配慮のある人道的な方法をとった。数千人のジョンソン＆ジョンソンの従業員が、全国の病院、医師、薬剤師を100万回以上も個別訪問し、タイレノールの名声を回復させた[4]。第四に、ジョンソン＆ジョンソンが市場にタイレノールを再出荷したとき、製品は毒物を混入できないように三重に封印して包装されていた。

　なぜ、同社はこんなに努力したのだろうか。分散化した組織構造にもかかわらず、ジョンソン＆ジョンソンの経営陣は、「クレド（Credo）」と呼ばれる文書によって結びついている。クレドとは、308ワードの全社的な倫理規範で、1935年の恐慌期に士気を高めるために制定され、今日ではニュージャージー州ニューブランズウィックにある同社の本社にある石碑に刻まれている。それにはこう書いてある。「我々の第一の責任は、我々の製品およびサービスを使用してくれる医師、看護師、患者、そして母親、父親をはじめとする、全ての顧客に対するものであると確信する」。当時のCEOのジェームズ・バークは、クレドの原則がタイレノール危機の間の同社の行動を導き、何が最も重要なことかという中心点を見失わず悲劇に対応できるだろうと確信していた。

　最も驚くべきことは、ジョンソン＆ジョンソンがこのクライシスをいかに素晴らしく処理したかではなく、同社の認知度が事件によって実際に「強化された」ことである。バークは、早い時期にクライシス対応の指揮者となった人物であるが、こう説明している。「言ったことは実行しなければならない。我々は大衆を第一に置いた約束をしている。そして会社の誰もが、我々が信条に沿

って行動するかどうかを見ようとしていた」5)。ジョンソン＆ジョンソンの役員はそれを実行し、大衆はそれを評価した。クライシスから3ヵ月以内に、同社は以前の市場シェアの95％を回復した6)。30年後、ジョンソン＆ジョンソンはインターブランドの年間トップブランド100社に常にランクインしており、ブランド全体の価値は47億ドルである7)。

2-2. 1990年：ペリエ「ベンゼン」パニック

　ビジネス史に残るもう1つの古典的なクライシスは、1990年のペリエのベンゼン（訳注：発ガン性物質）混入事件である。タイレノールのエピソードの約10年後、ペリエ炭酸水は混入事件に直面した。ペリエの混入事件は、死者や病人は報告されていないが、それでも大衆やメディアから解決策と説明を求められた。ジョンソン＆ジョンソンは上手に処理したが、1990年のベンゼン・パニック時のペリエの行動は、クライシスをどう処理してはいけないかという多くの教訓を提供してくれる。

　1990年2月、ペリエは以下のプレスリリースを配信した8)。

> 　アメリカのペリエ・グループは、米国内の全てのペリエ炭酸水（レギュラーおよびフレーバー入り）を自発的に回収中である。食品医薬品局とノースカロライナ州が、1989年6月から1990年1月までの間に製造された製品のサンプルテストを行ったところ、基準値を超えるレベルの化学ベンゼンの存在が示された。

　このプレスリリースは、炭酸水業界におけるペリエ支配の終焉の始まりとなった。1989年にペリエは、ミネラルウォーターの中で最も有名な名前の1つで、1980年代の健康ブームの波に乗って10億本の炭酸水を販売した。そして1990年1月、ノースカロライナ州シャーロットのメクレンベルク郡環境保護局の技術者が、微量のベンゼンが12.3〜19.9PPB（インスタントでないコーヒー1杯に含まれている量よりも少ない）を炭酸水の中に発見した9)。州政府と連邦政府からの確認を受けて、メクレンベルク郡はアメリカ・ペリエ・グループに含

有についての概要を伝えた。

　クライシス発覚から2日後、北米から7000万本以上のボトルを回収した後（しかし混入の原因を特定する前に）、ペリエ・アメリカ社長のロナルド・デイビスは、問題は北米に限定されている、と自信を持って発表した。担当役員は、ベンゼンを含んだ洗浄液が生産ラインの機械で誤って使用されたと報告していた[10]。3日もたたないうちに、混入の本当の原因となる、源泉の欠陥フィルターが発見された[11]。そしてロナルド・デイビスが以前に発表したこととは反対に、6ヵ月間に製造した製品が影響を受けており、それはペリエの全世界市場に広がっていた[12]。同社は説明の変更を余儀なくされた。

　独自の公式クライシス計画はなく、ペリエはクライシスの間、話を伝えるためにメディアに頼り、それが致命的な決定となった。新聞は、インターナル・コミュニケーションの欠如と、同社内のグローバルな協調性の欠如を暴いて伝えるだけだった。パリの記者会見でペリエ・フランスが、「ベンゼンが存在するからリコールする」と発表したとき、ペリエの国際部門担当の社長であるフレデリック・ジンマーはこう説明した。「ペリエはもともと、少量のガスを含有しています。ベンゼンも含まれています」[13]。矛盾するメッセージが記者に発表され、米国の事業が十分に──というか全く──ヨーロッパの同社とコミュニケーションできていないことが明らかになった。さらに、ベンゼンの存在を説明するもう1つの話が出て、前述の説明を否定したのである。ペリエ関係者によるもので、「ベンゼンが水に入ったのは、南フランスのヴェルジェスにある地下の源泉の汚いパイプフィルターが原因であるようだ」[14]。これら全てが同社の信用を傷つけた。

　リコールや最終的な製品再開にコストをかけた──高価な広告キャンペーンを行った──が、顧客は新しい750mlのボトルが古いボトルと同じ値段で売られているのを見つけただけだった。ペリエのクライシス前の1989年の市場シェアは44.8％で、1991年には20.7％に急落した。

　ペリエのベンゼンクライシスは、クライシスに対処する「状況に対応した（後手後手の）」戦略の結果を浮き彫りにしただけでなく、クライシス・コミュ

ニケーションに対して事実に基づくアプローチを持たないことの問題点を描き出している（訳注：1992年、ペリエはネスレに買収された）。

2-3. 1993年：ペプシコーラの注射針事件

　クライシス・マネジメントにおける3番目の古典的なケースは、1993年のペプシコーラ注射針混入事件である。ペリエのベンゼン事件の直後、1993年、ペプシコーラは、大きく公表された混入事件に直面した。1993年の注射針の作り話に対するペプシの対応は、ペリエの例とは全く反対である。ペプシは一般大衆への配慮を示し、問題の深層を探るという確固たる態度を示すだけでなく、重要なステークホルダー――政府と、最も重要なメディア――を上手く活用し、混入したという偽のクレームと闘い、大衆の信頼を取り戻したのである。

　1993年6月、ワシントン州のある男性は、前夜にダイエットペプシの缶半分を飲んだ後、翌朝になって残りの中身を流し台に捨てているとき、缶の中に注射針を発見したと報告した[15]。このクレームは、ペプシコーラにとって大きなクライシスの始まりだった。

　ペプシコーラ北米のCEOであるクレイグ・E・ウェザーラップは、食品医薬品局（FDA）のデヴィッド・ケスラー長官が自宅を訪れて状況を告げたとき、クライシスの驚きで参ってしまうことはなかった。彼はまず、ペプシコーラの4人をクライシスマネジメントチーム――「経験豊富なクライシスマネジャーを、広報、規制関連、お客さまサービス、そして運営業務から集めた」[16]――に参加させ、規制当局のFDAや、メディアや、消費者と常にコミュニケーションをとりながら、迅速に状況を明らかにした。社内では、国中の400以上の施設に毎日報告をして、従業員に最新の情報を伝えることによって、組織の混乱を防いだ[17]。ジョンソン＆ジョンソンがすぐにタイレノールを商品棚から回収したのと違い、翌朝までに、ウェザーラップは製品をリコールしないという決断をした。危険物がペプシ缶の中で発見されたという新しい報告がFDAに殺到していたにもかかわらずである。

　テレビ局が同社に回答か公式コメントを求めて連絡してきたとき、ウェザー

ラップは、クライシスが缶の中の注射針という、心をかき乱すような映像に根ざしていることに気づき、メディアに同じくらい「ビジュアルな」回答をすることを決めた。ウェザーラップは、スタッフにペプシの缶詰加工のビデオ映像を準備させた。それは実際上、缶に注射針を挿入することがいかに不可能であるかを示したものである。さらに、ペプシはその後、食料品店の監視カメラの映像で、女性がこっそりと注射針をペプシ缶に落としている録画テープをメディアに配布した。三大ネットワークのトップニュースにこの映像が現れた後、注射針の新しい報告はなくなった[18]。

ウェザーラップはまた、一日中、複数のテレビ番組に出演した。マックネイル／レーラーレポート（訳注：公共ネットワークPBSの報道番組。平日夜放送）、ラリーキングライブ（訳注：1985年から2010年までCNNで放送されていた1時間の生放送トーク番組）、などである。彼の出演の最後には、FDA長官のデヴィッド・ケスラーが続いた。2人の男は、クレームが信じ難いことと、虚偽の申し立てをすることが犯罪であること（5年以下の懲役と25万ドル以下の罰金）を強調した。

ペプシがFDAと一緒にクライシスを調査して働く様子は目を見張るようで、国民からの信頼を高めた。さらに、独自の調査報告チームがなくても、クライシスの間、政府機関は同社にとって、極めて有益であることにペプシは気づいた。FDAは1989年、混入事件にすぐに対応でき、専門家の助言と科学的証拠をFDA当局に提供することができるような、科学捜査の専門家チームによる機関を設立していた。ペプシ缶を開けたとき、中にネズミを発見したという偽ったクレームをつけた不法者に有罪判決を下すための証拠を提供したのはFDAの調査だった。数日後、FBIは虚偽の申し立てにより4人を逮捕し、混入パニックは作り話にすぎないことがわかった。結局、20人が逮捕されて、クライシスは解決した。

しかしながら、ペプシコーラはそこで止まらなかった。混入のクレームが偽りだということを消費者が確実に知るために、ウェザーラップは、従業員と顧客への配慮を伝える広告を出した。彼は、「月曜日にペプシは全国の200紙に

全面広告を展開する。『ワシントン・ポスト』にも出す」と説明した。広告にはこうある。「ペプシは何もないことをお知らせできて嬉しいです。アメリカ中が今は知っているように、ダイエットペプシについての話は嘘でした。簡単で単純なことです。真実ではなかったのです。好きなだけダイエット・ペプシを飲みましょう」[19]。ペプシコーラはアメリカのリーダー会社の１つであり続け、2014年には市場シェアの30％を持っており[20]、クライシスによってネガティブな報道が出ても、クライシスを上手に処理すれば、克服できるということを立証している。

2-4. 新しい世紀：ネットのクライシス、データ漏洩など

　パソコン（PC）、インターネット、スマートフォンは今やビジネスにおいて不可欠な要素となっており、組織や、かつてはなかったようなクライシスの可能性に直面している。モバイルアプリは、サイバー犯罪者のための新しい遊び場を作ってしまった。2008年７月にアップルストア（App Store）がオープンしてから2009年末までの間に、アップルは著作権侵害に対して４億5000万ドルの損害を被った[21]。マイクロソフトWindowsのオペレーティング・システム（OS）をターゲットにした「コンフィッカー・ウイルス」は2009年に始まり、除去のために多くの業界で91億ドルのコストがかかった[22]。あらゆる種類の会社が、サイバー犯罪や顧客データの漏洩など、情報セキュリティの課題に取り組んでいる。

　全てのビジネスが、これらの危険な存在に対して用心する必要があるが、特にインターネットベースのビジネスは、情報セキュリティ戦争の最前線にある。オーロラ作戦（Operation Aurora）は、2009年に始まったサイバー攻撃で、グーグル、アドビ、および他の注目を浴びているインターネットベースの会社のソースコード（訳注：プログラミングの文字列）を検索する。アンチウイルス会社のマカフィーによると、ハッカーは暗号化、秘密のプログラミング、インターネット　エクスプローラーの未確認の欠陥などの戦法を使っていた[23]。「私たちは今まで、防衛産業以外では、民間企業がこんなに精巧な攻撃を受けるの

283

を見たことがない」と、マカフィーの脅威調査担当バイスプレジデントのドミトリー・アルペロビッチは述べている[23]。「脅威（Threat）のモデルが完全に変わってきている」[24]。

（１）レピュテーションのハッキング

　今日、大部分のサイバー犯罪は機密情報を盗むために、一層不正な戦術をとっている。今や普通に個人用コンピューターやオフィスコンピューターに「トロイの木馬」のウイルスが感染する。これはコンピューターに保存されているセンシティブな情報を盗み、犯罪者に中継する悪質なソフトウェア・プログラムである。「フィッシング」は、もう１つのよくある施術で、偽の（しかし本物に見えるような）メールを顧客に送る詐欺師の手口で、有名で信頼されている会社になりすまして、会社のオンライン記録を更新して保護するからとして、アカウントパスワードや社会保険番号などの個人情報を要求する。

　オンライン・セキュリティに対する脅威が広がった結果、世界中の無数の会社がクライシス状態に陥っており、今や攻撃から自社を守る努力を倍加しなければならない。もし顧客の信用や信頼を維持したいと願うなら、上手に自分たちを守らなければならないのである。闘いは簡単なものではない。特に技術の進化により、サイバー犯罪が一層クリエイティブになっているからだ。2009年にソフトウェア産業は、ソフトウェア著作権侵害の結果、510憶ドル以上を失った、とIDC（訳注：IT専門調査会社）とビジネス・ソフトウェア・アライアンス（BSA）は調査結果を発表した[25]。マイクロソフトが委託したレポートによれば、世界中の消費者は、海賊版ソフトウェアをダウンロードした結果、2014年に250億ドルを費やし、12億時間を無駄にした。ビジネス面では、会社は海賊版ソフトウェアの問題を解決するために5000憶ドルを使ったと推定される[26]。リスクが非常に高いので、企業はCISO（Chief Information Security Officer：最高情報セキュリティ責任者）をどんどん採用しているが、平均在職期間は２年であり、どれだけデータ漏洩が避けられないかを示している[27]。

　データ侵害は不可避なのに、なぜこの問題が多くの会社でクライシス・レベ

ルにまで達しているのだろうか。ウイルスに感染した顧客への補償や損害賠償に加えて、オンライン・セキュリティに関する不信感が、多くのネット販売業者や銀行の企業レピュテーションに影を落としている。そして、オンラインの領域では、レピュテーションは実に全てかもしれないのである。カインドサイト（訳注：米国のセキュリティ企業）が委託した最近の調査によると、アメリカの消費者の65％は、個人情報の漏洩を心配している。銀行口座、クレジットカード、その他の個人情報がオンラインで盗まれることだ。さらに、34％はフィッシングを一番懸念する事項の１つに挙げている。その他には、トロイの木馬ウイルスにパソコンが乗っ取られることや、迷惑メールの感染、児童ポルノを拡散してしまうことがある。この調査では、コンピューターを使う生活の中で、回答者の81％が既に感染したことがあることがわかった[28]。マーケティングにさえもネガティブな影響が及ぶ可能性がかなりある。つまり本物のビジネスのマーケティングメールが、個人の防御システムのせいで、消費者に届かないのである[29]。

　黒幕と闘う会社はどこだろうか。他社よりも効果的に対応しているところもある。2003年５月、オンライン消費者のセンシティビティが高くなっているにもかかわらず、ワコビア（訳注：米国の大手金融機関だったが、2008年にウェルズ・ファーゴに買収された）はオンラインバンキングの顧客にメールを送り、リンク先URLをクリックしてユーザー名とパスワードを更新するよう要求した。よく知られたフィッシングの手口であり、顧客は避けるようにと教え込まれていた。その要請は本物で、ワコビアが顧客を新しいシステムに移行させようとしたのだが、顧客の４分の１がメールに疑問を持ち、ワコビアのコールセンターに電話が殺到した[30]。今日のように顧客の疑惑が増大している状況の中では、企業は一層理解して業務を行わなければならないし、こうした懸念を鎮めるために協力して取り組まなければならない。

　最も効果的な対応は、前もって顧客に明確で一貫したコミュニケーションをとり、即座にオンライン攻撃に気づくようにすることに絞られる。例えば、シティバンクは、不正なメールを特定する方法を「なりすまし対策（'Spot a

Spoof'chart)」にまとめて、Webサイト上でフィッシングをかわす方法を載せている[31]。同社はさらに防止策を一歩進めた。2005年5月、シティグループは、国立地区弁護士協会（NDAA）と協力して、全国の検察官と共同でID泥棒の逮捕と訴追のための、新たな戦略を策定することを発表した[32]。会社も一緒に団結し、企業間の話し合いを始め、優良事例や経験や、オンライン上のセキュリティ事件とどう闘うかを話し合っている。例えば、2003年には、米国で400社以上の会社が会員となって、「フィッシング対策ワーキンググループ」が設立された[33]。

インターネット・サービス・プロバイダーのアースリンクは、2003年初めに顧客がフィッシングのターゲットとなったため、自覚を促す攻撃の先頭に立っている。実際、アースリンクは「スキャムブロッカー（ScamBlocker）」ツールバーを含む消費者を教育する製品をつくり、アースリンク加入者だけでなく全てのインターネット・ユーザーが利用できるようにして、「より良く、より安全なオンライン経験」を全ての人に提供している[34]。スキャムブロッカーは、訪問された各Webサイトの評価を表示し、ユーザーがアースリンクのブラックリストにある不正なサイトなどのページに入る前に警告する。顧客の一層の利益のために、アースリンクはブラックリストをできるだけeBayと共有し、独自のセキュリティ・ツールバーで使えるようにした[35]。

多分、近年のデータセキュリティ違反や、その後のクライシス、そしてレピュテーション再構築のプロセスとして最も注目すべき例は、チョイスポイント（ChoicePoint）社のものである。2004年10月、このデータブローカーは、何十万人もの顧客の個人情報が組織化された犯罪組織に送られたことに気づいた。警察にはこのセキュリティ侵害が通報されていたが、チョイスポイントの役員はうっかりして2005年2月まで被害者に伝えなかった。さらに悪いことに、カリフォルニア州の住民だけには伝えられていた。州法で定められていたためだ。同社がさらに約13万人に連絡したのは、議会が介入してからだった。訴訟の後、米連邦取引委員会（FTC）への1000万ドルの罰金と、被害者に対する賠償金500万ドルが科された[36]。

その後、チョイスポイントの経営陣は、同社のネガティブなレピュテーションを覆し、プライバシーと情報セキュリティのリーダーとして復活し、大きく躍進した。チョイスポイントはプライバシー、倫理、コンプライアンスに関するイントラネット・サイトを開設し、従業員に全ての最新の情報と新しい方針を伝えた。新しい消費者支援部門は、消費者と直接コミュニケーションして彼らの不安に対処している。リスクとコンプライアンスの体制は全ての事業に関わり、会社が社内外のステークホルダーにメッセージを届ける能力を確かなものとしている。

　消費者を教育し、脅威から守るための真の取り組みを示すことは、会社にとって重要な最初のステップであり、それが近年のネット取引での潜在的な脅威によるトラブルで多くの顧客から失った信頼を再構築するために必要なのである。

（2）オンラインの意見：今まで以上に声高

　データ漏洩は、企業がネット上で守らなければならない脅威の1つのタイプにすぎない。新しい危機のもう1つの局面は、人々が情報や意見、企業についての苦情を共有できるような、アンチ企業やアンチブランドの「コミュニティ」を作るために、インターネットがどのように利用されるかである。そのようなサイトの影響のトラブルで最も初期の事例としては、1999年の夏のダンキンドーナツが経験したクライシスである。満足しなかった客が、ダンキンドーナツでの自分の嫌な経験を共有するために、インターネットを使ったのだ。ダンキンドーナツがコーヒーを「あなたのやり方で」と宣伝しているとき、この客はスキムミルクを選んでも提供されないことで不快になった。同社には正式に苦情を申し立てることができる企業Webサイトがなかったため、彼は自分で作って「ダンキンドーナツ、最低！理由はこちら」と書いたのである[37]。

　このサイトは個人のWebページの小さなセクションとして始まったが、すぐにYahoo!が消費者の意見コーナーにこのページを取り上げた。まもなく、アクセス数は1日に1000ヒットになった。ダンキンドーナツは顧客の提案や苦情のための公式フォーラムを持っていなかったので、この始まったばかりのサイ

ト——しかも会社のコントロールのきかない——が、実際的にそのフォーラムになった。被害を訴えた人物は、最終的に新しいWebサイトとドメイン名のwww.dunkindonuts.orgを購入し、議論は公式名称のように思われる場所に移った[38]。

　ダンキンドーナツがそのサイトを買収して自社のWebサイトを開設するまでたっぷり2年はかかり（まずサイトを開設した個人に初めて手紙を書き、礼儀正しくサイトを閉じるよう要求し、さもなければ訴えると脅すことから始めた）、それから自社の公式Webサイトを開設した。顧客は今では特定のフランチャイズマネジャーや本社にメールまたはフリーダイヤルで連絡を取り、意見を言うことができる。

　最終的にダンキンドーナツは、顧客からの意見や苦情のためのネットフォーラムを提供することの価値を学んだが、状況をもっと早くコントロールできればクライシスを軽減することができたかもしれない。この例は、インターネットの力が一個人の声を大企業の声より大きくすることができることを示しているし、アンチ企業サイトの認知度をさらに上げるためには検索エンジンがいかにコストのかからない手法であるかということを強調した。それが最初はどんなに小さくて手作りのものであったとしてもである。

　ダンキンドーナツのネットでの大失敗以来、人々が企業に敵対する意見をシェアすることが急激に増えた。今では消滅したWebサイトに、運の悪い顧客が宅配便（UPS）の不満をぶちまけ、壊れた小荷物の写真を投稿したこともある。できるだけシンプルなツイートが（特に多くのフォロワーがいるような誰かの投稿であれば）、一瞬のうちに情報を伝え、意見を揺さぶる力を持つ。会社は主要なソーシャルメディアの中にいて、顧客と直接交流することが重要である。カンター・メディア・コンピートが2011年に収集したデータによると、Twitterユーザーの66.1％は、小売業者のつぶやきやアカウントが購買に影響を与えていると言っている[39]。

　いろいろな意味で、アドボケート（政策提言をする人）と消費者は、今や同じようなもので、テクノロジーを駆使して集まり、クライシスに油を注いでエスカレートさせ、企業に一層の難題をもたらしている。エジプトの人々が一体

となって動き、情報を入手し、外部の世界とコミュニケーションをとるために、数千という携帯電話のショートメッセージを使ったことを考えてみてほしい。そうやってホスニー・ムバラク大統領を追いやったのだ[40]（訳注：2011年のエジプト革命。数百万人がデモを行うなどして長期の独裁政権が崩壊した）。彼らは、写真やビデオを共有し、世界の他の国々が革命を展開しているのを知ることができた。

　このようにして、オンラインブログやソーシャル・ネットワーキング・サイトの拡散は、あらゆる時事問題の認知度を高め、それは、企業の失敗についても例外ではない。2012年だけで、5100万のWebサイトが作成され（1日に13万サイト以上）、情報が山火事のように広がることを可能性にしている[41]。これらのオンライン日記は、しばしば非常に具体的な議題を推し進めており、もしインターネットを使っている約1億7400万人の大人がそれを読んで拡散させたら、会社のレピュテーションを傷つけるような議題かもしれないのだ。実際、2014年のピュー・リサーチ・センターの調査によると、米国の成人の74％がインターネットを活用している[42]。投稿は長期間にわたってネット上に残る傾向があるため——しかも全く削除されないことが多く——ブログも長く続く。翌日にはリサイクルに回される印刷メディアのような伝統的な掲載物を通して発信されるもの以上にインパクトがある[43]。9年前に遡ってインターネットページのアーカイブを提供しているウェイバックマシンやGoogleキャッシュのようなデータ保存サービスを使えば、ネット上の情報は永久に消滅することはないのかもしれない[44]。

　2009年、ドミノ・ピザは、ソーシャルメディアの炎上を経験した。2人の従業員がYouTubeに自分たちのビデオを投稿したときで、鼻くそを食べ物に入れたり、材料を鼻に突っ込んだりしていた。2〜3日以内にビデオは100万回以上の閲覧があり、前述の従業員は重罪で告訴され、ドミノ・ピザは広報のクライシスに直面した。重役たちは、最初は積極的に対応しないことに決め、すぐに終わることを祈った。しかしながら、「広がらないだろうと思うときは、さらに拡大するときだ」とは、ソーシャルメディア会社ロータムのマーケティ

ング担当役員であるスコット・ホフマンの言葉である。多くの顧客がこの状況に反応し、より多くの情報をTwitter経由で求めたため、ドミノ・ピザは顧客に直接対処するためにTwitterアカウントを作成した[45]。

さらに、人気ブロガーのジェフ・ジャーヴィスが「デルよ、地獄に行け(Dell Hell)」という痛烈なブログを開設後、デルのレピュテーションが地に落ちた事例もある（第6章参照）。

多くの会社は、ブロガーに対応する公式な方法をまだ持っていないが、手始めにできることは、まず産業の話題を取り上げている最も声高でわかりやすいブロガーたちを特定し、積極的に正確な企業情報を提供することだ[46]。2005年、ゼネラルモーターズは、初めての公式企業ブログを立ち上げた。名付けてGM「ファストライン（訳注：追い越し車線や出世街道などを掛けたネーミング）」で、グローバル製品開発担当バイスプレジデントのボブ・ルッツが書いた[47]。「ファストライン」は、大胆な方法をとり、ブログへの投稿について、検閲なしで消費者が投稿できるようにしている[48]。これには多くのメリットがある。製品についての自由なインサイト（訳注：本人も意識していない本音）が含まれていてGMのマーケティングチームが活用できるし、さらに重要なことは、GMのレピュテーションを高めることだ。顧客は――特に情報通のインターネット・ユーザーで定期的に会社や製品のことを調べているような人は――率直にフィードバックする同社のやり方を評価している。クライシスのときには、この事前に確立された信用がとても貴重になる。人々は会社に不信を抱きがちであり、判決が出る前に企業の対応を聞きたがり、少なくともクライシスに陥っているときには最新の情報をどこで得ることができるのかを知ろうとしがちである。GMは通常、そのブログをクライシスがない状態で、レピュテーションの管理や、「我々が不公平で偏っていて十分な知識のないと考えているメディア」に対抗するために活用している、とルッツは説明している[49]。ソーシャルメディアやインターネットの力は飛躍的に拡大しているため、会社はレピュテーションを管理しクライシスの可能性を顕在化させないために、ゲームに加わってネットに飛び込むことしか選択肢はない。

第10章 クライシス・コミュニケーション

「ニューエコノミー」において、会社は自分たちの多数のステークホルダーへのインターネットの影響が増加していることと（6章や7章にあるように、より多くのメディアや投資家がそれぞれステークホルダーになる）、ネット上のプライバシーやセキュリティについて消費者の関心が高まっていることを認識しなければならない。会社はクライシスに備えて対応するとき、業務環境を考慮しなければならない。

以下は、過去に企業が直面した重大なクライシスの例である。

●2014年3月、マレーシア航空370便はクアラルンプールから北京へ向かうフライト中に姿を消した。同社の対応は遅く政府と協調がとれず、犠牲者の近親者の反感を買い、中国との緊張を高め、間違った場所で飛行機を探すことでマンパワーと時間を無駄にした。さらに4ヵ月後、マレーシア航空17便が、ウクライナの反乱軍の上空を飛行中に地対空ミサイルで撃墜された。

●2013年11月下旬、ターゲットブランドのPOSシステムに犯罪者が不正侵入し、4000万件以上のクレジットカード番号と7000万件以上の個人情報の記録を盗んだ。ターゲットの会長兼社長でCEOのグレッグ・スタインハーフェルは、迅速に反応しなかったために仕事を失った。

●2013年9月、バリラ（パスタ・メーカー）は、多くの消費者のボイコットに直面した。同社の会長で、一家の後継者であるグイド・バリラが、イタリアのあるラジオ番組で、「我が社は伝統的な家族を支援する（訳注：だからゲイを広告に出さない、と付け加えた）。もしゲイの人たちが同意できないなら、他社ブランドのパスタを食べればいい」と話した後である。バリラは謝罪し、社内にダイバーシティアドバイザリー委員会を設置し、より多様性のある広告キャンペーンを計画した。

●2013年3月、有名シェフのポーラ・ディーンは、性差別主義で人種差別の

あるひどい職場だということで訴えられた。8月に訴訟が棄却されるまでに、ウォルマート、QVC、ホームデポ、シーザーズ、シアーズ、ノボ・ノルディスクなどの企業は、スポンサー契約をキャンセルし、フード・ネットワーク（訳注：食に関する専門テレビ局）は彼女の料理番組を終了した。ディーンと彼女の相談者たちは、「世論という法廷で争う」ことを避け、結果的に彼女はソーシャルメディアの攻撃にさらされたままとなり（Twitterでは、「#ポーラの特別料理#PaulasBestDishes」で、「バーミンガム刑務所産のレタス」といった人種差別を嘲る料理名がつけられて）、最後には彼女の仕事関係の大部分を終わらせることになった。

●2012年1月、大型客船コスタ・コンコルディアがイタリア海岸の珊瑚礁に衝突し、大部分が沈没して32人が死亡した事故では、船の所有者のカルナバル・コーポレーションと同社のCEOのミッキー・アリソンのレピュテーションを損ねるようなニュースが次々と始まり、クルーズ旅行の安全性を詳しく調査することにも注目が集まった。さらに翌月、客船カーニバル・トライアンフが火災の後に停電して前進できなくなったという調査結果が届いた。クルーズ体験はひどいものとなった。船上には4000人以上がいるのに、わずかに2、3ヵ所のトイレが使えるだけで、旅行はすぐに最も「つまらないクルーズ（訳注：poop〈つまらない〉には大便の意もある）」となった。

●2011年11月、ペンシルバニア州立大学サッカー部のアシスタントコーチである、ジェリー・サンダスキーは、40件の少年に対する性犯罪で逮捕された。初期の申し立てを無視したことで大学の経営陣は非難され、被害者に対する大学の配慮のなさに対する一般人の激しい怒りによって、大学評議会は、伝説に残るほど有名なヘッドコーチであるジョー・パテルノと、グラハム・スパニエ学長を解雇せざるをえなかった。

●2011年10月、リサーチ・イン・モーション（訳注：カナダの通信機器メー

カー。現社名はブラックベリー・リミテッド）のブラックベリーサービスが4日間中断され、世界中の数百万のスマートフォン・ユ−−ザーが、テキストメッセージにもメールにもインターネットにもアクセスできなくなった。同社は信頼性に自信を持ち、多数の政府機関にサービスを提供していたが、機能の停止と対応の遅さに対して批判された。

●2011年第3四半期に、ネットフリックスは、DVDの宅配とオンライン・ストリーミング・サービスを分け、別々に課金すると発表した。初夏に価格を引き上げて不評だった後のことである。ネットフリックスは、第3四半期に80万人の加入者を失い、セット提供に戻すことを決めた。CEOのリード・ヘイスティングスは、個人的に顧客に謝罪した。

●2010年の秋、玩具のトップメーカーのマテルは、700万台のフィッシャープライスブランドの三輪車をリコールした。報道によれば、10人の幼児が怪我をしたという。これは、2007年と2009年の大規模な安全のためのリコールに続くものである。2007年のリコールは、中国工場で製造されたものの塗料に鉛が含まれていたことが原因である。

●2010年4月20日、BPの石油掘削装置「ディープウォーターホライズン」の爆発で、現地で働く11人の男性作業員が死亡し、最大規模の事故による海洋への油流出が起こり、石油業界の歴史に残るものとなった。BPのトップ経営者は、その高飛車な謝罪態度や流出の責任を容認しないことを批判された[50]。

●トヨタは2009年と2010年に、約900万台の関連したリコールを3回に分けて行った。運転者が意図しないのに加速したためである。このクライシスの前には、トヨタはそれまで、エンジニアリングの品質で広く称賛されていた。

●2008年後半、金融危機が始まり、大手金融機関が崩壊し、株式市場が下降し、

政府が最大の米国銀行を救済した結果、世界中の何千もの企業や家族が影響を受けた。

●2008年4月8日、アメリカン航空は、調査機関の命令により配線系統の整備のためM-80機を運航停止にした。これにより、3000便以上のフライトがキャンセルとなり、クライシスへの同社の対応について顧客の不満が広がった。

●2008年初めに、ドイツの顧客がノキアの不買運動を行った。1000人の従業員がボーフム工場から不本意なレイオフをされたことに対してで、より安い東ヨーロッパに事業を外注するからだった。多くの従業員は、ノキアのマネジャーからレイオフを聞いたのではなく、ラジオのニュースで同社工場の人員削減と外注を知ったのである。

●2007年10月23日、連邦緊急事態管理局（FEMA）は、カリフォルニアで猛威を振るっていた山火事に関する記者会見を開催した。記者会見では、FEMAの従業員がジャーナリストのふりをして、当時の副所長のハーヴェイ・ジョンソンに簡単な質問を投げていたことが判明した。

●2007年2月中旬の吹雪の間に、ジェットブルー航空の数百人の乗客が、ニューヨーク近郊の空港滑走路で、10時間近くも飛行機から降りることができなかった。同社は最終的に補償のために数百万ドルをつぎ込まなければならなかったし、さらに将来の天候による遅延に備えてジェットブルーの顧客を守ることを目的として、乗客の権利の規約を策定した。

●2005年8月29日、ハリケーン「カトリーナ」がニューオーリンズに上陸し、都市を徹底的に破壊した。米国政府、特に連邦緊急事態管理局（FEMA）は、クライシスの対応が不十分だということで非常に批判された。

●2002年、会計大手のアーサー・アンダーセンは、長年の顧客であるエンロンに関連した数多くの文書を破棄して公務執行妨害をしたとして有罪判決を受けた。3年後の2005年5月に最高裁は判決をひっくり返した（訳注：無罪判決となった）が、アーサー・アンダーセンのレピュテーションは取り返しがつかないほどに傷つき、従業員は8万5000名から200名未満に激減した[51]。もう会社は存在しない。

3. クライシスにどう備えるか

　クライシスに備える第一ステップは、全ての組織は、どのような業界でも、どんな場所でも、前項で論じたような種類のクライシスに巻き込まれる可能性があると気づくことだ。2011年のバーソン・マーステラとペン・ショーン＆バーランドによるクライシス準備調査によれば、ビジネスリーダーの79％が、自社のクライシスが1年以内に起きる可能性があると考えている。本章に挙げたクライシスは、近年の中でも最も特筆すべきものであるかもしれないが、それ以外にも、巻き込まれた会社を困惑させたものもある。明らかにいくつかの業界では――化学業界、大手製薬、消費者向けのパッケージ製品、鉱業、林産物、石油、ガス、電気事業のようなエネルギー関連産業、ネット販売業者は――他の業界よりクライシスに陥りやすいが、今日では、全ての組織がリスクにさらされている。

　2001年9月11日のテロ攻撃では、多くの会社のクライシス計画が試された。その他の被害を受けなかった会社にとっても、計画を持っていることの重要性が強調された。バーソン・マーステラと『PRウィーク』誌が2001年後半に行った、約200人のCEOの調査によれば、実に21％のCEOが、9月11日の事件まで「クライシス計画がなく、不意をつかれた」と答えた。53％が、自分たちの計画は良かったのだが、「あのような事件には十分ではなかった」と認めた。9月11日の大惨事以来、クライシス・コミュニケーション計画を見直したかどうかという質問では、63％がそうするつもりだと回答した[52]。最近の調査に

よると、クライシス・マネジメントは、ほとんどのフォーチュン1000企業の上級管理職の中で、最優先事項の1つとなっている。回答者によるとその原因の主なものは、自社での最近のクライシスや、メディアでの報道や、自然災害に対して脆弱であるという意識の高まりである[53]。

ワールドトレードセンターにいた多くの会社は、その前のテロ攻撃のときも、このツインタワーのテナントだった。1993年には爆発でワールドトレードセンターの地下3階分が吹き飛び、3万人以上の従業員と数千人の訪問客が施設から避難させられ、救助活動は12時間続いた[54]。

1993年の爆破事件の後、多くの企業がワールドトレードセンターからの避難計画を策定または見直した。二度目の攻撃が2001年に起こったとき、この準備は多くの命を救うのに役立ったのである。

例えば、ワールドトレードセンターの最大のテナントである、モルガン・スタンレー・ディーン・ウイッターの避難計画は、9月11日に3700人の従業員のうち6人を除く全員の命を救う上で絶対欠かせないものだった。モルガンの広報担当者は、「スムーズに避難できたのは、計画が全社的によく知られていたからで、誰もがコンティンジェンシープラン（緊急時対応計画）を知っていた。我々は常にそれについて話し合うために集まっていた」という[55]。

コミュニケーション・マネジャーは、こうした事例をフォローしておかなければならず、クライシスの初期の段階で、準備が不十分な組織に何が起こったのかについて、あやふやな情報を使いながら、最悪の事態に対して会社を運営することに備えなければならない。選択すべきことはたくさんあるが、過去25年以上の経験から、事実上、全ての業界でクライシスの事例は見られるので、マネジャーはあまりプレッシャーを感じるべきではない。基盤となるのは、クライシスの可能性があるという考えをマネジャーが受け入れることであり、それから本当の準備が次のように行われるべきなのである。

3-1. あなたの組織のリスクを算定する

前述のように、いくつかの業界は、他の業界よりも、クライシスに直面しや

すい。しかし、クライシスに遭遇しやすいかどうかを、組織がどうやって判断できるのだろうか。上場会社にはリスクがある。なぜなら、主要なステークホルダー——つまり株主——との関係性があるからだ。もし大惨事が上場会社を襲ったら、大量の売り注文が出るだろう。そうした差し迫った財政的な結果は、堅実に持続的な事業活動を行うという組織のイメージを脅かす。クライシスそのものによって受けるダメージに加えてである。

　非上場会社は株主について心配する必要はないが、クライシスの際には信用を失うこと——売上に影響を与えるような——を気にしなければならない。多くの場合、非上場会社のオーナーは、クライシスの間のコミュニケーションによって組織の信用を保とうとする。つまり、全ての組織は——公的機関も民間会社も非営利機関も——もし実際にクライシスが発生したら、ある程度はリスクにさらされるということだ。次の項では、会社がどうやって最悪の事態に備えた計画を立てることができるかを吟味しよう。

（1）潜在的なクライシスを特定する

　コーポレート・コミュニケーションの責任者は、まず「ブレーンストーミング・セッション」を招集すべきである。そこには組織内のトップ経営者と、クライシスによって最も影響を受けそうな部門からの代表者たち——例えば、製造工程で労働災害の可能性がある場合には工場長など——を集める。もし事故が起こったときにコンピューターシステムが危険な状態になる場合は、CIO（最高情報責任者）も含まれるかもしれない。1993年にワールドトレードセンターで最初の爆発があったときには、ほとんどの企業がサービス業種だった。人命が失われた後、重要な情報が失われたことは爆発の最悪の結果の1つである。

　ブレーンストーミング・セッションでは、参加者は協力してクライシスの可能性についてアイデアを展開するべきである。この段階では、できるだけクリエイティブであるようにと促される。ファシリテーターは、参加者がアイデアを共有することを認めるべきで、どんなに常識外れなものであっても、グループでは全ての参加者にオープンマインド（柔軟な発想をする）ように促さなけ

ればならない。

　可能性のあるクライシスのリストができたら、ファシリテーターは、グループを促して、どのアイデアが実際に起こったときに最も見込みがあるかを決めさせる。例えば、潜在的なクライシスに対する確率を割り当てるように求めることは役立つかもしれない。そうすれば、彼らは、発生確率がとても低いような問題を解決するために作業して時間を無駄にすることなく、より可能性の高いシナリオに焦点を絞ることができる。しかしこの段階においてすら、参加者は最悪のシナリオを排除してはいけない。BPのような規模の原油漏れのリスクは、外部の将来予測によれば非常に低かった。それで、石油会社も政府機関も最悪の事故の可能性に備えなかったのである。

（２）ステークホルダーへの影響を測定する

　潜在的なクライシスにリスク確率が割り当てられると、組織は、どのステークホルダーがクライシスで最も影響を受けるかを決断する必要がある。クライシス・コミュニケーションの専門家は、この問題についてあまりにも考えなさすぎる。なぜそれほど重要なのかといえば、いくつかのステークホルダーは他より重要性が高いので、組織は最も重要なステークホルダーへの影響という観点からリスクを見る必要があるからだ。

　2001年9月11日、ワールドトレードセンターが攻撃を受けたとき、アメリカン・エキスプレスのCEOのケン・シュノールトは、ワールドトレードセンターの通りの向こう側にある同社の本社に電話をかけ、建物の警備会社に指示し、従業員をすぐに避難させた。その日が終わる頃、彼は全てのシニアエグゼクティブに連絡して、無事を確認した[56]。シュノールトが同社の3000人の従業員を川向こうの新しい建物に移動させることができるまで、アメックスのコミュニケーションスタッフは自宅から顧客に連絡をとり、同社は営業中であると知らせた[57]。2つの配慮がシュノールトをこのクライシス時の行動に導いたのである。つまり、従業員の安全と顧客へのサービスである[58]。この事例では、従業員と顧客はこの事件で最も影響を受けると考えられるステークホルダーで

あり、シュノールトの行動はこの決断の反映なのである。

　クライシスが実際に起こったとき、どうやってステークホルダーを順位付けするかを決断するのは、一層難しい。非常に多くのことがほかにも起こっているからだ。しかし、ステークホルダーへの影響という観点からリスクについて事前に考えることは、どのクライシスの可能性に最も時間と資金を事前に費やすべきなのか、組織がさらに精緻に考えるのに役立つ。例えば、タイレノール事件の間、ジョンソン＆ジョンソンはクレド（Credo：経営理念）に依拠したことで、同社は優先順位を明確にしてステークホルダーに対応することができた。

3-2. 潜在的クライシスに対するコミュニケーション目標の設定

　潜在的なクライシスに対するコミュニケーション目標を設定することは、クライシスそのものにどう対応するかを見つけ出すこととは別物である。明らかに、組織は両方を行わなければならないが、通常、マネジャーはクライシスの最中には、誰に何を言うべきかより、どんなことをするかに注目しがちである。クライシスが、人命の犠牲でなくレピュテーションの毀損のような目に見えないもののときには、コミュニケーションはアクションよりも重要になる。各ステークホルダーに対して、そのステークホルダーのクライシスに対する最初の反応はどのようなものかを確認することが適当であり、クライシスの最中に彼らに聞きたいことなのである。

3-3. チャネル選択の分析

　ステークホルダーの順位付けが完了したら、プランニングセッションの参加者は、各ステークホルダーに対する自分たちのコミュニケーション目的は何なのかについて考え始めるべきである。この目的が達成されるかどうかは、会社がメッセージを伝達するために選択した、コミュニケーションチャネルの有効性によるところが大きい。

　大量に「お知らせ」を配布することは、クライシス時の従業員へのメッセージとしては、おそらくあまりにも冷たいものであろう。その代わりに会社は、

個人的な会合やグループミーティング、「タウンホール」集会を考えるかもしれない。コミュニケーションチャネルの選択は、会社がステークホルダーのニーズと感情に、どれほど思いやりがあるかが反映される。クライシスの最中に、消費者やその家族とコミュニケーションするために、最も効率的で最も思いやりのある方法は何だろうか。

ジョンソン&ジョンソンのタイレノール危機に対する、思いやりがあってとても人間的な態度は——全国の病院や薬局へのたくさんの個人的な訪問を含む——同社にとってとても貴重な信用を勝ち取った。クライシス時には、ステークホルダーは情報を欲しがり、情報が自分たちにどのように伝えられるかについて、通常よりも敏感になることが多い。

クリプトナイトの錠前破りの大失敗のケースでは、顧客がボールペンを使ってクリプトナイトの鍵（訳注：自転車のU字ロック）を開錠する方法を見せる「ハウツー」ビデオを投稿したとき、クリプトナイトは包括的な声明を出し、現在の鍵の製品ラインは「盗難防止」に役立つものであると説明し、新しい製品ラインは「より頑丈に」すると言明した[59]。何百人ものブロガーは口先だけの声明に満足せず、鍵についてブログを書き続け、『ニューヨーク・タイムズ』やAP通信の報道を通じて、数十万人がそれについてオンラインや印刷物で読むことになったのである[60]。クライシスの間、約180万人がクリプトナイトに関して、何らかのブログを読んだ。クリプトナイトが、自らのフォーラムで正面からブロガーと対決しようという、迅速で団結した反応を示せなかったことが主な理由である[61]。

3-4. クライシスごとに異なるチームを割り当てる

クライシスにおけるコミュニケーション計画のもう1つの重要なことは、前もって、各クライシスに関わるチームの担当者を決めておくことである。問題によって必要な専門知識は異なり、プランナーは、あるタイプのクライシスに対して最も適しているのは誰なのかを考慮すべきである。

例えば、もしクライシスが財政面にフォーカスする可能性があるなら、最高

第10章 クライシス・コミュニケーション

ピアソンとミトロフの危機管理（クライシス・マネジメント）戦略チェックリスト

戦略的行動
1. 危機管理を戦略的計画プロセスに統合する。
2. 危機管理を企業の長所を示すステートメントに統合する。
3. 経営陣と危機管理チームに部外者を含める。
4. 危機管理のための研修や勉強会を行う。
5. 危機シミュレーションを組織メンバーに経験させる。
6. 危機管理戦略のさまざまな種類を考えてポートフォリオを作成する。

技術的および構造的取り組み
1. 危機管理チームを設置する。
2. 危機管理のための予算支出を確保する。
3. 緊急時の方針／マニュアルの更新に対する報告義務を規定する。
4. 危機管理の資源（従業員の技能など）の全リストをシステム化する。
5. 緊急時の指令をコントロールする場所を指定する。
6. 重要な領域（コンピューターシステムなど）における技術的余力を確実にする。
7. 危機管理についての外部専門家との協力関係を確立する。

評価と診断の実施
1. 危険な兆候(threats)や責任の法律上、財務上の監査を実施する。
2. 不測の危機管理に対応するように保険の範囲を修正する。
3. 環境への影響を監査する。
4. 日常業務に必要な活動に優先順位をつける。
5. 早い段階の警告信号を追跡するシステムを設置する。
6. 過去の危機や身近な危機を追求するシステムを設置する。

コミュニケーション活動
1. 危機管理に関してメディアに対応する研修を行う。
2. 地域社会との通信回線を拡充する。
3. 介在してくるステークホルダー（警察など）とのコミュニケーションを強化する。

心理的および文化的行動
1. 危機管理に対してトップマネジメントが強く関与していることをよくわかるようにする。
2. アクティビストグループとの関係を強化する。
3. ボトムアップのコミュニケーションを拡充する（「内部通報」を含む）。
4. 危機管理プログラム／報告義務に関する全員へのコミュニケーションを拡充する。
5. クライシスの人間的で感情的な影響に関する研修を行う。
6. 心理的サポートサービス（ストレスや不安のマネジメントなど）を行う。
7. 象徴的なリコールや過去のクライシスや事故の企業の記憶を補強する。

出典: Christine Pearson and Ian Mitroff, "From Crisis Prone to Crisis Prepared: A Framework for Crisis Management," Academy of Management Executive 7, no. 1 (1993), pp. 48–59.

財務責任者（CFO）が、そのような問題に対処するチームを率いる上でベストパーソンかもしれない。彼または彼女は、問題が発覚したときに最高のスポークスパーソンになるかもしれない。一方、飛行機の墜落のような、問題がより悲惨な場合は、CEOがおそらくベストパーソンであり、チームに責任を持ち、少なくとも当初はクライシスのスポークスパーソン代表となる。人命が失われるようなクライシスでは、CEO以外の誰も、一般市民やメディアからの信頼を得ることはできない。

しかし経営者は、全てのクライシスにおいて、コミュニケーションに責任を持つ上級レベルの役員を配置することは避けるべきである。クライシスに最も近い人が、人々が話を聞きたいと思う人物であることもある。例えば、グローバル企業のベストなスポークスパーソンは、文化的な問題、言語の違い、地域社会の関心などに配慮しなければならないため、本社の上級管理職よりも、問題が発生した現地国にいる誰かであるかもしれない。

さまざまな危機に対応するためにさまざまなチームを割り当てることで、組織はクライシスの処理やコミュニケーションに責任を持つ最高の人材を置くことができる。それはまた、従業員を巻き込んだ横断的な組織を作ることでもある。関連するマネジャーが計画を立て、クライシスチームに参加すればするほど、組織は全体的に態勢が整っていくだろう。

3-5. 集中化の計画

組織は、一般的な目的（第3章で論じた）のために、コーポレート・コミュニケーションを集中化または分散化する取り組み方を採用することができるが、クライシスに直面したときは、全面的に集中化した取り組みをしなければならない。

ペリエの米国部門と欧州部門からの情報が一致しなかったために、ベンゼンが含まれているという危惧についての同社の対処に問題が生じ、そのクライシスをさらに悪化させた。分散化された組織では、部門間のコミュニケーションを効率良く行うことが困難になりがちで、クライシス計画の段階で部門間のコ

ミュニケーションに十分な配慮をしていない場合は特にそうである。集中化した計画があれば、階層や官僚主義の枠をはずし、組織全体にオープンなコミュニケーションのラインを保ち、対立をなくすことができる。こうしたこと全てがクライシス時には特に重要なのである。

3-6. フォーマルな計画に何を加えるか

　全てのコミュニケーション・コンサルタントは、クライシス時に使える詳細な計画の作成を提案するだろう。これらは通常は印刷され、該当するマネジャーたちに回覧されるという意味でフォーマルなものであり、彼らは計画を読んで同意したことを誓うステートメントにサインをしなければならないかもしれない。この手順により、計画が受領者によって承認されたことを組織は確認し、「クライシスがない状況下において」議論するような質問や説明を可能にする。最も望ましくないのは、実際にクライシスが起こって初めて、工場のマネジャーが計画を読むことである。

　クライシス計画の研究によれば、次のような情報がクライシス計画に含まれていることが多い。

(1) 緊急時に通知する人のリスト

　このリストには、危機管理チームの全員の名前と電話番号は、消防や警察など外部にかける電話番号と一緒に載せる。またメンバーが会社を退職したり、異動したりすることもあるので、リストは更新して最新の状態を保つべきである。

(2) メディア・リレーションズへの対応

　クライシス・コミュニケーションを扱う会社の社長のフランク・コッラードは、クライシス時に全てのステークホルダーとコミュニケーションする基本的なルールは「全て言う、早く言うこと」[62]であると提案する。ある程度、この提案は全く正しいが、こうしたルールを適用してメディアに対応する際、先走らないように十分に注意すべきである。多分、コッラードのルールを修正す

るならば、「できるだけ多くのことを、できるだけ早く」ということで、そうすれば組織の信頼性を台無しにしなくてすむ。例えば、ペリエの性急なメディアへのコミュニケーションは、正確な情報が集まる前に行われてしまったからであり、致命的なミスだった。

　平常時に組織がメディアと良い関係を構築していれば、記者はクライシスが起きたときに一層理解してくれるだろう。メディアと信頼関係を有することは、ジョンソン＆ジョンソンがタイレノール危機に陥ったときに役立った。一般に、個々の記者とベストな関係を持っている人物が、おそらくクライシス時に彼らと深く関わる上で最適な人物である。事前に全てのクライシス関連の問い合わせが本社に行くよう合意しておくことで、組織が混乱しているように見られることを避けられる。

（3）従業員に通知するための戦略

　従業員は、個人的なクライシスにおける家族のように見るべきである。組織に影響を与えるようなことについて従業員がメディアから知ることは、家族が個人的な問題について家族以外から聞くことに例えられるかもしれない。会社は従業員へ通知するための計画を、前もって従業員とのコミュニケーションのプロと一緒に策定し、全体のクライシス計画に確実に含めるように努力するべきである。

（4）クライシス対策本部の場所

　クライシスについて書いているコンサルタントや専門家は、会社は特別な危機管理センターに資金を投資する必要があると提案しているが、全ての会社が実際に行う必要があるのは、そうした場所を前もって特定しておくことだ。自然災害やテロリストの攻撃の場合は、安全性や警備への影響を考えて、コンティンジェンシー（不測の事態）の場所（対策本部）を決定すべきである。クライシスが起きたときは、適切なテクノロジー（コンピューター、ファックス、携帯電話、メディア中継の接続機など）をできるだけ迅速に集めることも重要

である。この本部の所在地は、前もって、全ての主要な社内・社外のステークホルダーと共有しておくべきで、全ての情報は、理想的にはこの事務所を通じて集中管理されるべきだ。クライシスが続く限り、他のコミュニケーションのラインは本部を通して流れるべきである。

　物理的なクライシス対策本部に加えて、ソーシャルメディアや自社のWebサイトを通じたコミュニケーションを計画している会社は、新しいWebページの立ち上げやバナー告知などについて、技術的関与が最小になるような詳細を決めておくべきである。

（5）計画の説明

　会社は文書化されたクライシス計画を持つべきである。コミュニケーション戦略に加えて、クライシス計画は、事業計画の詳細を加えるべきである。例えば航空機墜落のケースなら、被害者の遺族がどこでどうやって生活の場所を提供されるべきかなどである。

　全体的な計画の策定に続いて、全てのマネジャーは、もしクライシスが発生したとき、何をすべきかについての研修を受けるべきである。今ではいくつかのPR会社や学識経験者は、マネジャーがクライシス・マネジメントのスキルを訓練で体験してみるようなシミュレーションを提供している。マスターカード、サウスウエスト航空、ゼネラルモーターズなどの会社は、シミュレーションを使って実際のクライシスが起こる前に組織として不備な点を解決しようとしている[63]。適切な研修を探しているマネジャーは、クライシスそのもののマネジメントに加えて、シミュレーションまたはトレーニングに、コミュニケーションの要素がいかに大きな比重を占めているかを確めるべきである。

　マネジャーだけでなく、全ての従業員は、自社の緊急時の手続きと計画について熟知し、定期的に研修を受けておくべきである。全ての従業員に一連のテストを受けさせれば、本物のクライシスをシミュレーションすることはできないかもしれないが、組織の全てのレベルにおいてエマージェンシープランに精通しているかを確認することはできるだろう。ブリティッシュ・エアウェイズ

（BA）は、全社的なクライシスシミュレーションの訓練を12〜18ヵ月ごとに実施している。この試運転を導くのは、BAのクライシス・マニュアルである。200ページにわたって従業員の役割や責任や緊急事態の場合の行動を要約したもので、外部の関係者の連絡先、プレスリリースのテンプレート、地図やBAの機種や取引先に関する主要な情報が載っている[64]。

4. クライシス時のコミュニケーション

　企業が集結できる計画の全ては、実際の危機に対しては部分的な準備にすぎないだろう。本当に成功するための方法は、危機が起きたときに問題にどうやって対応するかである。もし計画が十分に包括的であれば、マネジャーは少なくとも確固たる姿勢で始めることができる。クライシス時にコミュニケーションするとき、最も重要な手順は次の通りである。クライシスはそれぞれ異なり、マネジャーはそれぞれの必要性に合わせてこうした指示を適応させなければならないが、クライシスには十分な基本要素があるので、これらの処方が全てのクライシス・マネジメントに対する出発点になる。

ステップ1：事態の指揮をとること

　最初のステップは、適切なマネジャーができるだけ早く現場の指揮をとることだ。こうした指揮とは、信頼できる情報を活用して真の問題を特定し、測定可能な目標を設定することであり、それに対処するためのコミュニケーションの目標も含まれる。極めて重要なことに失敗すると、最初のステップがクライシス・マネジメントの取り組みに壊滅的な打撃を与えるのは、ペリエのケースで見た通りである。ペリエは十分な情報が不足していたので、ベンゼンの問題を最初に特定できなかった。スポークスパーソンはそうではないと公衆を納得させようとしたが、クライシスを和らげようと試みただけで終わった。

　クライシスが勃発したとき、組織の誰もが、誰に連絡を取る必要があるかを知っておくべきであるが、大規模なグローバル企業では、この認識は非現実的

であることが多い。したがって、コーポレート・コミュニケーション部門が、まず情報センターとしての役割を果たすこともできる。本社のコーポレート・コミュニケーション担当のバイスプレジデントは、危機管理チームの構成を知っておくべきであり、それから事態を適切なマネジャーに引き継げばよい。

ステップ２：できるだけ多くの情報を集めること

　目前の問題を把握することは、コミュニケーション担当者がクライシスへの対処を始めるための正しい方法である。把握するためには、多くの情報源から集まる情報を管理しなければならない。

　情報を有用なものとするためには、誰かがその情報を掘り出す役割につくべきである。もしそれが労働災害であるなら、どのくらい深刻なのか、死亡者はいるのか、家族には既に連絡したのか。もし事件が敵対的買収に関わるなら、買収額のオファーはいくらか、それはバカバカしいほど低いのか、それに対抗するための何らかの策をとったのか。

　多くの企業がクライシス時の対応が遅いと批判されてきたのは、事件についての情報を集めようとして必死に努力していたからだ。正しい情報を集めるのに２時間以上かかりそうなら、会社のスポークスパーソンは、この遅れをメディアや他の主要なステークホルダーにすぐに伝えて、会社が時間稼ぎをしているわけではないことを明らかにするべきである。何が起こっているかを調べようとしている組織を批判する人はいないだろうが、もしステークホルダーが、経営陣は意図的に情報の流れを妨げていると考えたら、会社は厳しい仕打ちを受けることになる。

ステップ３：集中化した緊急対策本部を設置すること

　マネジャーは、適切な人と連絡をとって情報を集めると同時に、緊急対策本部を設置するための手配をすべきであることは、本章の前半で示した通りである。この本部は、クライシス時の全てのコミュニケーションに対するプラットフォームの役割を果たす。組織はクライシスの間、メディアが活用するのに快

適な場所と、彼らが編集長と連絡をとるために必要な技術的なインフラを提供すべきである。クライシスについての全てのコミュニケーションはここから発信すべきだという拠点である。

ステップ４：迅速かつ頻繁にコミュニケーションすること

　組織のスポークスパーソンは、何であろうとできるだけ迅速に伝える必要がある。特に、クライシスが人命や財産に関わる場合、コミュニケーション担当者は、人々がその事態について抱く恐怖を少しでも減らすことによって、ステークホルダーをパニックから守ろうとするべきである。従業員、メディア、そして他の重要なステークホルダーは、緊急対策本部が定期的に情報を更新するということを知るべきである。たとえクライシスに対処するのを手伝ってもらうためにPR会社を雇っていても、会社は「社内の」適した人物をクライシス・コミュニケーションの最前線に置く必要があり、マネジャーが他の人を巻き込んでチームでアプローチするよう促すべきである。

　何よりもまず、会社は沈黙や対応の遅れを避けなければならず、そうしなければ、ステークホルダーはTwitterやFacebookやブログなどの強力なツールを使って、批判や噂で情報を得るだろう。ブラックベリー（訳注：旧式の携帯電話の一種）のメーカーであるリサーチ・イン・モーション（RIM）は、苦い思いでこの教訓を学んだ。2011年10月10日の月曜日に始まり、数百万のユーザーに影響を与えた、前例のないグローバルサービス機能の停止中にである。サービス停止が続き、拡大しているとき、同社は不定期で不確かな声明を出した。一人の顧客が2011年10月12日の水曜日、RIMの公式Facebookに書き込んだ。「RIMからのコミュニケーション不足ですごくショックを受けた。愛しいベリーだけど、どのくらいで修復するのかというだいたいの時間を誰も実際に教えられないという事実には激怒している。全く失望した」[65]。数えきれないほど多数のブラックベリー・ユーザーが、この意見を掲示板で繰り返した。多くの者が、ハイテクコミュニケーションの会社なのにステークホルダーとコミュニケーションするのにそんなひどいことをしている、という皮肉を指摘した。

2011年10月13日の木曜日になる前に、RIMのCEOのマイク・ラザリディスが謝罪と個人的な情報更新をYouTubeに投稿したが、多くの人から「あまりにも短く、あまりにも遅い」と見られ、「不誠実」と批判された。批評家はRIMのトップマネジメントの交代を求めた。サービス停止は、ブラックベリーのマーケットシェアを減らし、タブレット発売に失敗するなどしてRIMは不首尾に終わった。ある英国の顧客はラザリディスの謝罪を見て、次のように書いている[66]。

今日のような、オンラインニュースとソーシャルメディアの世界では、RIMの対応は全く実態を把握しておらず、不適切であった。私はプロバイダーを替えるだろう。なぜなら、私が短気だからではなく、サービス停止に失望したわけでもなく、この会社がリーダー不在に見え、24時間どころか数日の間、明らかにパニックに陥っていたからだ。何が起こったのか、誰も確かなことを言えず、市場の信頼に対して、誰も公式声明を出さないように見える。

迅速かつ頻繁にコミュニケーションするのは、言うは易し、行うは難しである。GCIケイマーシンガー会長のラリー・ケイマーは、「ほとんどの場合、事実が明らかになる前に、コミュニケーションしなければならない」[67]と言う。そして会社は、安全への配慮をしているという価値観を伝え、クライシスによって影響を受けた人々を援助するというコミットメントを示す必要がある。たとえ詳細がまだわかっていないとしても、である。

ステップ5：クライシスにおけるメディアの使命を理解すること

メディア関係者は、極めて競争の激しい環境で働いている。だからこそ彼らは誰もが最初にネタを手に入れたいのである。彼らはまた、仕事の中でクライシスの環境に慣れている。彼らが探しているのは、犠牲者と悪役がいて、画になるような良質のネタである。

ペプシの注射針混入事件は、こうしたセンセーショナルな要素が全てあった。

前述のように、CEOのクレイグ・ウェザーラップは、当時の毒物が混入しているというクレームは単純にありえないことを大衆に安心してもらうには、映像が効果的であることを知った。缶に詰める工程のビデオ映像や食料品店の監視ビデオのテレビ放映や新聞の全面広告は、ペプシがメディアを活用してクライシスを打ち負かしたというお手本である。

ステップ6：影響を受けたステークホルダーとの直接コミュニケーション

　メディアを活用して情報を出すことは会社にとって必須だが、もっと重要なことは、従業員、営業部員、リーダー職、現場の警備員、オペレーター、受付係とコミュニケーションすることであり、クライシスの際にはこうした人たちがメディアのベストな情報源となるだろう。外部のステークホルダーにもコンタクトする必要がある。従業員以外では、3つの主要なステークホルダー——顧客、株主、地域社会——も含まれるし、サプライヤー、救急サービス、専門家、行政機関も同様である。利用できる技術は全て使って彼らと連絡すべきであり、メール、ボイスメール、ファックス、衛星放送、オンラインサービスなども含まれる。特に強調したいのは、各ステークホルダーにとって最も使いやすいチャネルであることだ。

　ダイレクトコミュニケーションによって顧客から称賛された企業もある。2011年3月に大容量メールサービスのイプシロンのアドレスファイルがハッキングされた事件である。イプシロンは多くの尊敬を集めている会社にメールサービスを提供していた。ブルックストーン（訳注：大手小売店）、クローガー（訳注：大手スーパー）、マリオット・リワード（訳注：マリオットホテルグループのポイント制度）、カレッジボード（訳注：アメリカの大学の入学試験の1つであるSATなどの運営を行っている非営利団体）などである。セキュリティが侵害されて、例えばベストバイ（訳注：世界最大の家電量販店）は、すぐにプレスリリースを出し、顧客にメールを送り、セキュリティ侵害を知らせた。これらのメールには、何が起こったかについてわかりやすい詳細——何のデータに不正アクセスされて、何にされなかったのか、ベストバイが不正侵入

を調査しようとする手順、そしてそれ以上の情報の入手先──が書かれていた[68]｡
　コミュニケーション計画を立てるとき、会社はどのステークホルダーが最優先であるか、そして何が各ステークホルダーの最初に受け取るべき最も重要な情報なのかも考えるべきである。ステークホルダー間の境目がますます曖昧になっていることや、特定のステークホルダーに対してのコミュニケーションであってもそのステークホルダーだけが読むわけではない、ということを会社は留意しなければならない。

ステップ７：ビジネスを続けなければならないことを忘れないこと

　マネジャークラスの関係者にとって、当分の間、クライシスが気持ちの中の最重要になることは絶対確実であろうが、他の人にとっては、クライシスがあってもビジネスを続けなければならない。クライシスチームにいる人のために、前もって適切な交代要員を見つけることのほか、マネジャーは、ビジネスの他の部分のクライシスの影響を予測しようとしなければならない。例えば、もし広告キャンペーンが進行中なら、クライシスの間は中止すべきだろうか。会社の株式の取引は停止させられただろうか。クライシスの間、組織が一時的に別の場所に移動する必要があるだろうか。ビジネスを継続させる上で関連するこうした疑問は、クライシスチームの内部と外部の両方で、できるだけ早くマネジャーが考える必要がある。

ステップ８：次のクライシスを避けるための計画をすぐに立てること

　クライシスの後、コーポレート・コミュニケーションの担当役員は、他のマネジャーと協力して、組織が次のクライシスに備えているかを確認すべきである。クライシスを経験した企業は、そのような事件が再び起こるだろうと考える傾向があり、クライシスを上手に処理するには準備がカギであると認識するようになる。
　ジョンソン＆ジョンソンの1982年の経験は、その４年後にもう一件のタイレノール混入事件に対処するのに役立った。ニューヨークでシアン化合物が混

入したタイレノールのカプセルを服用した後に死亡者がでたときだ。クライシス発生直後は、次回のクライシスの準備をするのに最高のときである。なぜなら、最初の失敗から学ぼうという意欲が高いからである。

まとめ

　ウェブスター辞典によれば、「クライシス」という単語の語源は、「決断」を意味するギリシャ語の「クリシス」であり、「決断する」という動詞「クライネン」から派生した言葉である[69]。今日、我々はクライシスが極めて重要なときであり、どんなリーダーシップをとるか、そしてどんな決定をするかによって、事態の最終結果――より良くなるか、より悪くなるか――が決まるのである。既にみたように、上手くクライシスを処理した結果、会社が尊敬されるようになることさえあるのだ。

　本章では、現実に起こった事例から、多数の業界にわたる会社が自身のクライシスにどう対処したかを調べ、計画と準備が効果的なクライシス・マネジメントとコミュニケーションのカギであることを述べた。英国人作家のオルダス・ハクスリーが書いたように、「世界を良くすることは、クライシスのときの犠牲によって成し遂げられるものではなく、単調で退屈な期間に絶え間なく繰り返される努力にかかっている。それがクライシスの明暗を分け、そうやって平常の生活が続くのである」[70]。

脚注

第 1 章

1) Harris Poll May 2011.
2) Harris Poll March 2010.
3) J. Walker Smith, Ann Clurman, and Craig Wood of Yankelovich Partners, Inc., Point, February 2005, http://www.RacomBooks.com; results from Yankelovich MONITOR.
4) Public Affairs Council, Public Affairs Pulse, 2011.
5) Marcia Vickers, Mike McNamee, et al., "The Betrayed Investor," BusinessWeek, February 25, 2002, p. 105.
6) Ibid., p. 106.
7) "Executive PayWatch," http://www.aflcio.org/corporate-watch/paywatch-2014.
8) Sara Murray, "Nearly Half of U.S. Lives in Household Receiving Government Benefits," The Wall Street Journal,January 17,2012.
9) Paul Krugman, "Introducing This Blog," The New York Times, September 18, 2007, http://krugman.blogs.nytimes.com/-2007/09/18/introducing-this-blog/.
10) "Trends in the Distribution of Household Income between 1979 and 2007," Congressional Budget Office, October 2011, http://www.cbo.gov/ftpdocs/124xx/doc12485/10-25-HouseholdIncome.pdf.
11) Stephen Grocer, "Wall Street Compensation–'No Clear Rhyme or Reason,'" The Wall Street Journal, July 30, 2009.
12) Louise Story, "Topics: Executive Pay," The New York Times, December 5, 2011.
13) Alan Taylor, "In Focus: Occupy Wall Street Spreads Worldwide," The Atlantic, October 17, 2011.
14) Marshall McLuhan and Bruce R. Powers, The Global Village: Transformations in World Life and Media in the 21st Century (New York: Oxford University Press, 1989).
15) Progressive Policy Institute, "The World Has over 60,000 Multinational Companies," April 27, 2005, http://www.ppionline.org/ppi_ci.cfm?knlgAreaID=108&subsecID=900003&contentID=253303.
16) Jeffrey Garten, The Mind of the CEO (New York: Basic Books, 2001), p. 24.
17) 2011 PricewaterhouseCoopers Global CEO survey.
18) Peter Rose, Partner, Yankelovich, speech delivered to the Inland Empire United Way, January 31, 2007.
19) 2015 Edelman Trust Barometer.
20) Naomi Klein, No Logo: Taking Aim at the Brand Bullies (New York: Picador USA, 1999), p. 327.
21) Ibid., p. 280.
22) Ibid.
23) "The Authentic Enterprise," Arthur W. Page Society, 2007.
24) "The World in 2014: ICT Facts and Figures," International Telecommunication Union, April 2014.
25) Ibid.
26) http://www.nielsen.com/content/corporate/us/en/insights/news/2014/millennials-technology-social-connection.html.
27) Barbara Carton, "Gillette Faces Wrath of Children in Testing of Rats and Rabbits," The Wall Street Journal, September 5, 1995, p. A1.
28) Ibid.
29) http://www.umich.edu/news/?BG/procmemo.
30) Ibid.
31) Garten, Mind of the CEO, p. 32.
32) Jonathan Low and Pam Cohen Kalafut, Invisible Advantage: How Intangibles Are Driving Business Performance (Cambridge: Perseus Books, 2002), p. 114.
33) Ibid., p. 115.
34) Arie de Geus, "The Living Company," Harvard Business Review, March 1, 1997.
35) Ibid.
36) http://www.nytimes.com/2007/11/06/business/media/06strike.html?_r=1&oref=slogin.
37) Henry Chesbrough, "Behind the Hollywood Strike Talks," BusinessWeek, November 1, 2007, http://www.businessweek.com/innovate/content/nov2007/id2007111_779706.htm?chan=search.
38) http://www.nytimes.com/2007/11/29/theater/29broadway.html?em&ex=1196485200&en=e23b4406b383964e&ei=5087%0A.
39) "The Authentic Enterprise," Arthur W. Page Society, 2007.

第 2 章

1) Paul A. Argenti, Robert A. Howell, and Karen A. Beck, "The Strategic Communication Imperative," MIT Sloane Management Review, Spring 2005.

2) Harold D. Lasswell, "The Structure and Function of Communication in Society," in Lyman Bryson, ed., The Communication of Ideas: A Series of Addresses (New York: Institute for Religious and Social Studies), pp. 203–243.
3) Richard Braddock, "An Extension of the 'Lasswell Formula,'" Journal of Communication, 8, no. 2 (June 1948), pp. 88–93.
4) Claude Elwood Shannon and Warren Weaver, The Mathematical Theory of Communication (University of Illinois Press), 1964.
5) George Gerbner, "Toward a General Model of Communication," Audio-Visual Communication Review, 4 (1956), pp. 171–199.
6) International Annette Shelby "Organizational Business, Management, and Corporate Communication: An Analysis of Boundaries and Relationships", Journal of Business Communication, June 1993, vol. 30 no. 3 241-267.
7) Munter, Guide to Managerial Communication. (Upper Saddle River: Prentice Hall, 2013).
8) Michael Kempner, "When RUMORS Thrive Your Deal's in Trouble: Damage Control Techniques to Seize the Communications High Ground," Mergers & Acquisitions, May 1, 2005, pp. 42–47.
9) Duncan Wood, "Not Cleaning Up Your Act Can Be Costly," Treasury & Risk Management, September 2004.
10) Ibid.
11) Starbucks press release: http://news.starbucks.com/2014annualmeeting/program-that-turned-employees-into-partners.
12) Anthony J. Rucci, Steven P. Kim, and Richard T. Quinn, "The Employee Customer Profit Chain at Sears," Harvard Business Review, January–February 1998, pp. 83–97.
13) Tony Hsieh, Delivering Happiness: A Path to Profits, Passion, and Purpose (New York: Business Plus, 2010), p. 145.
14) Shari Caudron, "Rebuilding Employee Trust," Workforce Management, October 2002, pp. 28–34.
15) Richard Cann, "Cadillac Media Push Aims to Crack the UK," PRWeek, July 9, 2004.
16) "Communicating Cash Balance Plans," Watson Wyatt Insider, April 2000, http://www.watsonwyatt.com.
17) http://www.guardian.co.uk/technology/blog/2010/dec/17/yahoo-closing-problems.
18) John N. Frank, "GM Pushes Growth Message in Light of Announced Job Cuts," PRWeek, June 9, 2005.
19) "Brief Summary of the Dodd-Frank Wall Street Reform and Consumer Protection Act," 2010, http://banking.senate.gov/public/_files/070110_Dodd_Frank_Wall_Street_Reform_comprehensive_summary_Final.pdf.

第 3 章

1) http://ascjweb.org/gapstudy/gapviii/.
2) http://worldreport.holmesreport.com/#sthash.psWBRIjo.dpuf.
3) Holmes Report, "2013 World Report," http://worldreport.holmesreport.com/.
4) Arthur W. Page Society. "The Authentic Enterprise: Relationships, Values and the Evolution of Corporate Communications." May 17, 2007.
5) Weber Shandwick, "The Company behind the Brand: In Reputation We Trust," January 2012.
6) CEB Resource Allocation Benchmarks Study, 2013.
7) Interview with Bill Nielsen, February 2002.
8) Shane McLaughlin, "Sept. 11: Four Views of Crisis Management," Public Relations Strategist, January 1, 2002, pp. 22–28.
9) Jack LeMenager, "When Corporate Communication Budgets Are Cut," Communication World 3 (February 3, 1999), p. 32.
10) "Eighth Annual Public Relations Generally Accepted Practices Study," Strategic Public Relations Center, University of Southern California, June 12, 2014, http://ascjweb.org/gapstudy/wp-content/uploads/2014/06/GAP-VIII-Presentation-Final-6.12.2014.pdf.
11) LeMenager, "When Corporate Communication Budgets Are Cut."
12) James G. Hutton and Francis J. Mulhern, "Marketing Communications: Integrated Theory, Strategy & Tactics," Pentagram, January 2002.
13) McKinsey Global Survey Results 2011, "How Effectively Executives Spend Their Time."
14) James C. Collins and Jerry I. Porras, Built to Last (New York: Harper Business, 1994, 1997), p. 80.
15) Jim Robinson, "Leader of the Brand—Keeping the Best CEOs in Step," Management, June 1, 2005, p. 26.
16) Hill & Knowlton/PRWeek Corporate Survey 2011, p. 4, http://hkstrategies.ca/wp-content/uploads/corporatesurvey2011_70832.pdf.
17) Ibid.
18) Letter from Union Carbide's CEO, Robert B. Kennedy, to Executive List, dated March 5, 1992.
19) Hill & Knowlton/PR Week Corporate Survey, 2011.
20) Ibid.
21) USC Annenberg SCPRC, GAP VIII: Eighth Communication and Public Relations Generally Accepted Practices

Study,June 2013.
22) The Rising CCO V.
23) Hill & Knowlton/PR Week Corporate Survey, October 2011.
24) Matthew Creamer, "GE Sets Aside Big Bucks to Show off Some Green," Advertising Age 76, no. 19 (May 9, 2005), p. 7.
25) Daren Fonda and Perry Bacon Jr., "GE's Green Awakening," Time, July 11, 2005, p. A10.
26) Sarah E. Needleman, "Blogging Becomes a Corporate Job; Digital 'Handshake'?" The Wall Street Journal, May 31, 2005, p. B1.
27) Creamer, "GE Sets Aside Big Bucks."
28) Shelly Branch, "How Target Got Hot," Fortune, May 24, 1999, p. 169.
29) Jimmy Vielkind, "Issues Ads Skyrocket," Times Union, June 13, 2011.
30) Moodys Investor Services, retrieved January 2014.
31) Edelman 2014 Trust Barometer.
32) Edelman, Boston College Center for Corporate Citizenship, Net Impact, and the World Business Council for Sustainable Development, "Corporate Responsibility & Sustainability Communications: Who's Listening? Who's Leading? What Matters Most?" January 2008.
33) Michael Casey, "Tsunami Prompts Companies to Play Greater Role in Humanitarian Relief Efforts," Associated Press,June 28, 2005.
34) "Corporate Sustainability: A Progress Report," KPMG and The Economist Intelligence Unit, 2011, http://www.kpmg.com/Global/en/IssuesAndInsights/ArticlesPublications/Documents/corporate-sustainability-v2.pdf.
35) D. W. Supa, "A Qualitative Examination of the Impact of Social Media on Media Relations Practice," Public Relations Journal 8, no. 2 (2014), http://www.prsa.org/Intelligence/PRJournal/Vol8/No2/.
36) http://money.cnn.com/2013/02/15/news/carnival-cruise-micky-arison/.
37) Kathy R. Fitzpatrick and Mareen Shubaw Rubin, "Public Relations vs. Legal Studies in Organizational Crises Decisions," Public Relations Review 21 (1995), p. 21.
38) David Clutterbuck, "Linking Communication to Business Success: A Challenge for Communicators," Communication World, April 1, 2001, p. 30.
39) Norm Leaper, "How Communicators Lead at the Best Global Companies," Communication World 4 (April 5, 1999), p. 33.
40) Gallup, "Confidence in Institutions," June 5–8, 2014, http://www.gallup.com/poll/1597/confidence-institutions.aspx.

第4章

1) Landor Case Studies, retrieved July 29, 2014, http://landor.com/pdfs/cases/Case6535-A4.pdf?utm_campaign=PDFDownloads&utm_medium=web&utm_source=web.
2) Cees B. M. van Riel, "Corporate Communication Orchestrated by a Sustainable Corporate Story," in The Expressive Organization, ed. Majken Schultz, Mary Jo Hatch, and Mogens Holten Larsen (Oxford: Oxford University Press, 2000), p. 163.
3) Ibid.
4) Howard Wolinsky, "Consulting Firm to Change Name; Andersen Consulting to Be Accenture," Chicago Sun-Times, October 27, 2000, p. 64.
5) David Lazarus, "Name Change Is an Exercise in Futility; So What's in a Name? Lots of Spin," San Francisco Chronicle, December 5, 2001, p. B1.
6) "PriceWaterhouseCoopers Renaming Booz & Co 'Strategy&'," The Wall Street Journal, April 3, 2014.
7) Huffington Post, http://www.huffingtonpost.co.uk/2014/04/03/booz--co-strategy-rebrand-name_n_5083713.html.
8) "AT&T Rebrands. Again." BusinessWeek, September 11, 2007, http://www.businessweek.com.
9) Shelly Branch, "How Target Got Hot," Fortune, May 24, 1999, pp. 169–74.
10) http://www.teamusa.org/news/article/44697.
11) Sandra Guy, "Consultant to Launch Big Effort to Advertise Its New Identity," Chicago Sun-Times, November 16, 2000, p. 66.
12) "For Logo Power, Try Helvetica," BusinessWeek, May 14, 2007, http://www.businessweek.com.
13) "Chapter 11: The Image Is the Reality (If You Work at It)," The World on Time, July 1, 1996, p. 115.
14) "Crayola Brightens a Brand," BusinessWeek, January 26, 2007, http://www.businessweek.com.
15) Press Kit, dunkindonuts.com, February 2014.
16) Abe Sauer, "Gap Rebrands Itself into Oblivion," brandchannel blog, October 6, 2010, http://www.brandchannel.com/home/post/2010/10/06/Gap-Rebrands-Itself-Into-Oblivion.aspx.
17) Guy, "Consultant to Launch Big Effort," p. 66.
18) "No Ordinary Joe," Reputation Management 4, no. 3 (May–June 1998), p. 54.
19) Ibid.
20) "Wal-Mart: A Snap Inspection," BusinessWeek, October 2, 2007, http://www.businessweek.com (accessed

December 19, 2007).
21) Kevin L. Keller, "Building and Managing Corporate Brand Equity," in The Expressive Organization, ed. Majken Schultz, Mary Jo Hatch, and Mogens Holten Larsen (Oxford: Oxford University Press, 2000), p. 118.
22) Charles J. Fombrun, Reputation: Realizing Value from the Corporate Image (Boston: Harvard Business School Press, 1996), pp. 5–6.
23) Pamela Klein, "Measure What Matters," Communication World 16, no. 9 (October–November 1999), pp. 32–33.
24) Weber Shandwick, "The Company Behind the Brand: In Reputation We Trust," 2012.
25) Ibid.
26) 2010 Hill & Knowlton Corporate Reputation Watch.
27) 2013 Annual RQ Summary Report, Harris Interactive, http//:www.harrisinteractive.com.
28) David A. Aaker, Building Strong Brands (New York: The Free Press, 1996), p. 51.
29) The Holmes Report, May 25, 2014. http://www.holmesreport.com/expertknowledge-info/14999/More-Than-20-Percent -Of-SP-500-Value-Attributable-To-Reputation.aspx
30) "Managing Corporate Reputation in the Digital Age," Burston-Marsteller, November 2011.
31) Mary Jo Hatch and Majken Schultz, "Are the Strategic Stars Aligned for Your Corporate Brand?" Harvard Business Review, February 2001, pp. 129–134.
32) "Gone to (Google) Hell: Resurrecting a Reputation When the Devil's in the Digital," PR News, June 11, 2007.
33) Lauren Goldstein, "Dressing Up an Old Brand," Fortune, November 9, 1998, pp. 154–56.
34) Quoted in Nigel Cope, "Stars and Stripes," Independent, June 6, 2001, Online Lexis-Nexis Academic, August 2001.
35) "Burberry's CEO on Turning an Aging British Icon into a Global Luxury Brand," HBR, January–February 2013, www.hbr.org.
36) 2013 Cone Cause Evolution Study, http://www.conecomm.com/stuff/contentmgr/files/0/e3d2eec1e15e858867a5c2b1a22c4cfb/files/2013_cone_comm_social_impact_study.pdf.
37) Ibid.
38) Suzanne Vranica, "Tyco Aims to Put Its Woes Behind It," The Wall Street Journal, June 15, 2004.
39) http://www.iabcfortworth.com/emma_news/October_2007/nintendo_marketer2.html.
40) Ibid.
41) E&Y Institutional Investor Survey, "Tomorrow's Investment Rules," September 2013.
42) Thomas F. Garbett, "When to Advertise Your Company," Harvard Business Review, March–April 1982, p. 104.
43) A. Joshi and D.M. Hanssens, "The Direct and Indirect Effects of Advertising Spending on Firm Value," Journal of Marketing, January 2010.
44) Association of National Advertisers' website, http://www.ana.net/news/1998/ 04_01_98.cfm.
45) Laura Q. Hughes, "Measuring Up," Advertising Age, February 5, 2001, p. 1.
46) Kathleen Sampey, "AT&T: Ads Are Investment; Shops Must Project ROI," Adweek, July 31, 2000, p. 6.
47) Jack Neff, "S.C. Johnson Ads to Stress 'Family Owned,'" Advertising Age, November 13, 2001, p. 3.
48) Dwane Hal Dean and Abhijit Biswas, "Third-Party Organization Endorsement of Products: An Advertising Cue Affecting Consumer Prepurchase Evaluation of Goods," Journal of Advertising, January 1, 2002, pp. 41–58.
49) "Philip Morris Annual Meeting Draws Most Extensive Protest in Corporation's History," PR Newswire, April 25, 2002, Online Lexis-Nexis Academic, April 2002.
50) Thomas F. Garbett, Corporate Advertising (New York: McGraw-Hill, 1981), p. 120.
51) GE company website, http://www.ge.com/campaign.htm.

第5章

1) Milton Friedman, "The Social Responsibility of Business Is to Increase Its Profits," The New York Times Magazine,September 13, 1970.
2) Joshua Daniel Margolis and James Patrick Walsh, People and Profits? The Search for a Link between a Company's Social and Financial Performance (London: Lawrence Erlbaum Associates, 2001).
3) "Just Good Business," The Economist, January 17, 2008.
4) 2012 Edelman Goodpurpose Study, Edelman, 2012, www.slideshare.net/EdelmanInsights/global-deck-2012-edelman -goodpurpose-study/1.
5) Ibid.
6) 17th Annual Global CEO Study, PricewaterhouseCoopers, 2014, www.pwc.com/gx/en/ceo-survey/.
7) International Survey of Corporate Responsibility Reporting, KPMG, 2011, www.kpmg.com/Global/en/IssuesAndInsights /ArticlesPublications/corporate-responsibility/Documents/2011-survey.pdf.
8) "Conscious Capitalism: Now Creed Is Good," BBC News, May 4, 2000.
9) "Triple Bottom Line: It Consists of Three P's: Profit, People and Planet," The Economist, November 17, 2009, www .economist.com/node/14301663.
10) "The ROI of CSR: Q&A with Geoffrey Heal," Columbia Ideas at Work, Columbia Business School, Spring 2008.
11) Ibid.

12) Jay Whitehead, "Black List Methodology," Corporate Responsibility Magazine, 2010, http://thecro.com/content/bad-business-crs-black-list.
13) "The Ten Principles," United Nations Global Impact, www.unglobalcompact.org/AboutTheGC/TheTenPrinciples/index.html.
14) www.unpri.org/about.
15) "Carrots and Sticks: Promoting Transparency and Sustainability," Global Reporting Initiatives, 2010, www.globalreporting.org/resourcelibrary/Carrots-And-Sticks-Promoting-Transparency-And-Sustainability.pdf.
16) "Do It Right," The Economist, Special Report: Corporate Social Responsibility, January 17, 2008.
17) Henry Mintzberg, Robert Simons, and Kunal Basu, "Beyond Selfishness," MIT Sloan Management Review 44, no. 1 (Fall 2002).
18) Michael E. Porter and Mark R. Kramer, "Strategy & Society: The Link between Competitive Advantage and Corporate Social Responsibility," Harvard Business Review, December 2006.
19) Michael E. Porter and Mark R. Kramer, "Creating Shared Value," Harvard Business Review, January–February 2011.
20) "International Survey of Corporate Responsibility Reporting 2013," KPMG, 2013, www.kpmg.com/Global/en/IssuesAndInsights/ArticlesPublications/corporate-responsibility/Documents/corporate-responsibility-reporting-survey-2013.pdf.
21) "Corporate Social Responsibility: Leading a Sustainable Enterprise," IBM Institute for Business Value, 2009, http://public.dhe.ibm.com/common/ssi/ecm/en/gbe03226usen/GBE03226USEN.PDF.
22) www.bcorporation.net/.
23) www.bcorporation.net/.
24) Charles Handy, "What's a Business For?" Harvard Business Review, December 2002.
25) Michael Skapinker, "Corporate Responsibility Is Not Quite Dead," Financial Times, February 12, 2008.
26) Daniel Yankelovich, Profit with Honor: The New Stage of Market Capitalism (New Haven: Yale University Press, 2006), p. 9.
27) Marc Gunther, "The Green Machine," Fortune, August 7, 2006.
28) "The Debate over Doing Good," BusinessWeek, August 15, 2005.
29) Yankelovich, Profit with Honor, p. 10.
30) "Just Good Business."
31) "Capitalizing on Complexity: Insights from the Global Chief Executive Officer Study, IBM," 2010, www-935.ibm.com/services/c-suite/series-download.html.
32) Edelman Trust Barometer 2007, www.edelman.com.
33) Yankelovich, Profit with Honor, p. 24.
34) "Confidence in Institutions," Gallup poll, May 2014, www.gallup.com.
35) Internet World Stats, www.internetworldstats.com, June 28 2015.
36) Dirk Olin and Mark Bateman, "Bad Business—CR's Black List," Corporate Responsibility Magazine, March 2010.
37) www.ftse.com/Indices/FTSE4Good_Index_Series/index.jsp.
38) www.sustainability-index.com.
39) www.instituteforpr.org/the-wiki-crisis-bps-deepwater-horizon-oil-spill-on-wikipedia/.
40) "Alan Murray," The Wall Street Journal, March 24, 2008.
41) Morgen Witzel, "A Case for More Sustainability," Financial Times, July 2, 2008.
42) Ibid.
43) Porter and Kramer, "Strategy & Society."
44) Stephanie Strom, "Make Money, Save the World," The New York Times, May 6, 2007.
45) Safeguarding Reputation, No. 2, Weber Shandwick/KRC Research, 2006.
46) Corporate Social Responsibility Branding Survey, 2010.
47) 2012 Edelman Goodpurpose Study.
48) CB Bhattacharya, Daniel Korschun, and Sankar Sen, "What Really Drives Value in Corporate Responsibility," McKinsey Quarterly, December 2011, www.mckinseyquarterly.com/What_really_drives_value_in_corporate_responsibility_2895.
49) The Futures Company, "How to Sustain Sustainability," 2011, http://futuresco.thefuturescompany.com/file_depot/0-10000000/0-10000/1/conman/How+to+Sustain+sustainability+1.pdf.
50) Andreas B. Eisingerich and Gunjan Bhardwaj, "Does Social Responsibility Help Protect a Company's Reputation?" MIT Sloan Management Review, March 23, 2011, http://sloanreview.mit.edu/the-magazine/2011-spring/52313/does-social-responsibility-help-protect-a-companys-reputation/.
51) Debby Bielak, Sheila M. J. Bonini, and Jeremy M. Oppenheim, "CEOs on Strategy and Social Issues," The McKinsey Quarterly, October 2007.
52) Matt Woolsey, "Supercapitalism: Transforming Business," Forbes, September 6, 2007.
53) Ibid.

54) www.kiva.org
55) "Giving USA: Americans Donated an Estimated $358.38 Billion to Charity in 2014; Highest Total in Report's 60-year History," Giving USA Foundation, 2015, www.givingusareports.org, June 29, 2015.
56) Andrew Downie, "Fair Trade in Bloom," The New York Times, October 2, 2007.
57) "High Trust and Global Recognition Levels Make Fairtrade an Enabler of Ethical Consumer Choice: Global Poll," GlobeScan for Fairtrade International, October 11, 2011, www.globescan.com/news_archives/flo_business/.
58) "Industry Statistics and Projected Growth," Organic Trade Association, June 2015, http://ota.com/resources/organic-industry-survey.
59) Andrew Winston, "Conflicted Consumers," Harvard Business Online, June 2008.
60) Leo Hickman, "Should I Support a Consumer Boycott?" The Guardian (UK), October 4, 2005.
61) Rainforest Action Network, www.ran.org.
62) Ibid.
63) David P. Baron, "Facing-Off in Public," Stanford Business, August 2003.
64) Sam Cage, "High Food Prices May Cut Opposition to Genetically Modified Food," Reuters, July 8, 2008.
65) Friedman, "The Social Responsibility of Business."
66) "Rethinking Corporate Social Responsibility."
67) "The ROI of CSR: Q&A with Geoffrey Heal," Columbia Ideas at Work.
68) Telis Demos, "Beyond the Bottom Line," Fortune, October 23, 2006.
69) David Blood, "A New Climate for Investment," Financial Times, September 23, 2006.
70) "China Fund Shuns Guns and Gambling," Financial Times, June 13, 2008.
71) "Goldman Sachs Nears $1 Billion in Renewable, Clean Energy Investments," Energy Washington Week 3, no. 24 (June 14, 2006).
72) Ibid.
73) "Report on Sustainable and Responsible Investing Trends in the United States 2012", The Forum for Sustainable and Responsible Investment, 2012, www.ussif.org/files/publications/12_trends_exec_summary.pdf
74) "New MBAs Would Sacrifice Pay for Ethics," Harvard Business Review's "The Daily Stat," http://web.hbr.org/email /archive/dailystat.php?date=051711.
75) Strom, "Make Money, Save the World."
76) Gabrielle McDonald, "In-house Climate Change: Use Communication to Engage Employees in Environmental Initiatives. (The Green Revolution)," Communication World, November–December 2007.
77) "Time to Get Real: Closing the Gap between Rhetoric and Reality, The State of Corporate Citizenship 2007," Boston College Center for Corporate Citizenship, December 2007.
78) www.collaborationjam.com/.
79) "From Spare Change to Real Change: An Interview with Stanley Litow," LEADERS, April 2010, www.leadersmag.com /issues/2010.2_Apr/Making%20a%20Difference/Litow.html.
80) "Trends in Corporate Sustainability," Fleishman-Hillard blog, April 6, 2011, http://sustainability.fleishmanhillard.com/2011/04/06/trends-in-corporate-sustainability/.
81) "Worker's Rights: Social Responsibility All about Worker Welfare, Survey Says," www.nclnet.org/worker-rights /107-corporate-social-responsibility/303-social-responsibility-all-about-worker-welfare-survey-says.
82) Harris Interactive, "The Annual RQ 2007–2008."
83) Ibid.
84) "Time to Get Real."
85) Francis Joseph Aguilar, General Managers in Action: Policies and Strategies, 2nd ed. (Oxford: Oxford University Press, 1992).
86) Ibid.
87) "Trust in the Workplace," Ethics & Workplace Survey, Deloitte, 2010, www.deloitte.com/assets/Dcom-UnitedStates /Local%20Assets/Documents/us_2010_Ethics_and_Workplace_Survey_report_071910.pdf.
88) Allen, "Creating a Culture of Values."
89) Yankelovich, Profit with Honor, p. 43.
90) David Gebler, "Is Your Culture a Risk Factor?" Working Values Ltd., September 2005.
91) 2014 Edelman Trust Barometer, www.edelman.com/insights/intellectual-property/2014-edelman-trust-barometer /about-trust/global-results/.
92) "Non-Government Organizations More Trusted Than the Media, Most-Respected Corporations or Government," http://developmentgateway.com, p. 2.
93) Edelman Trust Barometer 2015.
94) International Foundation for the Conservation of Natural Resources Fisheries Committee, "IFCNR Special Report: How NGOs Became So Powerful," February 20, 2002.
95) Paul A. Argenti, "Collaborating with Activists: How Starbucks Works with NGOs," California Management Review, November 1, 2004.

96) "Corporate Social Responsibility and Sustainability in the Blogosphere," Edelman, 2006.
97) Speech by David Grayson, "The Public Affairs of Civil Society," January 26, 2001.
98) SustainAbility, Global Compact, and United National Environment Programme, "The 21st Century NGO: In the Market for Change," June 2003, p. 30.
99) Matthew Yeomans, "Taking the Earth into Account," Time Europe 165, no. 19 (May 9, 2005).
100) Christopher Wright, "For Citigroup, Greening Starts with Listening," Ecosystem Marketplace, April 4, 2006.
101) www.equator-principles.com, retrieved July 2, 2015.
102) 2010 Edelman goodpurpose Study.
103) Ben Elgin, "Little Green Lies," BusinessWeek, October 29, 2007.
104) Ibid.
105) Chris Turner, "Getting It into Your System," Access Review (FedEx), vol. 2, 2008.
106) Ibid.
107) Ibid.
108) Ibid.
109) Ibid.; "2010 Edelman goodpurpose Study."
110) Dune Lawrence, "Coca-Cola to Spend $20 Million on Water Conservation," International Herald Tribune, June 6, 2007.
111) Ling Woo Liu, "Water Pressure," Time, June 12, 2008.
112) Ibid.
113) Ibid.
114) Ibid.
115) Ibid.; Elgin, "Little Green Lies."
116) http://about.van.fedex.com/2013-environment-efficiency.
117) Ibid.
118) Ibid.
119) George Pohle and Jeff Hittner, "The Right Corporate Karma," Forbes, May 16, 2008.
120) "Weathering the Storm: The State of Corporate Citizenship in the United States 2009," Center for Corporate Citizenship at Boston College Carroll School of Management.
121) TerraChoice, www.terrachoice.com.
122) http://understory.ran.org.
123) "The Sins of Greenwashing," TerraChoice with Underwriters Laboratories, 2010, http://sinsofgreenwashing.org/findings /greenwashing-report-2010/.
124) Strom, "Make Money, Save the World."
125) Elgin, "Little Green Lies."
126) Lifestyles of Health and Sustainability 2007, Consumer Trends Database, www.nmisolutions.com.
127) Keith Naughton, "Toyota's Green Problem," Newsweek, November 19, 2007.
128) Ibid.
129) Ibid.
130) Jeffrey Hollender and Bill Breen, "Can You Be Green without Also Being Transparent?" Harvard Business Online, June 19, 2008.
131) William J. Amelio, "Worldsource or Perish," Forbes, August 17, 2007.
132) "The Footprint Chronicles," www.patagonia.com.
133) Ibid.
134) Elin Nozewski, "I Published My Sustainability Report . . . So, Where's My Media Coverage?" Fleishman-Hillard Sustainability blog, December 15, 2011, http://sustainability.fleishmanhillard.com/2011/12/15/i-published-my -sustainability-report-so-where%E2%80%99s-my-media-coverage/#.
135) Hollender and Breen, "Can You Be Green without Also Being Transparent?"
136) "CR Reporting Awards 07 Official Report: Global Winners & Reporting Trends," CorporateRegister.com, March 2008.
137) Ibid.
138) "International Survey of Corporate Responsibility Reporting 2013," KPMG, 2013, www.kpmg.com/Global/en /IssuesAndInsights/ArticlesPublications/corporate-responsibility/Documents/corporate-responsibility-reporting-survey-2013.pdf.
139) Ibid.
140) Amy Anderson, Starbucks Communications Program Manager, 2008 International Association of Business Communicators International Conference, June 23, 2008.
141) "CR Reporting Awards 07."
142) "The ROI of CSR."
143) Ibid.; Global Reporting Initiative, www.globalreporting.org.
144) Valerie Davis, "Are Consumers Falling Off the Green Wagon and Should We Care?" Environmental Leader,

July 10, 2008.
145) David Dias, "Giant Steps," Financial Post Business (Canada), July/August 2008.
146) Ibid.
147) Garrett Glaser, "Lessons Learned in Promoting CSR," Corporate Responsibility Officer, 2007.
148) Porter and Kramer, "Strategy & Society."
149) Glaser, "Lessons Learned in Promoting CSR."

第6章

1) Media Reform Information Center website, www.corporations.org/media; Business Insider, www.businessinsider.com /these-6-corporations-control-90-of-the-media-in-america-2012-6.
2) Pew Research, www.pewresearch.org/fact-tank/2014/01/14/five-facts-about-fox-news/.
3) "Bad News: Another Study Finds Media Really Has Problems," PR Reporter, April 7, 1997, p. 1.
4) PR Daily, February 2014, www.prdaily.com/Main/Articles/Despite_prevalent_social_media_use_reporters_still_16059.aspx.
5) www.pwrnewmedia.com/2011/powerlines/february/downloads/2011JournoSurveyReleaseResponses.pdf.
6) PR Week/ Hill & Knowlton, "Corporate Survey 2011."
7) Forbes.com, February 2014, www.forbes.com/sites/robertwynne/2014/02/24/what-journalists-really-think-of-your-press-release/.
8) PWR New Media 2011 Journalist Survey.
9) Businesswire.com, December 2013, www.businesswire.com/news/home/20131216005482/en/Huffington-Post-Announces-Record-Year-Audience-Growth#.U9_XTGOTGM0.
10) Matt Marshall, "HP Announces an (Almost) Unbelievable Blogger Campaign," VentureBeat Digital Media, September 24, 2008.
11) http:// painepublishing.com/blog/.
12) Sir Martin Sorrell, "Public Relations: The Story Behind a Remarkable Renaissance," Institute for Public Relations Annual Distinguished Lecture, New York, November 5, 2008.
13) Dan Bilefsky, "Join the Sultans of Spin Media Relations," Financial Times, July 13, 2000, p. 19.
14) Edelman.com, www.edelmandigital.com/2013/05/24/friday-five-reasons-to-look-beyond-advertising-value-equivalency.
15) Benchmark Global Survey of Communications Measurement, 2009.
16) Brandwatch Report 2013, www.brandwatch.com/wp-content/uploads/2013/07/Retail-Use-Cases-Report.pdf.
17) Quoted in "How Do Your PR Efforts Measure Up in the Wired World?" Interactive PR and Marketing News, November 26, 1999, p. 1.
18) Paul Argenti and Courtney Barnes, Digital Strategies for Powerful Corporate Communications, p. 71.
19) Matalan website, www.matalan.co.uk/.
20) Rachel Beck, "Disgruntled Voices in Cyberspace Heard Loud and Clear," AP Online, May 4, 1999.
21) University of Massachusetts Dartmouth Center for Marketing Research, "Fortune 500 are Bullish on Social Media", 2013, www.umassd.edu/cmr/socialmediaresearch/2013fortune500/.
22) www.linkedin.com/today/post/article/20140626210241-7374576-richard-edelman-traditional-marketing-is-broken.
23) www.dove.us/Social-Mission/campaign-for-real-beauty.aspx; www.huffingtonpost.com/2014/01/21/dove-real-beauty-campaign-turns-10_n_4575940.html.
24) www.linkedin.com/mobile.
25) 2014 Edelman Trust Barometer.
26) tumblr.com, wordpress.com, retrieved August 4, 2014.
27) http://time.com/106016/comcast-time-warner-cable-lowest-satisfaction/.
28) www.huffingtonpost.com/2014/07/22/comcast-earnings_n_5609755.html.
29) HBR.org, December 2010, http://hbr.org/2010/12/reputation-warfare.ar/1.
30) Forbes, February 2013, www.forbes.com/sites/jenniferrooney/2013/02/04/behind-the-scenes-of-oreos-real-time super-bowl-slam-dunk/.
31) IBM Social Computing Guidelines, www.ibm.com/blogs/zz/en/guidelines.html.

第7章

1) Towers Watson, 2010 Global Workforce Study, www.towerswatson.com/assets/pdf/2012-Towers-Watson-Global-Workforce-Study.pdf.
2) Aon Hewitt, "Trends in Global Employee Engagement," 2014, http://respond.aonhewitt.com/forms/2014TrendsinGlobalEmployeeEngagement.
3) (=www.edelman.com, June 2014; http://www.edelman.com/post/will-future-employee-engagement-look-like/.
4) www.prweek.com/article/1128641/why-employees-important-ceo-companys-reputation.

5) Aon Hewit, "Trends in Global Employee Engagement 2013."
6) John Guiniven, "Inside Job: Internal Communications in Tough Times," Public Relations Tactics, November 2009, p. 6.
7) "Case Study: How Telefonica Engages Its Employees," PRWeek April 2012.
8) "False Summit: The State of Human Capital 2012," October 2012, a joint report from The Conference Board and McKinsey.
9) American Psychological Association, "Employee Distrust Is Pervasive in US Workforce," April 2014. www.apa.org/news/press/releases/2014/04/employee-distrust.aspx.
10) Erica Ianoco and Chris Daniels, "Employee Involvement Vital to Success in Sustainability," PRWeek, May 2010.
11) American Psychological Association, "Employee Distrust Is Pervasive in US Workforce," April 2014.
12) "Employee Communications Campaign of the Year 2013," PRWeek 2013 Awards Supplement.
13) International Association of Business Communicators Research Foundation and Buck Consultants Employee Engagement Survey, 2011, www.iabc.com/researchfoundation/pdf/2011IABCEmployeeEngagementReport.pdf.
14) "JetBlue's Flight Plan for the Future: Connecting with the Cockpit to Preserve the Direct Relationship with Pilots," PRWeek2012 Awards Summary.
15) Richard Mitchell, "Closing the Gap: From the Inside Out," PRWeek (U.S.), November 22, 2004, p. 17.
16) Chris Hannegan, "What Will the Future of Employee Engagement Look Like?", Edelman Global Practices Insights, June26, 2014, http://www.edelman.com/post/will-future-employee-engagement-look-like/.
17) Ibid.
18) International Association of Business Communicators Research Foundation and Buck Consultants Employee Engagement Survey, 2011, www.iabc.com/researchfoundation/pdf/2011IABCEmployeeEngagementReport.pdf.
19) Guiniven, "Inside Job: Internal Communications in Tough Times," p. 6-6.
20) McKinsey Insights, September 2011, www.mckinsey.com/insights/leading_in_the_21st_century/top_executives_need_feedback_and__heres_how_they_can_get_it.
21) Channick, Robert, The Chicago Tribune, "Emphasis on communication with employees brings good words about these companies," April 17, 2011, http://articles.chicagotribune.com/2011-04-17/business/ct-biz-0417-top-workplaces-20110417_1_town-hall-meetings-communication-employees.
22) Ibid.
23) Peter Senge, "The Leader's New Work: Building Learning Organizations," Sloan Management Review 32 (Fall 1990), pp. 7–23.
24) Channick, "Emphasis on Communication with Employees Brings Good Words about These Companies," April 17, 2011,http://articles.chicagotribune.com/2011-04-17/business/ct-biz-0417-top-workplaces-20110417_1_town-hall-meetings-communication-employees.
25) www.webershandwick.com/uploads/news/files/employees-rising-seizing-the-opportunity-in-employee-activism.pdf.
26) Lacono, Erica and Daniels, Chris,"Employee Involvement vital to success in sustainability," PR Week, May, 2009.
27) Channick, Robert, The Chicago Tribune, "Emphasis on communication with employees brings good words about these companies,"April 17, 2011 http://articles.chicagotribune.com/2011-04-17/business/ct-biz-0417-top-workplaces-20110417_1_town-hall-meetings-communication-employees.
28) http://business.time.com/2013/02/26/memo-read-round-the-world-yahoo-says-no-to-working-at-home/.
29) "Case Study: External Approach to Internal Comms Equals Better Employee Engagement," PRNews, April 4, 2011, http://www.prnewsonline.com/free/External-Approach-to-Internal-Comms-Equals-Better-Engagement_14741.html.
30) "For Better or for Worse: Employee Engagement, Recession-Style," PRNews. July 13, 2009.
31) Nielsen Norman Group 2014 Intranet Design Annual Awards, www.nngroup.com/news/item/2014-intranet-design-awards/.
32) Amanda Aiello and Natasha Nicholson, "Engaging Intranets," Communication World, March 1, 2011.
33) Paris Barker, "How Social Media Is Transforming Employee Communications at Sun Microsystems," Global Business & Organizational Excellence, May/June 2008.
34) www.ibm.com/blogs/zz/en/guidelines.html.
35) Ryan Holmes, "Social Media Compliance Isn't Fun, But It's Necessary," HBR Blogs Network, August 23, 2012, http://blogs.hbr.org/2012/08/social-media-compliance-isnt/.
36) www.bloomberg.com/news/2012-03-15/goldman-stunned-by-op-ed-loses-2-2-billion-for-shareholders.html?mrefid=twitter.
37) Angela Sinickas, "Employees Prefer Intranets to Supervisors 2 to 1," Strategic Communication Management, October–November 2009 and December–January 2010.
38) Paul Levesque, "Is Your Employee Newsletter Doing Its Job?" Entrepreneur, February 22, 2008.
39) Ragan 2013 Employee Communication Awards, www.ragan.com/Awards/SpecialEdition/112.aspx.
40) Kelly Kass, "Verizon Equips Employees with All the Right Tools," www.simply-communicate.com/case-studies/

company-profile/verizon-equips-employees-all-right-tools.
41) "Employee Communications Campaign of the Year 2014," PRWeek 2014 Awards Supplement.
42) Weber Shandwick, "Introducing the New American Airlines Brand Identity," January 2013, www.webershandwicksouthwest.com/introducing-the-new-american-airlines-brand-identity#.U_N0wWOTGM0.
43) "Ragan's 2013 Employee Communications Awards Supplement," Ragan Communications, 2013.
44) Jared Sandberg, "The CEO in the Next Cube—Bosses Who Abandon Offices Win Kudos for Collegiality, but Make Neighbors Nervous," The Wall Street Journal, June 22, 2005, p. B1.
45) www.apa.org/news/press/releases/2014/04/employee-distrust.aspx.
46) Robert L. Dilenschneider, "When CEOs Roamed the Earth," The Wall Street Journal, March 15, 2005, p. B2.
47) Lin Grensing Pophal, "Follow Me", HR Magazine, Vol. 45, Number 2, February 2000.
48) Ragan PR, http://ragantraining.com/video/how-starbucks-persuaded-its-employees-they-owned-new-company-intranet, retrieved September 2014.

第8章

1) James C. Collins and Jerry I. Porras, Built to Last (New York: Harper Business, 2002), p. 8.
2) NIRI corporate website, www.niri.org.
3) Institute for PR, "Investor Relations," www.instituteforpr.org/investor-relations/, January 2011.
4) "Measures that Matter," Ernst & Young Center for Business Innovation, May 2010.
5) Peggy Hsieh, Timothy Koller, and S.R. Rajan, "The Misguided Practice of Earnings Guidance," McKinsey Quarterly, May 2006.
6) "IR Magazine US Awards 2011,"Inside Investor Relations, March 24, 2011, www.insideinvestorrelations.com/events/2011/ir-magazine-us-awards-2011/.
7) Microsoft corporate website, www.microsoft.com/investor/default.aspx.
8) Steve Davidson, "Understanding the SEC's New Regulation FD," Community Banker, March 2001, pp. 40–42.
9) National Investor Relations Institute website, www.niri.org/FunctionalMenu/About.aspx.
10) "World Equity Markets Lost $5.2 Trillion in January," February 8, 2008, http://money.cnn.com/2008/02/08/news/economy/world_markets/.
11) "11 Historic Bear Markets," MSNBC, www.msnbc.msn.com/id/37740147/ns/business-stocks_and_economy/t/historic-bear-markets/#.TxXfh6US2Hc.
12) World Federation of Exchanges website, www.world-exchanges.org/statistics/annual-query-tool.
13) Holmes Report, "Investment Professionals Believe Communications Adds—or Subtracts—Value," July 2007.
14) Marshall E. Blume and Donald B. Keim, "Institutional Investors and Stock Market Liquidity: Trends and Relationships," Working Paper, The Wharton School, University of Pennsylvania, August 21, 2012, available at http://finance.wharton.upenn.edu/~keim/research/ ChangingInstitutionPreferences_21Aug2012.pdf, at p. 4.
15) Ben Heineman Jr. and Stephen Davis, "Are Institutional Investors Part of the Problem or the Solution?" Yale School of Management, October 2011.
16) "The 2010 Institutional Investment Report: Trends in Asset Allocation and Portfolio Composition," The Conference Board, 2010.
17) Gallup Poll, www.gallup.com/poll/162353/stock-ownership-stays-record-low.aspx.
18) 2014 Investment Company Factbook, Chapter 11, "Characteristics of Mutual Fund Owners," www.icifactbook.org/fb_ch6.html#shareholders.
19) Max Fisher, "Syrian Hackers Claim AP Hack That Tipped Stock Market by $136 Billion," Washington Post, April 23, 2013, www.washingtonpost.com/blogs/worldviews/wp/2013/04/23/syrian-hackers-claim-ap-hack-that-tipped-stock-market-by-136-billion-is-it-terrorism/.
20) "What Price Reputation?" BusinessWeek, July 9, 2007.
21) Michael Brennan and Claudia Tamarowski, "Investor Relations, Liquidity and Stock Price," Journal of Applied Corporate Finance 12, no. 4 (2000).
22) Nina Munk, "In the Final Analysis," Vanity Fair, August 2001, p. 100.
23) Brett Nelson, "So What's Your Story?" Forbes, October 30, 2000, p. 274.
24) UCLA Anderson School of Management, www.anderson.ucla.edu/x5046.xml.
25) Robin Londner, "Street Cleaning," PRWeek, July 23, 2001, p. 17.
26) Peter Elkind, "Can We Ever Trust Wall St. Again?" Fortune, May 14, 2001, p. 69.
27) Tommye M. Barnett, "To Speak or Not to Speak," Oil and Gas Investor, September 2001, pp. 73–75.
28) SEC Fact Sheet on Global Analyst Research Settlement, www.sec.gov/news/speech/factsheet.htm.
29) NASDAQ.com stock screening service, www.nasdaq.com/screening/companies-by-industry.aspx?exchange=NASDAQ.
30) William H. Donaldson, "Speech by SEC Chairman: CFA Institute Annual Conference," Philadelphia, PA, May 8, 2005.
31) Stephen Taub, "Spitzer Pact Cut Analyst Bias: Study," CFO.com, November 10, 2004.
32) Gretchen Morgenson, "An Analyst Receives a Time Out from Altera," The New York Times, July 27, 2005.

33) Gretchen Morgenson, "With Apology to an Analyst, Altera Seeks to Repair a Rift," The New York Times, July 29, 2005.
34) Statement by Chair Joseph Lieberman, "Rating the Raters: Enron and the Credit Rating Agencies," U.S. Senate Committee on Governmental Affairs website, March 20, 2002, www.senate.gov/~gov_affairs/03202002lieberman.htm.
35) http://ir.ambac.com.
36) "Rating Agencies under Fire, But Big Reform Unlikely," CNBC, May 13, 2010.
37) "Justice Department Ramps Up Probe into S&P's Ratings During Financial Crisis," Reuters, January 17, 2012.
38) Korn Ferry Institute, "The Investor Relations Officer," 2012.
39) Ibid.
40) Robin Londner, "IR-PR Link Not Seen in Chain of Command," PRWeek, March 4, 2002, p. 3.
41) Korn Ferry Institute, "The Investor Relations Officer".
42) John A. Byrne, "Investor Relations: When Capital Gets Antsy," BusinessWeek, September 13, 1999, p. 72.
43) Ibid.
44) Kevin P. Coyne and Jonathan W. Witter, "What Makes Your Stock Price Go Up and Down," McKinsey Quarterly, no. 2 (2002), p. 28.
45) Byrne, "Investor Relations."
46) Raymond V. Gilmartin, "CEOs Need a New Set of Beliefs," Harvard Business Review Blog Network, September 26, 2011.
47) "Understanding IR," PRWeek, September 24, 2004, p. 17.
48) Thomas F. Garbett, How to Build a Corporation's Identity and Project Its Image (Lexington, MA Lexington Books, 1988), p. 99. CCBN company website, www.ccbn.com/about/faqs.html (accessed April 11, 2002).
49) NIRI corporate website, www.niri.org.
50) Brunswick Group, "The Investor Community's Use of Digital & Social Media," www.brunswickgroup.com/media/254225/Investor-Survey-Infographic-FINAL.pdf, October 2013.
51) Q4 Whitepaper, "Public Company Use of Social Media For Investor Relations—Part 4 Corporate Blogs," www.q4blog.com/2012/12/05/q4-whitepaper-public-company-use-of-social-media-for-investor-relations-part-4-corporate-blogs/#sthash.iMhtkHJ3.dpuf, December 2012.
52) Business/technology editors, "Shareholder.com Clients Showcase Strength at IR Magazine U.S. Awards," Business Wire, April 3, 2002, Online Lexis-Nexis Academic, April 2002.
53) NASDAQ.com corporate website.
54) SEC Complaint against the General Electric Company, www.sec.gov/litigation/complaints/2009/comp21166.pdf.
55) NIRI Boston Activism Shareholder Event, October 2013.

第9章

1) Wendy L. Hansen and Neil J. Mitchell, "Disaggregating and Explaining Corporate Political Activity: Domestic and Foreign Corporations in National Politics," American Political Science Review, December 1, 2000, p. 891.
2) American Institute of Certified Public Accountants website, www.aicpa.org.
3) John M. Broder, "FTC Rejects Deal to Join Two Giants of Office Supplies," The New York Times, April 5, 1997, p. 7.
4) "FCC Report Slams AT&T's Takeover of T-Mobile," CNET, November 29, 2011, http://news.cnet.com/8301-1035_3-57333499-94/fcc-report-slams-at-ts-takeover-of-t-mobile/.
5) "AT&T Admits Defeat over T-Mobile Takeover, Will Pay $4 Million Break Up Fee," http://arstechnica.com/tech-policy/news/2011/12/att-admits-defeat-on-t-mobile-takeover-will-pay-4-billion-breakup-fee.ars.
6) "Appeals Court Strikes Down Ohio Hospital Merger in Win for FTC," http://blogs.wsj.com/law/2014/04/22/appeals-court-strikes-down-ohio-hospital-merger-in-ftc-win/.
7) Data from www.opensecrets.org/orgs/list.php.
8) Data from OpenSecrets.org, www.opensecrets.org/orgs/summary.php?id=D000000085&cycle=2012.
9) Data from OpenSecrets.org, www.opensecrets.org/lobby/top.php?showYear=2013&indexType=s.
10) www.opensecrets.org/lobby/top.php?showYear=2013&indexType=c.
11) Data from OpenSecrets.org, www.opensecrets.org/lobby/clientsum.php?id=D000000125&year=2013.
12) Walter Adams and James W. Brock, The Bigness Complex: Industry, Labor, and Government in the American Economy (New York: Pantheon Books, 1986).
13) Sar A. Levitan and Martha R. Cooper, Business Lobbies: The Public Good and the Bottom Line (Baltimore, MD: Johns Hopkins University Press, 1984), pp. 4–5.
14) Hansen and Mitchell, "Disaggregating and Explaining Corporate Political Activity," p. 891.
15) Shawn Zeller, "Lobbying: Saying So Long to D.C. Outposts," National Journal, December 1, 2001, http://www.nationaljournal.com.
16) Data from OpenSecrets.org, www.opensecrets.org/pacs/expenditures.php?cmte=C00093054&cycle=2012.
17) Foundation for Public Affairs, "State of Public Affairs 2011–2012," 2011.

18) Ibid.
19) Ibid.
20) Ibid.
21) Ibid.
22) Ibid.
23) Zeller, "Lobbying".
24) Jeffrey H. Birnbaum, "How Microsoft Conquered Washington," Fortune, April 29, 2002, pp. 95–96.
25) Source: Data from OpenSecrets.org, www.opensecrets.org/orgs/summary.php?id=D000000115&cycle=A.
26) Alicia Mundy, "Consultants for Microsoft Aren't Such Odd Couples," Seattle Times, May 4, 2004.
27) Foundation for Public Affairs, "State of Public Affairs 2011–2012," 2011.
28) James W. Singer, "Business and Government: A New 'Quasi-Public' Role," National Journal, April 15, 1978, p. 596.
29) "CEOs More Politically Involved."
30) Michael Steel, "FedEx Flies High," National Journal, February 24, 2001, http://nationaljournal.com.
31) Ibid.
32) Ibid.
33) www.opensecrets.org/lobby/top.php?indexType=s&showYear=2013.
34) Graham Wilson, Interest Groups in the United States (New York: Oxford University Press, 1981).
35) American Chamber of Commerce website, www.uschamber.com.
36) Foundation for Public Affairs, "State of Public Affairs 2011–2012," 2011.
37) Birnbaum, "How Microsoft Conquered Washington."
38) Gerry Keim, "Corporate Grassroots Program in the 1980's," California Management Review 28, no. 1 (Fall 1985), p. 117.
39) Federal Election Commission website, www.fec.gov.
40) Tim Reason, "Campaign Contributions at the Office," CFO Magazine, July 12, 2004.
41) Data from OpenSecrets.org, www.opensecrets.org/pacs/toppacs.php?Type=C&cycle=2012.
42) Cummings, "Joining the PAC," p. A1.
43) Edward Handler and John R. Mulkern, Business in Politics (Lexington, MA: Lexington Books, 1982).
44) Data from OpenSecrets.org, www.opensecrets.org/overview/blio.php.
45) Center for Responsive Politics website, www.crp.org.
46) www.opensecrets.org/lobby/index.php.
47) Lawrence F. Kaplan, "Why Trade Won't Bring Democracy to China," New Republic, July 9, 2001, p. 23.
48) Randall Mikkelsen, "Update 4: Bush Seeks 'New Era of Corporate Integrity,'" Reuters, July 9, 2002, www.Forbes.com.
49) Pinkham, "How'd We Get to Be the Bad Guys?" p. 12.
50) Douglas G. Pinkham, "Corporate Public Affairs: Running Faster, Jumping Higher," Public Relations Quarterly, no. 5 (Summer 1998), pp. 33–37.
51) Jeffrey H. Birnbaum, "Lobbying Firms Hire More, Pay More, Charge More to Influence Government," Washington Post, June 22, 2005.

第10章

1) "2011 Crisis Preparedness Study," Burson-Marsteller and Penn Schoen Berland, www.burson-marsteller.com/Innovation_and_insights/Thought_Leadership/default_view.aspx?ID=27.
2) Frank Ahrens, "Toyota's Shares Slide as Its Reputation Loses Steam," The Washington Post, February 4, 2010.
3) Ray O'Rourke, presentation to Corporate Reputation Conference, New York University, January 1997. At the time of this presentation, O'Rourke was with public relations firm Burson-Marsteller.
4) Harold J. Leavitt, "Hot Groups," Harvard Business Review, July 1, 1995, p. 109.
5) Brian O'Reilly, "Managing: J&J Is on a Roll," Fortune, December 26, 1994, p. 109.
6) Ibid.
7) "Special Report: The Best Global Brands," BusinessWeek, July 25, 2005; data from Interbrand, www.interbrand.com/en/best-global-brands/2013/JohnsonJohnson.
8) Perrier press release, The Perrier Group, February 10, 1990.
9) "When the Bubble Burst," Economist, August 3, 1991, p. 67.
10) Ibid.
11) "Handling Corporate Crises; Total Recall," Economist 335 (June 3, 1995), p. 61.
12) Ibid.
13) "Poor Perrier, It's Gone to Water," Sydney Morning Herald, February 15, 1990, p. 34.
14) Ibid.
15) David Birkland, "Couple Say They Found Used Needle in Pepsi," Seattle Times, June 11, 1993, p. 18.
16) Sandi Sonnenfeld, "Media Policy—What Media Policy?" Harvard Business Review, July 1, 1994, p. 18.

17) Ibid.
18) Glenn Kessler and Theodore Spencer, "How the Media Put the Fizz into the Pepsi Scare Story," Newsday, June 20, 1993, p. 69.
19) John Schwartz, "Pepsi Punches Back with PR Blitz; Crisis Team Worked around the Clock," Washington Post, June 19, 1993, p. C1.
20) "Coke Vs. Pepsi: By The Numbers", www.nasdaq.com, March 24, 2014, http://www.nasdaq.com/article/coke-vs-pepsi-by-the-numbers-cm337909.
21) Garrett W. McIntyre with Phil MacDonald, "Apple App Store has Lost $450 million to Piracy," 24/7 Wall Street, January 13, 2010.
22) Dancho Danchev, "Conficker's Estimated Economic Costs? $9.1 billion," ZDNET.
23) Kin Zetter, "Threat Level: Google's Hack Attack was Ultra Sophisticated, New Details Show," WIRED, January 14, 2010.
24) Ibid.
25) Lance Whitney, "Piracy Costs Software Industry $51 billion in '09," CNET, May 12, 2010.
26) "New Research Forecasts the Staggering Costs of Cybercrime", Microsoft Blogs, March 2014, http://blogs.microsoft.com/on-the-issues/2014/03/18/new-research-forecasts-the-staggering-cost-of-cybercrime/.
27) Nicole Perlroth, "Tough Corporate Job Asks One Question: Can You Hack It?" The New York Times, July 20, 2014, www.nytimes.com/2014/07/21/business/a-tough-corporate-job-asks-one-question-can-you-hack-it.html.
28) KindSight, "Kindsight Survey Reveals Identity Theft Continues to Be a Major Concern for Consumers," August 24, 2010.
29) Ibid.
30) Alice Dragoon, "Fighting Phish, Fakes and Frauds," CIO, September 1, 2004.
31) Jeanette Borzo, "E-Commerce—Something's Phishy," The Wall Street Journal, November 15, 2004, p. R8.
32) Citigroup press release, "Citigroup Teams with State and Local Prosecutors to Lock Up ID Thieves," May 5, 2005.
33) Borzo, "E-Commerce."
34) EarthLink website, www.earthlink.net/software/nmfree.
35) Dragoon, "Fighting Phish, Fakes and Frauds."
36) Richard Levick, Stop the Presses: The Crisis and Litigation PR Desk Reference, 2nd ed. (Ann Arbor, MI: Watershed Press, 2008).
37) Joanna Weiss, "Dunkin' Donuts Complaint-Site Saga Shows Business Power of Internet," Boston Globe, August 25, 1999, Online Lexis-Nexis Academic, April 2002.
38) Ibid.
39) Lauren Dugan, "Two of Three Twitter Users say Retailer Tweets Influence Purchase," Media Bistro, June 24, 2011.
40) Zack Brisson, "Egypt: From Revolutions to Institutions; The Role of Technology in the Egyptian Revolution," REBOOT, March 18, 2011.
41) Royal Pingdom: Internet 2012 in Numbers, http://royal.pingdom.com/2013/01/16/internet-2012-in-numbers/.
42) Pew Research Center, Social Networking Factsheet, May 2014, http://www.pewinternet.org/fact-sheets/social-networking-fact-sheet/.
43) Caspar van Vark, "Your Reputation Is Online," Revolution, March 4, 2004, p. 42.
44) David Kesmodel, "Not Fade Away—Lawyers' Delight: Old Web Material Doesn't Disappear," The Wall Street Journal, July 27, 2005, p. A1.
45) Stephanie Clifford, "Video Prank at Domino's Taints Brand," The New York Times, April 15, 2009.
46) van Vark, "Your Reputation Is Online."
47) Andrew Bernstein, "The Blogosphere: Separating the Hype from the Reality," PR News, July 20, 2005.
48) Ibid.
49) Kyle Wingfield, "Blogging for Business," The Wall Street Journal Europe, July 20, 2005, p. A9.
50) Jeremy Warner, "The Gulf of Mexico Oil Spill Is Bad, but BP's PR Is Even Worse" Telegraph.co.uk—Telegraph Online, Daily Telegraph and Sunday Telegraph—June 18, 2010, www.telegraph.co.uk/finance/newsbysector/energy/oilandgas/7839176/The-Gulf-of-Mexico-oil-spill-is-bad-but-BPs-PR-is-even-worse.html.
51) Diya Gullapalli, "Andersen Decision Is Bittersweet for Ex-Workers," The Wall Street Journal, June 1, 2005, p. A6.
52) Jonah Bloom, "CEOs: Leadership through Communication—The PRWeek and Burson-Marsteller CEO Survey 2001 Finds U.S. Corporate Leaders Emulating the Strong, Open, Communicative Style of Rudy," PRWeek, November 26, 2001, pp. 20–29.
53) www.disaster-resource.com/articles/98nuggs.shtml.
54) Carol Carey, "World Trade Center," Access Control & Security Systems Integration, July 1, 1997.
55) Daren Fonda, "Girding against New Risks: Global Executives Are Working to Better Protect Their Employees and Businesses from Calamity," Time, October 8, 2001, p. B8.

56) Bloom, "CEOs: Leadership through Communication."
57) "Corporate America's Reaction," PRWeek, September 24, 2001, p. 10.
58) Bloom, "CEOs: Leadership through Communication".
59) David Kirkpatrick, Daniel Roth, and Oliver Ryan, "Why There's No Escaping the Blog," Fortune, January 10, 2005, p. 44.
60) Ibid.
61) Ibid.
62) Frank Corrado, Media for Managers (New York: Prentice Hall, 1984), p. 101.
63) "Crises: In-House, in Hand," PRWeek, January 21, 2002, p. 13.
64) Mary Cowlett, "Crisis Training: Prepared for Anything?" PRWeek, May 6, 2005, p. 25.
65) Alastair Sharp and Georgina Prodhan, "RIM scrambles to End Global BlackBerry Outage," Reuters.com,. October 12, 2011.
66) "BlackBerry Outage: RIM Boss's YouTube Apology in Full, with Transcript," The Guardian, October 13, 2011, http://www.guardian.co.uk/technology/2011/oct/13/blackberry-outage-rim-apology-youtube.
67) John Frank, "What Can We Learn from the Ford/Firestone Tire Recall? As John Frank Explains, Unlike the Tylenol Crisis, the Problem Is That They Just Can't Seem to Put a Lid on It," PRWeek, October 9, 2000, p. 31.
68) "Epsilon Hacking Exposes Customers of Best Buy, Capital One, Citi, JPMorgan Chase and Others," Los Angeles Times, April 4, 2011, http://latimesblogs.latimes.com/technology/2011/04/epsilon-cutsomer-files-email-addresses-breached-including-best-buy-jpmorgan-chase-us-bank-capital-on.html.
69) Merriam-Webster Online Dictionary, www.merriam-webster.com.
70) Aldous Huxley, Grey Eminence: A Study in Religion and Politics (London: Chatto & Windus, 1941), chapter 10.

＊脚注資料は原書作成時のものであり、現在では参照できない場合もあることをご了承ください。

監訳者あとがき

　本書は、2016年にアメリカでマグロウヒル社から出版された『Corporate Communication 7th Edition』の邦訳である。著者のポール・A・アージェンティ氏は、ダートマス大学（ニューハンプシャー州にあるアイビーリーグの名門大学）のビジネススクール（タック・スクールオブビジネス）の教授で、30年以上教鞭をとっている、企業のコミュニケーション戦略の研究におけるパイオニアである。大学の教授職であると同時に、多数の大手企業でコーポレート・コミュニケーションのコンサルティング活動を行っており、GEやソニー、ゴールドマンサックスなどのケーススタディを書きながら、『ハーバード・ビジネス・レビュー』などの学術誌や経済誌にも数多くの寄稿を行っている。

　本書の初版は1994年に刊行されて版を重ね、2016年に第 7 版が出たものである。この20余年の間にインターネットによるコミュニケーションが急速に進展し、CSR活動やガバナンスを意識したIR活動が注目されるようになって、経営上のコミュニケーション戦略が重要性を増してきた。本書はそれに対応して何度も改訂を重ね、最新のケーススタディを盛り込んだ理論を展開している。このたび、第 7 版を翻訳することができて光栄である。

　本書における「戦略的コミュニケーション」の定義は、「企業全体の戦略と一体化したコミュニケーションであり、戦略的なポジションの強化を意図したもの」である（第 2 章より）。コーポレート・コミュニケーションの全体像を正面から骨太に捉え、多機能にわたる領域を統合的にマネジメントすることの重要性や、具体的にどんな戦略を持って取り組むべきかについて、グローバル企業の事例を豊富に盛り込んで解説している。社会・経済環境の変化によってステークホルダーの意識や行動が様変わりしたことに伴い、企業がとるべき経営戦略はコミュニケーションの要素を抜きにしては考えられないことが、本書をお読みいただければ切迫感をもって理解できるであろう。

　本書の構成は、以下のようなものである。まず総論として、第 1 章で市場環境の変化、第 2 章でコミュニケーション戦略の概要、第 3 章で統合的なコーポレート・コミュニケーションの概要と具体的な業務としてのサブ機能の関係を

解説する。第4章では、アイデンティティ、イメージ、レピュテーション、企業広告など、コーポレート・コミュニケーションにおいてよく知られている概念について、それぞれの機能と関係について述べる。第5章では、企業責任について、近年のアクティビストや消費者団体が厳しい視線を向けている中で、考慮すべきことについて述べている。第6章はメディア・リレーションズ、第7章はインターナル・コミュニケーション、第8章はインベスター・リレーションズ、第9章はガバメント・リレーションズで、メディア、従業員、投資家、行政機関に対するステークホルダー別の各論が展開される。6章から9章までのステークホルダーは相互に関連している。現代社会は、ネットやSNSを活用して情報を共有して企業に厳しい視線を向けているため、従来の縦割り組織では対応しきれず、首尾一貫したコミュニケーション戦略という統合的な枠組みが必要であることが示されている。最後に第10章は、クライシス・コミュニケーションについて、過去に企業不祥事がコミュニケーション戦略の欠如によってどれだけ問題を拡大したか、また逆にどうやってステークホルダーの信頼を得てクライシスを乗り切れたかについて、数十件の事例を基に具体的に述べ、今後の対応策を提言している。

　以上のように本書は、企業が戦略的なコミュニケーションを行うに際しての考え方について、100以上の事例をエビデンスとして企業経営者に訴えかけるものである。ビジネススクールで経営戦略を学ぶ上で不可欠な教科書であり、戦略的なマネジメントを意識している経営者やビジネスパーソンにこそ読んでほしいと考えている。

　本書では、アメリカで有名な大手企業や団体、企業不祥事等が多数紹介されているが、日本であまり知られていない一部の企業については訳注をつけ、読みやすさを心がけた。また、著者がビジネススクールの教授であるため、全体に経営学をベースとした表記が多いが、大学・大学院では「コーポレート・コミュニケーション」や「広報」の研究科が、経営学だけでなく社会学や情報学の学部・研究科に置かれることが多く、そうした専攻の学生も読みやすいように、経営学的な一部の専門用語については訳注を入れた。

なお、本書では多数の企業事例と経営者の発言をエビデンスとしてコミュニケーション戦略の重要性を語っており、逐次引用元が脚注として付いている。一般のビジネスパーソンが本文を読む際に煩雑にならないようにと、翻訳書では脚注を巻末にまとめて掲載したが、これを見ると、実に多数の文献やURLを参考にして著者が一歩ずつ論を進めているのが感じられる。残念なことに、一部のURLは2019年時点で閲覧ができなくなっているが、参考までに全て掲載することとした。

　このほか、原書の構成では、本文のほかに章末にケーススタディがあり、各章の内容に関連して実際の企業事例の紹介と、ビジネススクールでディスカッションすべき事項が挙がっているのだが、日本人には馴染みのない企業が多いことと、邦訳の分量が膨大になりすぎてビジネスパーソン向けの出版物として適切ではないなどの都合上、やむを得ず割愛した。また原書では、本文中にコラムのようなミニ事例が挟み込まれている章もあるが、これも同じ理由で収録していないことをお断りしておく。

　翻訳に際しては、適切な日本語訳を模索する過程で、以下のような試行錯誤を行った。読者の誤解がないよう、主なものについて述べておく。

　まず表題の「コーポレート・コミュニケーション」は、日本語訳にすれば「広報」であるが、あえてカタカナ表記のままにした。多くの企業で広報部の英文名称を「Department of Corporate Communication」としているし、日本広報学会の英文名称は、「Japan Society for Corporate Communication Studies」であり、本書の内容は広義の広報戦略そのものである。しかし、日本では「広報」という用語は誤解されていることが多く、広告宣伝と混同されていることすらある。また、そもそもアメリカで「Corporate Communication」という用語が使われるようになったのが1970年代であり、それ以前は「Public Relations」という用語が普及していたこともあり、実際、現在でも大手の広報専門会社は社名に「PR」をつけている。広報関係の資格は公益社団法人日本パブリックリレーションズ協会が実施している「PRプランナー」資格認定制

度検定試験という名称であり、「広報＝パブリック・リレーションズ」と主張する研究者もいる。こうした事情を背景としてコーポレート・コミュニケーションとパブリック・リレーションズの関係は複雑であるため、著者の既刊邦訳本の『コーポレート・コミュニケーションの時代』（矢野充彦訳、日本評論社 2004年）に倣い、本書では「コーポレート・コミュニケーション」という原語をそのまま用いた。ときどきメディア・リレーションズを中心とした業務について著者が「Public Relations」という用語を使っているので、そこは本書も文脈に応じて一部に「PR」「広報」という訳語を用いたが、本来的には広義の「広報」とは、本書全体のコミュニケーション戦略を指すことを重ねて強調しておきたい。

次に、本文中に利害関係者という意味での「ステークホルダー」という用語が頻出するが、これは原書では「constituency（コンスティチュエンシー）」となっている。ステークホルダーより広い概念だという考え方もあるようだが、日本語としては全く使われていない用語である。そこで、この耳慣れない言葉に気を取られて本文の理解を妨げる懸念があるため、全ての訳語を「ステークホルダー」とした。

また原書では企業や会社を表す表現として「corporate」「company」「firm」という3つの単語が用いられている。本邦訳では文脈を勘案しながら、「corporate」は企業、「company」と「firm」は会社と訳し分けた。しかし、あくまで読みやすくわかりやすい翻訳を心掛けたため、機械的に訳し分けることはせず、各文脈において日本語は通常どのような呼び方をするかを優先した。

さらに第5章で企業の社会的責任（CSR）について書かれた記述について、原書では「Corporate Responsibility（企業責任）」として「CR Strategy（CR戦略）」という表記が頻出する。「企業責任」は日本語でも多用するが、CR戦略という用語は馴染みがなく、文字を読んだだけでは理解しづらい。そこで、「Corporate Responsibility」は「企業責任」、「CR」は「CSR」として翻訳した。

なお、第9章は、政府や行政機関との関係づくりに関する記述だが、これはアメリカに特有の組織や仕組みがあるため、日本のロビー活動や渉外活動と

は事情が異なる部分もあるが、なるべく原文に忠実に訳した。「ワシントン」は、日本の「永田町（政策拠点）」「霞が関（行政拠点）」を合わせたような意味であるが、そのまま訳語とした。

また、原書には「PR professional」などの用語が頻出するので、「PRの専門家」と訳している。一部には「staff」という表記もあるのでそこは「担当者」とし、「professional」は業務に通じた「専門家」と訳し分けている。アメリカでは広報の担い手が「プロフェッショナル」と呼ばれていることを日本語訳でも意識した。

本書の出版にあたっては、東急エージェンシーの高橋庸江氏に大変お世話になった。第7版が出てからすぐに版権をとっていただいたのになかなか翻訳が進まず、予定されていた進行スケジュールが大幅に遅れてしまった。原稿が仕上がるのを辛抱強く待ち、折に触れて叱咤激励し、訳語に関しても適切な助言をいただき、最終段階では校正作業の進行がスムーズに進むようにきめ細かく配慮をしていただいた。高橋氏のおかげで本書が完成したといっても過言ではない。心から深く感謝の意を表したい。また、第8章のインベスター・リレーションズについては、社会情報大学院大学教授の柴山慎一氏にガバナンスやIRに関する専門用語を監修していただいた。また迅速に下訳をしていただいた河西仁氏や、校正ゲラへの度重なる大幅な修正を正確に反映していただいた朝日メディアの辛島俊一氏にも感謝申し上げたい。

本書を多くの経営者やビジネスパーソンに読んでもらい、日本企業に戦略的なコミュニケーションという考え方が根付くことを希望するものである。

監訳者を代表して　　駒橋恵子

【著者紹介】

ポール・A・アージェンティ（Paul A. Argenti）
ダートマス大学　タック・スクールオブビジネス 教授

ハーバード大学ビジネススクール、コロンビア大学ビジネススクールを経て、ダートマス大学ビジネススクールの教員として1981年から経営とコーポレート・コミュニケーションの教鞭をとる。国際大学（IUJ）、ヘルシンキ経済学院、エラスムス・ロッテルダム大学、ロンドン・ビジネススクール、シンガポール・マネジメント大学の客員教授なども歴任。
著書に『Strategic Corporate Communication』（マグロウヒル刊）、『Digital Strategies for Powerful Corporate Communication』（共著、マグロウヒル刊）、『The Power of Corporate Communication』（共著、マグロウヒル刊）、『The Fast Forward MBA Pocket Reference 2nd edition』（ワイリー刊）など。
2007年に長年にわたる優れた研究により、Institute for Public Relationsからパスファインダー・アワードを受賞。アーサー・W・ペイジ協会とInstitute for Public Relationsの評議員。

【監訳者紹介】

駒橋 恵子（こまはし けいこ）
東京経済大学 コミュニケーション学部 教授
序文・第1章～第5章・第10章担当

上智大学文学部新聞学科卒業、慶応義塾大学大学院経営管理研究科修了（経営学修士・MBA）、東京大学大学院人文社会系研究科修士課程修了（修士・社会学）、東京大学大学院人文社会系研究科博士課程修了（博士・社会情報学）。東洋経済新報社、日経ホーム出版社（現日経BP）、金融財政事情研究会等に勤務。多摩美術大学助教授を経て、2004年4月より東京経済大学コミュニケーション学部助教授。2013年4月より現職。日本広報学会理事。
著書に『報道の経済的影響—市場のゆらぎ増幅効果』（御茶の水書房・2004年5月）で第1回日本広報学会優秀研究奨励賞、共著に『信頼できる会社・信頼できない会社』（NTT出版・2008年）、『広報・PR概説』『広報・PR実践』（同友館2018年）他。

国枝 智樹（くにえだ ともき）
上智大学 文学部新聞学科 准教授
第6章～第9章担当

上智大学法学部国際関係法学科卒業、同大学大学院文学研究科新聞学専攻博士前期課程・後期課程修了（修士／博士・新聞学）。大正大学表現学部表現文化学科助教、上智大学文学部新聞学科助教を経て2019年4月より現職。日本広報学会理事。
「東京の広報前史　—戦前、戦中における自治体広報の変遷—」（『広報研究』第17号）で第8回、「世界の広報史と日本：比較広報史研究の知見と意義」（『広報研究』第21号）で第12回日本広報学会研究奨励賞受賞。共編書に『Public Relations in Japan: Evolution of Communication Management in a Culture of Lifetime Employment』（Routledge 2018年）。

CORPORATE COMMUNICATION, SEVENTH EDITION
BY Paul A. Argenti

Published by McGraw-Hill Education, 2 Penn Plaza, New York, NY 10121.
Copyright © 2016 by McGraw-Hill Education. All rights reserved.

Japanese traslation rights arranged with
Mc-Graw-Hill Global Education Holdings, LLC.
Through Japan UNI Agency, Inc., Tokyo

アージェンティのコーポレート・コミュニケーション

2019年6月27日　第1版第1刷

著　　者　ポール・A・アージェンティ
監 訳 者　駒橋 恵子　国枝 智樹
装　　丁　三枝ノリユキ
発 行 人　澁谷 尚幸
発 行 所　株式会社東急エージェンシー
　　　　　〒107-8417　東京都港区赤坂4-8-18
　　　　　TEL 03-3475-3566
　　　　　http://www.tokyu-agc.co.jp/
印刷・製本　精文堂印刷株式会社

©Tokyu Agency Inc.2019, Printed in Japan
ISBN 978-4-88497-127-4 C0034